Ellen Tadd

Die Unendlichkeit ist Jetzt

Wie dich die Geistige Welt jeden Tag begleitet

Ellen Tadd

Die Unendlichkeit ist JETZT

Wie dich die Geistige Welt jeden Tag begleitet

Aus dem Englischen
von Astrid Ogbeiwi

Aquamarin Verlag

Deutsche Ausgabe:
1. Auflage 2018

Voglherd 1 • D-85567 Grafing

Titel der Originalausgabe:
The Infinite View – A Guidebook for Life on Earth

Tarcher and Perigee (Penguin Random House LLC,
375 Hudson Street, New York 10014, USA

Umschlaggestaltung: Annette Wagner
Druck: CPI • Birkach

ISBN 978-3-89427-827-4

INHALT

Verfange dich nicht in einer begrenzten Sicht des Lebens, denn darin ist ständige Unruhe und Unsicherheit. Wenn du dich tiefer vorwagst, wirst du erkennen, dass für alle Wesen ein Wachstumsplan in Kraft ist. Gehe tief in die Stille deines Wesens, und wenn du zugehört hast, dann führe das Gehörte mit voller Akzeptanz und im vollen Bewusstsein der unendlichen Wachstums- und Entwicklungsperspektive aus. Deine Welt verändert sich schnell. Deshalb beginne jetzt mit diesem Zuhören, denn in Zukunft wird dies immer notwendiger sein.

Ein Geistführer

Hinweis der Autorin

Die *kursiven* Passagen am Beginn jedes Kapitels sind direkte Zitate meiner Geistführer.

KAPITEL EINS

Der Weg zu meinen Geistführern

Wir werden den Berg gemeinsam besteigen.
Wir werden die höchsten Gipfel erklimmen, und dort
wird der herrliche Ausblick über das gesamte Leben
unser Lohn sein.

Ich sage immer, dass meine Mutter mich geboren und wiedergeboren hat. Beim ersten Mal hat sie mir das physische Leben geschenkt. Beim zweiten Mal, als ich neunzehn war, hat sie mir die Augen für die Welt jenseits des Physischen geöffnet – ein Erlebnis, das mir auf transformierende Weise begreiflich gemacht hat, warum ich als Kind oft unsicher und ängstlich gewesen bin und mich nicht einfach hatte ins Leben stürzen können, solange ich dessen Sinn nicht verstand. Diese Begegnung mit ihr hat mich auf den Weg zu meinen Geistführern und Lehrern gebracht, die seither zum wichtigsten Einfluss in meinem Leben geworden sind und mir Instrumente und Erkenntnisse bieten, mit deren Hilfe ich sowohl die gewöhnlichen als auch die außergewöhnlichen Herausforderungen des Alltags bewältigen kann.

Lassen Sie mich erklären.

Als Kind hatte ich Erlebnisse, die in meiner Umgebung offenbar sonst niemand hatte. Nachts, im Dunkeln, sah ich Gesichter, und obwohl mein Vater mir versicherte, sie seien lediglich das Werk meiner lebhaften Fantasie, bat ich ihn inständig, bei angeschaltetem Licht schlafen zu dürfen. Manchmal hatte ich außerkörperliche Erfahrungen: Dann lag ich etwa auf dem Bett, und plötzlich fing der Raum an sich zu drehen, und „ich" befand mich an der Decke und schaute auf „meinen" Körper herunter, der immer noch auf dem Bett lag. *Wie kann das sein?*, fragte ich mich. *Bin ich der Körper auf dem Bett oder bin ich an der Decke? Wer bin ich?*

Manchmal sah ich Licht um Menschen herum. Meinem Vater, der Physiker war, erzählte ich: „Daddy, ich kann Moleküle sehen!" Dieses Wort hatte ich von ihm gelernt. Er erwiderte, niemand könne mit bloßem Auge Moleküle sehen, und zum Beweis nahm er mich mit in ein Elektronen-Mikroskop-Labor an der Universität Yale, an der er ein Forschungsjahr absolvierte, um mir zu zeigen, wie Moleküle wirklich aussehen. Beim Blick durch das Mikroskop begriff ich, dass er natürlich recht hatte. Aber wenn ich keine Moleküle sah, was sah ich dann? Die Ungewissheit machte mir Angst.

Hin und wieder wurde ich außerdem von so vielen Gefühlen und Eindrücken überwältigt, dass ich sie nicht einmal ansatzweise auseinanderhalten, geschweige denn deuten konnte. In der fünften Klasse ging einmal eine komplette Mathe-Stunde an mir vorbei, weil mich die Bilder und Erkenntnisse über das Leben meines Lehrers, die ich im Unterricht aufschnappte, völlig vereinnahmten. Abgelenkt wurde ich auch allein schon dadurch, wie faszinierend diese Fähigkeit war.

Ich befragte Freunde und Familie, um herauszufinden, ob jemand ähnliche Erlebnisse hatte. Doch sie glaubten, ich dächte mir Geschichten aus. Daher lernte ich, meine ungewöhnlichen Erlebnisse zu verschweigen. Auch wenn ich mir sehr oft missverstanden und verwirrt vorkam (in der Natur allein zu sein, war eines der wenigen Dinge, in denen ich Trost fand), fühlte ich mich doch immer von meiner Familie geliebt. Mit der Zeit wurde ich allerdings immer ängstlicher.

Diese Angst wurzelte zum Teil in einem schrecklichen Schock, der meine Familie traf, als ich noch sehr klein war. Im Alter von zweiunddreißig Jahren wachte meine Mutter eines Morgens auf und stellte fest, dass sie blind war. Es war das erste Anzeichen einer Erkrankung, die schließlich als Multiple Sklerose diagnostiziert werden sollte. Die Krankheit schritt rasch fort und betraf sowohl ihren Körper als auch ihren Geist. Wenn Mutter krank war, dann war ich es vielleicht auch, dachte ich.

Ich musste mitansehen, wie sie geistig und körperlich immer mehr verfiel, und mit den Jahren wollte ich verstehen, warum meine Mutter, die ein guter Mensch war und uns alle sehr liebte, so sehr leiden musste. Ich stellte viele solche „Warum"-Fragen, aber niemand konnte sie mir zufriedenstellend beantworten. Obwohl ich ohne Religion aufgewachsen war und mich als Agnostikerin empfand, schaute ich mich mit etwa zehn oder elf Jahren in den verschiedenen Kirchen in unserer Gegend um und wollte herausfinden, ob vielleicht die Religion eine Lösung anzubieten hätte. Weder fand ich eine Informationsquelle, die ansprechend oder überzeugend gewesen wäre, noch schien es für meine drängenden Fragen sonderlich viel Toleranz zu geben.

Als ich siebzehn war, starb meine Mutter, mittlerweile gelähmt und nicht mehr in der Lage zu sprechen. Im darauffolgenden Jahr ging ich ans College, wo ich in Büchern und Kursen über Psychologie und Philosophie mehr Erkenntnisse über den Sinn des Lebens zu finden hoffte. Ich wollte glauben, was ich in Vorlesungen und Seminaren hörte, und die Ideen in den Büchern annehmen können, die mir zur Lektüre aufgetragen wurden, doch Sicherheit oder Gewissheit vermittelte mir der präsentierte Stoff nicht. Mein Leben wäre dadurch leichter geworden, aber ich konnte nicht einschätzen, ob die Ideen überhaupt wahr waren.

Ich schrieb intensiv Tagebuch, stellte mir immer wieder dieselben Fragen und suchte innere Ruhe. Nach meinem ersten Jahr im College beschloss ich, zwei Freisemester zu nehmen und zu reisen. Im Stillen hatte ich mir vorgenommen, dass ich während dieses Entdeckungsjahres meine Lebensaufgabe finden würde. Eine Freundin erzählte mir von mystischen Erlebnissen, die sie in Cuernavaca in Mexiko gehabt hatte. Also beschloss ich, dorthin zu reisen. Ich war bereit, für alles offen zu sein, was mir über den Weg lief.

Spirituelles Erwachen

Bevor ich meine Freisemester in die Wege leitete, besuchte ich einen meiner Brüder, der in New York City lebte und arbeitete. Er war damals mit einer Frau namens Catherine zusammen, die sich als Trance-Medium bezeichnete – was ich äußerst merkwürdig fand. Zwar hatte ich durchaus eine mystische Ader und mich bereits eingehend mit Fragen nach Sinn und Zweck des Lebens beschäftigt, doch Medien und Hellsichtige passten eigentlich nicht in mein Weltbild. Natürlich hatte ich auch noch nie so jemanden persönlich kennengelernt.

Mein Bruder hatte uns kaum miteinander bekanntgemacht, da fragte mich Catherine: „Gibt es jemanden, der verstorben ist und mit dem du gerne sprechen würdest?"

Ihre unverblümte Frage erschreckte mich, aber ich brachte es doch fertig zu antworten: „Ich weiß nicht, ob ich an ein Leben nach dem Tod glaube. Aber wenn ich kann, dann würde ich gerne mit meiner Mutter sprechen."

Catherine war noch nicht lange mit meinem Bruder zusammen und wusste deshalb nichts über meine Mutter; und weil mein Bruder in emotionalen Dingen eher zurückhaltend ist, hatte er über die schmerzliche Situation in unserer Familie nicht viel erzählt. Ich verriet ihr ebenfalls nichts, denn damals hatte ich alles, was mit meiner Mutter zu tun hatte, in ein geheimes, fest verschlossenes Kämmerchen meiner Seele gesperrt – ein Kämmerchen, in dem die deplatzierten Schuldgefühle eines sensiblen Kindes mit einem schwer kranken und leidenden Elternteil hausten.

An jenem Abend lud Catherine mich in ihre Wohnung ein, nur zwei Stockwerke unter der meines Bruders im selben Gebäude in der Thompson Street. Sie setze sich hin, um zu meditieren, und während ich wartete, beobachtete ich, wie ihre Katzen völlig außer sich buchstäblich aufsprangen und ins Badezimmer sausten. Offenbar reagierten sie auf etwas, das ich nicht sehen konnte. Catherine begab sich in Trance, und in mir wirbelten viele Gefühle und Kindheitserinnerungen auf. Meine Mutter war ins Pflegeheim gekommen, als ich erst acht Jahre alt war, und im Laufe der Zeit war sie in meinem Leben immer weniger präsent gewesen; in vielerlei Hinsicht kannte ich sie kaum. Schließlich legte sich Catherine unvermittelt hin, als sei sie wie gelähmt, so kam es mir vor, und zu meiner Überraschung sah ich, dass über ihrem Gesicht das meiner Mutter erschien. Der Unterschied in ihrer beider Aussehen war unverkennbar. Catherine war blond und hatte ein rundes, slawisch wirkendes Gesicht; meine Mutter hatte ein schmaleres Gesicht mit hohen Wangenknochen und dunkelbraunes Haar, in das sich Grau mischte.

Dann sprach meine Mutter unter großer Anstrengung mit mir. Ich musste mich über Catherine beugen, um etwas hören zu können, aber es war zweifellos die Stimme meiner Mutter.

„Trauere nicht um mich", sagte sie, „denn ich habe selbst gewählt, was ich erlitten habe." Weiter sagte sie, ganz gleich, wie etwas nach außen hin erscheine: „Wenn du nur tief genug schaust, erkennst du, dass es immer Gründe und Gerechtigkeit gibt."

Sie sagte mir, sie vergebe mir für alles, was ich getan habe und was nicht ganz in Ordnung sei, denn ich sei ja nur ein Kind gewesen. Dieser Satz nahm mir augenblicklich schwere Schuldgefühle, die ich unwissentlich mit mir herumgetragen hatte. Sie sprach über den Reinkarnationsprozess und sagte, in früheren Leben sei sie egoistisch und arrogant gewesen. (Viele Jahre später hatte ich Visionen von meiner Mutter in einem früheren Leben in Rom, in dem sie eine Aristokratin mit beträchtlicher Macht gewesen war, doch das Leid vieler Menschen in ihrem Umfeld ignoriert hatte.) In ihrer Inkarnation als meine Mutter, fuhr sie fort, habe sie durch ihr eigenes Leid gelernt, dass wir alle miteinander verbunden sind und eigentlich unsere eigenen Kämpfe ignorieren, wenn wir die anderer übersehen. Das war die Gerechtigkeit in dem Leiden, das sie in ihrem jüngsten Leben erduldet hatte: Sie erlangte dadurch die Fähigkeit, aufrichtiges Mitgefühl zu verspüren und zum Ausdruck zu bringen.

Für mich war ihr Satz *„Wenn du nur tief genug schaust, gibt es immer Gründe und Gerechtigkeit."* eine Offenbarung. Er bedeutete, dass das Leben eine Ordnung hatte; es war nicht nur Chaos und Grausamkeit, wie es mir immer vorgekommen war. Völlig unvermittelt und sehr persönlich mit Reinkarnation – und den mit ihr verbundenen Lernchancen – konfrontiert, fand ich, dass das Leben auf einmal einen Sinn bekam. Es gab Gründe, warum die Dinge sich so oder so entwickelten. Ich fing an, etwas mehr Freude am Leben zu entdecken.

Die Kommunikation mit meiner Mutter auf einer geistigen Ebene rückte auch die Sensibilität, die ich seit meiner Kindheit verspürte, wieder klar und deutlich in den Mittelpunkt meiner Aufmerksamkeit. Nach dieser Sitzung ging Catherine nach oben, um die Nacht mit meinem Bruder zu verbringen, und ich blieb in ihrer Wohnung. Aber ich merkte, dass ich nicht allein war: Überall um mich herum konnten Wesen und Geister sein und meine Gedanken lesen. Da wurde mir zum ersten Mal klar, dass kein Aspekt meines Lebens allein meine Sache war. Zunächst fand ich diese Erkenntnis beängstigend und peinlich, doch heute ist es tröstlich für mich, dass ich immer gesehen werde und mich nie allein fühlen muss.

In jener Nacht konnte ich nicht schlafen und las daher ein Buch über das Handlesen, das ich in Catherines Bücherregal fand. Am nächsten Tag entdeckte ich mit Erstaunen, dass ich beim Blick auf die Handflächen anderer Menschen Bilder von ihrer Seelenreise sehen konnte – eine Fähigkeit, die als Chiromantie bezeichnet wird, wie ich später erfuhr. Auf der Rückfahrt ins College saß ich im Bus neben einer Frau, die offenbar Sorgen hatte. Ich wagte einen Vorstoß. „Darf ich mir Ihre Hand ansehen?“, fragte ich sie. Sie war einverstanden, und ich sah Bilder, durch die ich ihr etwas über ihr Leben sagen konnte.

Ich hatte weitere hellsichtige Erlebnisse, die mich aufgeschlossener machten für Phänomene, die mir bisher unbekannt gewesen waren oder Angst eingejagt hatten. Wenn ich mich nun an entsprechende Episoden in meiner Kindheit erinnerte, konnte ich sie aus der neuen Perspektive sehen, die meine Mutter mir geschenkt hatte.

Damals war ich eindeutig Neuling auf dem spirituellen Gebiet; ich wurde mir gerade erst meiner Fähigkeiten bewusst, hatte jedoch keine Ahnung, wie ich sie in meinem Leben unterbringen sollte. Nicht lange nach meinem ersten Erlebnis mit Catherine (mein Bruder und sie hatten sich inzwischen getrennt, aber wir waren Freundinnen geblieben) besuchten wir einen Künstler, der in seiner großen, luxuriösen Wohnung eine Skulpturensammlung hatte. Im Verlauf des Nachmittags entwickelte sich zwischen uns dreien ein breit gefächertes freundschaftliches Gespräch. Doch plötzlich konnte ich spüren, wie unglücklich dieser Mann war, der doch in bequemen und privilegierten Verhältnissen zu leben schien. Trotz seiner Begabung, seines Erfolgs, seines Wohlstands und seines offensichtlichen Komforts wirkte er einsam, verbittert und verloren. Weil ich dachte, dass es ihm helfen könnte, erzählte ich von den Erlebnissen mit meiner Mutter. Ich erwähnte, wie viel Trauer und Schuldgefühle ich während ihrer Krankheit und nach ihrem Tod empfunden hatte und wie diese Last von mir genommen worden war. Ich wagte mich noch weiter vor und sagte ihm, was ich seither erkennen und verstehen konnte und was ich über sein Leben sah.

Zu meiner Überraschung interessierte ihn überhaupt nicht, was ich zu sagen hatte. Ja, er war sogar ziemlich unwirsch: „Für wen halten Sie sich eigentlich? Für eine Auserwählte?“, fragte er. „Sie sind auf die Erde gesandt worden, um den Leuten zu sagen, welche Probleme sie haben? Und was gibt Ihnen das Recht dazu?“

Ich wandte mich an Catherine und hoffte auf Rettung, aber sie war genauso durcheinander wie ich, und schließlich suchten wir so elegant wie möglich das Weite. Aufgewühlt ging ich an jenem Abend nach Hause. Hielt ich mich wirklich für etwas Besonderes, für „auserwählt", für auf die Erde gesandt, um Wahrheiten zu verkünden, denen andere lieber nicht ins Auge sehen wollten? Diese Vorstellung erschien mir geschmacklos, arrogant. Es war nicht meine Absicht gewesen, mit meiner Besonderheit anzugeben, sondern vielmehr, etwas anzubieten, was helfen könnte. Aber ich wusste eindeutig nicht, wie ich es anstellen sollte.

Überraschende Begegnungen

Wenig später ging ich, wie ursprünglich geplant, nach Cuernavaca und besuchte eine Schule, die Ivan Illich gegründet hatte, ein ehemaliger römisch-katholischer Priester, der die Auffassung vertrat, dass Bildung nicht nur auf förmliche Klassenzimmer und strukturierte Lehrpläne beschränkt, sondern vielmehr das Leben selbst eine Schule sei. Ich wohnte in einem alten Herrenhaus auf einem schönen Anwesen, das ich mir mit einer interessanten Gruppe von Menschen aus aller Welt teilte, die sich zu Illichs Idee einer „Entschulung" der Gesellschaft hingezogen fühlten.

Während meiner Zeit in Cuernavaca verbrachte ich viele Nachmittage in einer englischsprachigen Buchhandlung. Damals fühlte ich mich zu Büchern mit spirituellen Themen hingezogen, die zumeist von Meditation handelten; und nach einigem Herumfragen stieß ich auf eine Einrichtung, an der Yoga und Meditation gelehrt wurden. Ich besuchte nur einen Kurs, aber dieser war ein faszinierendes und ungewöhnliches Erlebnis, denn der Lehrer und alle Teilnehmenden sprachen Spanisch, eine Sprache, die ich nicht konnte. Sehr sorgfältig beobachtete ich die anderen und konnte folgen. Im ersten Teil des Kurses ging es um die praktische Ausführung von Yoga-Haltungen; dann begaben sich die Männer in die Herren-Umkleide und die Frauen in die Umkleide für Damen zum Duschen. Ich schloss mich einer freundlichen älteren Frau an, die ein paar Brocken Englisch sprach, und beim Anziehen erklärte sie, dass man sauber und frisch sein müsse, bevor man meditiere.

Nachdem wir alle in den großen offenen Raum zurückgekehrt waren, nahmen wir den Lotossitz ein und schlossen die Augen zur Meditation. Der Lehrer erteilte einige formelle Anweisungen, so vermutete ich, konnte sie aber nicht verstehen. Ich verließ mich auf meine Erinnerung daran, was ich über Meditation gelesen hatte – wonach Meditation eine innere Stille ist, in der man seine Gedanken im Zaum hält – und das tat ich. Dabei entdeckte ich, dass ich eine natürliche Begabung für das Meditieren hatte. Ich konnte meinen Geist mühelos über lange Zeit ruhig halten, genau wie ich es als Kind getan hatte, wenn ich zum Beispiel aus dem Fenster schaute, ohne irgendetwas zu denken. Nach diesem einen Nachmittag begann ich, regelmäßig in der Stille zu sitzen.

Eines Tages lernte ich in der englischsprachigen Buchhandlung einen Amerikaner kennen, einen Schauspieler, der ein Buch verfilmen wollte. Es hieß *A World Beyond* von einem damals berühmten Medium namens Ruth Montgomery. Sie lebte zu jener Zeit in Cuernavaca, und nachdem der Mann mir erklärt hatte, wer er war, und mir zur Bestätigung seiner Auftritte am Broadway einige Zeitungsausschnitte gezeigt hatte, fragte er mich, ob ich sie kenne. Ich kannte sie nicht, erzählte ihm aber ohne zu überlegen, dass ich als Kind Erlebnisse gehabt hatte, bei denen ich meinen Körper verlassen konnte. Wenn wir einen ruhigen Ort zum Meditieren fänden, könnte ich dies wohl noch einmal tun und versuchen, sie ausfindig zu machen. Ich habe keine Ahnung, was mich geritten hat, ihm dies zu sagen. Ich vermute, ich war ziemlich eingebildet und von mir überzeugt.

Er wirkte nicht überrascht – vielleicht, weil er sich für Meditation und geistige Phänomene interessierte – und uns war, als würden wir von etwas mitgerissen, das größer war als wir beide. Dieser ungewöhnliche Austausch fühlte sich einfach stimmig an. Ich führte ihn in den Garten des Anwesens, auf dem ich wohnte, und wir meditierten gemeinsam auf einer Bank, umgeben von üppiger Vegetation und Blumen. Das Gefühl, meinen Körper zu verlassen, war mir vertraut: Zunächst ein Gefühl der Ausdehnung, dann noch mehr Ausdehnung, und dann ein Herauswirbeln aus meinem dichten physischen Körper, so dass ich mich nur noch in meiner leichteren ätherischen Gestalt befand.

Nach und nach merkte ich, dass ich in einem Raum, den ich nicht erkannte, dicht unter der Decke schwebte und auf eine Frau im Bett heruntersah. Sie trug ein Bettjäckchen, hatte sich in ihre Kissen gekuschelt und las ein Buch. (Jahre später habe ich ein Foto von Ruth Montgomery gesehen, und ich bin fest überzeugt, dass sie die Frau war, die ich gesehen habe.) In meiner Nähe schwebte ein Mann in einem Körper, der weniger dicht erschien als jener der Frau. Ich hatte erfahren, dass Ruth Montgomerys Buch zum Teil auf Gesprächen mit ihrem Freund und Mentor Arthur Ford beruhte, der ihr nach seinem Tod als Geistführer diente. Ich glaubte, der schwebende Mann könnte Ford sein, auch wenn ich dies nie zu verifizieren vermochte. Als ich mich voller Neugier an ihn wandte, tadelte er mich scharf und sagte: „Sie wissen nicht, was Sie da tun; Sie spielen mit dem Feuer." Ich war so verblüfft, dass ich mich abrupt wieder in meinem Körper befand und in dem Garten auf der Bank saß.

Wir beendeten unser Experiment, und der Schauspieler fand Ruth Montgomery schließlich mithilfe konventionellerer Methoden. Aber ich hatte verstanden: Auch wenn ich eine Fähigkeit besaß, bedeutete dies noch lange nicht, dass ich auch damit umgehen konnte. Ich brauchte eine sorgfältige, strenge und gründliche Ausbildung. Außerdem durfte sie nicht von meinen Lebenslektionen getrennt, sondern musste in meinen Alltag eingebunden sein.

Begegnung mit meinen Geistführern

Schon bald nach diesen Ereignissen lernte ich einen Mann kennen, verliebte mich und heiratete. Wir richteten uns in einer ländlichen Gegend von Massachusetts unser Zuhause ein. Einmal, mitten im tiefsten New-England-Winter, litt ich an einer schweren Erkältung; mein Mann schlief auf dem Sofa, damit ich ein wenig zur Ruhe kommen konnte. Um drei Uhr morgens wachte ich auf und sah, dass über mir ein kleines Gesicht mit asiatischen Zügen schwebte. Seine Haut wirkte wie funkelndes Licht, und er strahlte Reinheit, bedingungslose Liebe und ein Mitgefühl aus, wie ich es noch nie erlebt hatte. Ich wusste, dieses Wesen war durch und durch vertrauenswürdig und wollte nur mein Bestes. Es gab keine Worte oder konkreten Botschaften, und ich weiß nicht, wie viel Zeit während dieser Begegnung verstrichen ist, doch nach einer Weile verschwand er, und ich fühlte mich zutiefst geliebt, geborgen und behütet.

Nach dieser ersten Begegnung mit meinem asiatischen Geistführer, wie ich ihn nannte, kamen er und andere regelmäßig zu mir, wenn ich meditierte oder mit Alltagstätigkeiten beschäftigt war; sie erschienen in einer Gestalt, die ich sowohl sehen als auch hören konnte. Wenn sie mir Erkenntnisse schenkten, setzte ich mich zunächst jedes Mal hin, nahm Stift und Schreibblock zur Hand und schrieb ganz genau auf, was sie sagten. Später übermittelten sie ihre Anweisungen zumeist entweder in Form von Gedanken oder als Visionen, die vor meinem geistigen Auge erschienen – und häufig als eine Kombination aus beidem. Wenn ich eine hörbare Stimme vernehmen oder äußere Visionen sehen konnte, waren dies jedes Mal die eindringlichsten und persönlich bewegendsten Formen des Kontakts. Einmal fragte ich, ob sie sich mit Namen vorstellen könnten. Daraufhin wurde mir gesagt: „In deiner Welt sind die Menschen geradezu verliebt in Identität, deshalb möchten wir anonym bleiben, damit unsere Botschaften für sich sprechen."

Ich weiß sehr wohl, dass konventionell ausgebildete Psychologen eine völlig andere Erklärung dafür hätten. Sie dächten wohl eher entlang der Schiene, dass ich nach dem Tod meiner Mutter und in einem Alter, in dem sich viele junge Menschen sehr verwundbar und am Rande der Instabilität fühlen, unter psychotischen Schüben litt. Darauf kann ich nur erwidern, dass ich nach solchen Episoden emotional stärker wurde. Ich entdeckte meinen eigenen ethischen und intellektuellen Kompass und lernte, ihm zu folgen. Meinem Empfinden nach ging ich in die Schule des Lebens und erhielt die Bildung, die ich lange gesucht hatte, und dies von Personen, die Sinn und Zweck des Lebens wirklich verstanden hatten. Ich lernte, als Sensitive in einer wenig empfindsamen Welt zu leben.

Es war eine ungeheure Erleichterung zu entdecken, dass die Empfänglichkeit für Atmosphärisches, die ich seit meiner Kindheit erlebte, geschult und von einer Belastung im Umgang mit anderen umgewandelt werden konnte zu der präzise einsetzbaren Fähigkeit, die Komplexität des Menschen zu verstehen. Wenn ich bis dahin in einen Raum gekommen war, in dem jemand Magen- oder Kopfschmerzen hatte, litt ich am Ende oft auch selbst darunter. Ich war ein emotionaler Schwamm und von den Gefühlen anderer häufig überfordert, weshalb ich mich eher verschloss und aus Beziehungen zurückzog, obwohl ich beliebt war und meine Altersgenossen mich mochten. Weil meine hohe Empfänglichkeit es mir schwermachte, in der Welt zurechtzukommen, sollte ich in der ersten Lektion, die meine Geistführer mir vorsetzten, lernen, wie ich zum positiven Einfluss werden konnte, statt mich von meiner Umgebung negativ beeinflussen zu lassen.

Andere erste Lehren waren philosophischer Natur, etwa eine Erklärung des Unterschieds zwischen Annehmen und Hinnehmen. Ich lernte, dass der Begriff Annehmen vielen Menschen nicht behagt, weil sie ihn mit einer gewissen Faulheit gleichsetzen oder glauben, dass man damit Erfahrungen oder Ideen, die einem zu schwierig oder verwirrend erscheinen, aus dem Weg gehen will. Meine Geistführer betonen jedoch, dass Annehmen schlicht das Anerkennen dessen ist, was ist, weil es ist. Es ist ein spirituelles Prinzip, das uns inneren Frieden schenkt. Wenn wir nichts mehr bekämpfen oder vermeiden, legen sich stürmische Gefühle. In der anschließenden Ruhe stellen sich spontan Erkenntnisse ein, und angemessene Reaktionen werden deutlicher erkennbar.

Tiefere Schulung

Der Prozess der Entwicklung einer Beziehung zu meinen ätherischen Geistführern und Lehrern erstreckte sich über viele Jahre. Einige boten mir Orientierung bei der Bewältigung der Pflichten und Aufgaben des täglichen Lebens, andere hingegen konzentrierten sich eher auf Philosophie, Mittel und Techniken, mit deren Hilfe ich eine gute Lehrerin werden konnte. Natürlich bedienten einige auch beide Aspekte meiner Ausbildung.

Ein besonders bedeutendes Ereignis spielte sich ab, als ich mit Freunden in meinem Wohnzimmer meditierte. Rechts von mir sah ich eine Vision, in der ein amerikanischer Ureinwohner auf mich zu ging. Ich beobachtete, wie er näherkam, und hatte plötzlich zum allerersten Mal das Gefühl, dass mein Bewusstsein nach links weggeschoben wurde, und der Mann meinen Körper benutzte, um zu sprechen. Er sprach beredt über die Kraft der Natur als spirituelle Lehrerin. Ich konnte nicht alle seine Worte hören, doch als ich wieder in meinen Körper zurückkehrte, saßen meine Freunde in ehrfürchtigem Staunen da. Sie hatten eine Stimme gehört, die nicht meine war und doch aus mir herauskam, und es war klar, dass mein Körper von einem Geistführer bewohnt gewesen war. Sein erhöhtes Bewusstsein blieb noch eine Zeit lang bei mir und erweiterte meine Wahrnehmung über das Normale hinaus. In diesem Zustand fühlte es sich wunderbar an, einfach nur Teil des Wunders des Lebens zu sein.

Nach dieser Begegnung war ich für eine Weile Trancemedium. Ich habe diese Gabe immer noch, aber durch das mechanische Übermitteln von Informationen, die dann durch mich verfügbar wurden, kam ich mir allmählich allzu sehr wie ein Telefon vor. Ich sehnte mich danach, am Empfang des übermittelten Wissens stärker beteiligt zu sein; und ich wollte nicht, dass die Leute mich als Autoritätsperson betrachteten. Ich wusste sehr wohl, dass ich Schülerin war, die lernte und noch mehr lernen wollte. Ich bat meine Führer und Lehrer aus der geistigen Welt, regelmäßiger durch Hellsichtigkeit und Hellhörigkeit mit mir zu arbeiten, damit ich weiterhin die Schülerin sein konnte, die ich meiner Auffassung nach war, und nur dann als Lehrerin diente, wenn es angebracht war.

Die Zeit, als meine beiden Kinder noch klein waren, war eine wichtige Phase im Aufbau der Kommunikation mit meinen Geistführern. Oft bot ein Geistführer mir Unterweisung an, wenn ich mit meinen Kindern oder mit häuslichen Tätigkeiten beschäftigt war, etwa beim Kochen oder Wäschezusammenlegen, was mir die Pflichten im Haushalt gleich viel lieber machte. Manchmal waren die Übermittlungen persönlich und äußerst pragmatisch. So sagte mir ein Geistführer zum Beispiel eines Tages beim Zusammenlegen von T-Shirts und Jeans, ich solle mehr Geduld mit den Wutanfällen meines Vierjährigen haben, und er erklärte, mein Sohn sähe sich als Erwachsener und nähme es übel, wenn man ihn wie ein Kind behandelte. Er sagte, die Frustration meines Sohnes würde sich legen, sobald er Lesen und Fahrradfahren gelernt habe, weil er sich dann nicht mehr als Gefangener in einem kleinen Körper fühle. Und genauso kam es auch.

Am Anfang meiner Ausbildung ließ ich mich manchmal davon entmutigten, wenn ich einen Fehler machte – etwa in eine negative Einstellung verfiel oder bei der Wahl meiner Worte und Taten achtlos war – den meine Geistführer schon viele Mal korrigiert hatten, weil sie fest entschlossen waren, mir beizubringen, wie ich meinen geistigen Wesenskern in meinem Alltag entfalten konnte. Auch das Handeln anderer entmutigte mich. Selbst heute lasse ich noch gelegentlich den Mut sinken; doch meine Geistführer verlieren ihn nie. Sie werden nie schwankend in ihrer Gewissheit, dass es am Ende jedem gelingt, sein geistiges Potenzial zu entfalten. Wer würde nicht gerne mit so liebevollen, unterstützenden Wesen zusammen sein?

Die Verbindung und die Kommunikation mit meinen Geistführern ist eine tiefe und wirkungsvolle Schulung, und dies auf allen Ebenen: intellektuell, moralisch, emotional und praktisch. Sie haben mir durch äußerst schwierige Zeiten geholfen. Mehrfach haben sie auf eine Art und Weise eingegriffen, die mir und meinen Kindern buchstäblich das Leben gerettet hat. Sie haben mich zu einer erfolgreichen Lehrerin und Lebensberaterin ausgebildet, mich auf dem schwierigen Weg zu wahrer Liebe immer wieder angespornt und mich Dinge gelehrt, die für mich die Schlüssel zu einem erfüllenden Leben sind. Ihre Weisheit, ihr Pragmatismus und ihr unerschütterlicher Glaube an das wesenhaft Gute in jedem Menschen haben mich dazu inspiriert, ihre Lehren in jeden Aspekt meines Lebens aufzunehmen.

Kontinuierliche Weiterentwicklung

Auf meinem Weg haben mich meine Geistführer auch dazu angeleitet, dieses Buch zu schreiben.

Quelle der Ideen und Praktiken auf den folgenden Seiten sind natürlich ihre Lehren. Wie ich gelernt habe, diese Lehren zu präsentieren, lässt sich bis in eine Zeit vor etwa dreißig Jahren zurückverfolgen, als sie mich baten, Kurse zu geben, in denen ich anderen vermittele, was ich von ihnen gelernt habe. Ich hatte mich nie als Lehrerin verstanden, mich nie vor Kursteilnehmern stehen sehen. Dennoch stimmte ich ihrer Bitte zu, ohne wirklich zu wissen, worauf ich mich damit einließ und ohne Zeit zur Vorbereitung zu haben. Damals steckte ich mitten in einer Scheidung, hatte zwei kleine Kinder und baute gerade meine Privatpraxis als hellsichtige Lebensberaterin auf – dies alles neben den großen und kleinen Entscheidungen, die der Bau eines neuen Hauses mit sich bringt.

Die Kursinhalte kamen folgendermaßen zustande: An einem Abend pro Woche stieg ich in Begleitung eines Geistführers, der in seinem letzten Leben im England des 19. Jahrhunderts Philosoph und Schriftsteller gewesen war, in meinen Subaru Kombi. Auf der fünfundzwanzigminütigen Fahrt nach Amherst besprach er mit mir das Thema des jeweiligen Abends und die Übungen, die ich den Teilnehmern beibringen sollte. Dabei flößte er mir unablässig Selbstvertrauen und Klarheit ein. Obwohl ich keine Zeit hatte irgendetwas aufzuschreiben, konnte ich dreiundzwanzig Kursabende halten, und am Ende der gesamten Kursreihe eine klare Verbindungslinie zwischen jedem Kursabend sowie eine Struktur erkennen, die sich von Anfang bis Ende durchzog. Mein Geistführer hatte die komplette Kursreihe für mich aufgebaut.

Dieses Buch stellt eine Synthese der Lektionen meiner Geistführer dar, die ich auch weiterhin in Kursen und Workshops weitergebe. Wenn ich diesen Stoff nun einem größeren Publikum zugänglich mache, so verbinde ich damit die Hoffnung, das Mystische zu entmystifizieren, den Blick unserer Kultur für das, was wir sind und worum es im Leben geht, zu weiten und zu zeigen, dass direkte spirituelle Erfahrungen für jeden Menschen möglich sind. Als Schülerin und als Lehrerin verstehe ich meine Rolle als die einer Vertreterin einer unendlichen geistigen Perspektive und der Methoden, diese Perspektive in den Alltag zu integrieren.

Das Thema der einzelnen Kapitel wird jeweils unterschiedlich beleuchtet, da die Ideen facettenreich sind und einander in einzelnen Aspekten oftmals überschneiden. Dieses Vorgehen greift ein wesentliches Merkmal des Unterrichtsprozesses meiner Geistführer auf, denn oft kommen sie wiederholt auf ein Thema zurück, damit ich mein Verständnis erweitern kann.

So nehmen mich meine Geistführer zum Beispiel manchmal zur Seite und sagen: „Gleich lernst du etwas über Mitgefühl."

„Das habe ich doch schon", erwidere ich dann vielleicht.

„Ja", antworten sie dann, „aber jetzt vertiefst du es." Auf diese Weise werden Ideen, die in den ersten Kapiteln eingeführt wurden, in späteren noch einmal tiefergehend aufgegriffen.

Ich erzähle auf diesen Seiten viele Geschichten – über mich, über Menschen, die ich kenne, und über Erlebnisse in meinen Kursen. Teilweise dienen diese Geschichten dazu zu verdeutlichen, wie die Instrumente und Prinzipien bei mir und anderen, die sie in ihr Leben aufgenommen haben, wirken – und wie sie bei dir wirken können.

Aber sie haben auch eine übergeordnete Funktion. Mein Vater war Naturwissenschaftler, ein Mann, der gelernt hatte, für seine Ideen und die seiner Kollegen und Zeitgenossen empirische Beweise zu suchen. In einem Haushalt aufzuwachsen, in dem Wert auf diese Methode gelegt wurde, hat auch meine eigene Methodik geprägt. Ich weiß sehr wohl, dass unsere

Kultur vielen Themen, über die ich hier spreche, wenig Glauben schenkt, etwa Existenz und Einfluss früherer Leben sowie der Vorstellung, dass jeder Mensch sich auf einem Entwicklungsweg befindet, der sich über viele Leben hinweg bis zu einer künftigen Erleuchtung erstreckt. Ich hätte ja selbst Zweifel, gäbe es nicht die Bestätigung, die durch eigene Erlebnisse und die Erfahrungen von Menschen kommt, denen ich vertraue. Bestätigung kommt ferner daher, dass sich Tausende Teilnehmerinnen und Teilnehmer an meinen Kursen darin geschult haben, eine Sensibilität für „die Realität des Geistigen" – wie man sie bezeichnen könnte – zu entwickeln.

Skeptikern möchte ich sagen: Probiert die Praktiken aus, die ich hier vorstelle, und schaut, was geschieht. Macht euer eigenes Leben zu eurem Experimentierfeld.

Hinzufügen möchte ich, dass ich meinen Geistführern zu Beginn meiner spirituellen Ausbildung dieselben Fragen gestellt habe, wie sie mir der Mann entgegengeschleudert hat, der durch meinen ersten, zögerlichen Versuch so in Rage geraten war: Wer bin ich? Wurde ich „auserwählt"? Und wenn ja, warum und wozu?

Zur Antwort erhielt ich von meinen Geistführern: Ja, ich bin auserwählt.

Wir alle sind auserwählt.

Als Einzelne und als Gemeinschaft befinden wir uns in einem Transformationsprozess. Vielen kommt es so vor, als seien ihnen die Veränderungen, die in unserem Inneren und im Äußeren geschehen, aus der Hand genommen. So entsteht ein Gefühl von Hilflosigkeit, Angst und Verwirrung. Doch diese scheinbare Ohnmacht ist eine Illusion, ein Denk- und Wahrnehmungsfehler, der dadurch korrigiert werden kann, dass wir uns dem authentischen Kern aus Weisheit, Kreativität und Mitgefühl öffnen, der uns allen von Geburt an mitgegeben ist.

Die Instrumente und Praktiken, die in diesem Buch vorgestellt werden, sind nicht nur für die „wenigen Durchgeistigten" gedacht. Sie stehen allen Lebewesen zur Verfügung. Meine Geistführer haben mir Ideen und Praktiken geschenkt, die ich ständig weiter erforsche und in mein Leben einbinde und deren Konsequenzen ich selbst ausprobiert habe. Doch uns ist auch der freie Wille und die Entscheidungsfreiheit gegeben, und jeder Mensch muss sein eigenes Leben führen. Geistführer geben keine Anweisungen oder „Rezepte", die buchstabengetreu zu befolgen wären.

Sie sagen uns vielmehr, wo und wie wir suchen müssen. Doch suchen und entscheiden, *was* wir sehen, müssen wir selbst.

KAPITEL ZWEI

Wer sind wir und warum sind wir hier?

Ich sehe euch alle als ein vernetztes Geflecht aus Einzelnen, welche die Einheit bilden.

Die Begegnung mit meiner Mutter an jenem Abend in Catherines Wohnung markierte ein tiefgreifendes spirituelles Erwachen, und die ersten Auswirkungen spürte ich sofort. Als ich am nächsten Morgen auf die Thompson Street trat, waren die Farben der Welt intensiver geworden, und obwohl ich von den unterschiedlichsten Gefühlen geradezu überflutet worden war, war mir sehr viel leichter zumute. Lange ging ich durch die vollen Straßen von Manhattan, obwohl ich ja in einem kleinen Dorf aufgewachsen und es nicht gewohnt war, so viele Menschen gleichzeitig um mich zu haben. Ich bahnte mir meinen Weg durch die Massen, und dabei wurde mir bewusst, dass mein Weltbild auf den Kopf gestellt worden war. Ich hatte in meinem Leben so oft an Priestern gezweifelt, Lehrer hinterfragt, Lehrbücher abgelehnt und meine eigenen ungewöhnlichen Erlebnisse abgetan – doch der Kern des Geschehens war unwiderlegbar. Allmählich spürte ich die Mühlen einer umfassenden Gerechtigkeit im Universum, eine Bewegung, die sehr viel größer war als alles, was ich mir vorstellen konnte; es war nahezu unbegreiflich.

Auf meinem Weg durch die geschäftigen Straßen, in denen es vor Menschen nur so wimmelte, erfüllte mich die Gewissheit, dass jeder ein geistiges

Wesen in Menschengestalt ist. Ich war auf vielen Ebenen tief bewegt und staunte, dass ich bisher noch nie gesehen hatte, was nun so offensichtlich schien. Außerdem wurde mir klar, dass die meisten Menschen nicht mehr wissen, wer sie sind oder warum sie hier sind. Es gehört irgendwie zu meiner Lebensaufgabe, ihnen wieder zur Erinnerung daran zu verhelfen – auch wenn ich damals noch nicht wusste, wie ich dies anstellen sollte.

Als ich acht Jahre später hellsichtig beobachtete, wie mein Sohn sich inkarnierte, bestätigte sich für mich die Überzeugung, dass wir alle geistige Wesen sind, die sich vorübergehend auf der Erde manifestieren, endgültig. Mit dem Einsetzen der Wehen hatte ich eine lebhafte äußere Vision von drei Männern, die in ätherischer Gestalt am Fußende meines Bettes standen: Ein großer, dünner junger Mann in Hose und Jacke stand zwischen zwei älteren Männern, die Gewänder trugen. Alle drei waren von einem goldenen Lichtglanz umgeben. Irgendwie wusste ich, dass der junge Mann mein ungeborener Sohn war. In Gedanken hörte ich ihn sagen: „Ich bin nur gekommen, um nachzusehen, ob es dir gutgeht.“ Ich sagte ihm, es ginge mir gut, und ich weiß noch, dass ich dachte: „Oh wie schön, ich bekomme einen umsichtigen Sohn und eine schnelle Geburt.“ Daraufhin verschwanden die drei.

Tatsächlich lag ich mit meiner Deutung jedoch in einer Hinsicht falsch: Die Geburt dauerte sehr lange, und ich ging zweimal ins Krankenhaus. Beim ersten Mal blieb ich einige Stunden dort, bis ich schließlich nach Hause geschickt wurde, um mich einen halben Tag auszuruhen. Beim zweiten Mal erschien mein Sohn auf dem Weg ins Krankenhaus noch einmal in ätherischer Gestalt. Dieses Mal war er allein, und sein Ätherkörper wirkte so klein, dass er im Auto aufrecht stehen konnte. Plötzlich löste sich seine Gestalt vom Kopf und zugleich von den Füßen her auf, bis nur noch ein weißer Lichtstrahl übrigblieb, der in die physische Gestalt des Kindes eintrat, mit dem ich schwanger war. Zwei Stunden später wurde mein Sohn geboren. Da wurde mir klar, dass ich zwar das Gefäß bereitstellte, der Wesenskern meines Sohnes jedoch schon vor der Erschaffung seines Körpers existierte. Er war ein Individuum auf seinem eigenen Lebensweg.

Während ich zusah, wie der Arzt, die Krankenschwestern und mein Mann unseren Sohn auf der Welt willkommen hießen, war ich voller Mitgefühl für alle Menschen, denn wir haben alle die geistige Welt durchschritten, um auf die Erde zu kommen. Es erfordert sehr viel Mut, geboren zu werden, sich aus einer unbegrenzten Welt in einen beschränkten Körper zu begeben. Als Baby sind wir vollkommen davon abhängig, dass andere uns versorgen. Wir müssen lernen, selbst zu essen, eigenständig zu gehen, durch Sprache zu kommunizieren und noch vieles mehr. Der Entwicklungsprozess zum Erwachsenen ist für uns alle eine lange und demütigende Erfahrung, und beim Übergang von der Kindheit zum Erwachsenenleben werden wir einer Vielzahl verwirrender und widersprüchlicher kultureller Botschaften ausgesetzt, die häufig verschleiern, wie es um unsere Identität und unseren Daseinszweck wirklich bestellt ist.

Geist ist unser Wesenskern

Das Bildungssystem vieler moderner Kulturen leistet der Überzeugung Vorschub, die Identität des Einzelnen werde hauptsächlich durch genetische und umgebungsbedingte Einflüsse geprägt – durch Anlage und Umwelt. Von meinen Geistführern habe ich jedoch gelernt – und aus eigener Erfahrung bestätigt gefunden – dass Identität in Wirklichkeit aus drei Aspekten besteht: Aus dem Geist, der Seele und der Persönlichkeit. Kern unseres Wesens ist der Geist, die Essenz des Lebens, die bewusste und kommunikative Kraft in allen Dingen, selbst in jenen, die wir normalerweise als unbelebt wahrnehmen. Dieser Aspekt unseres Wesens ist unser erleuchtetes Selbst: Immer mitfühlend, immer liebevoll, immer weise und immer schöpferisch. Es ist die einzige Konstante und besteht von einem Leben zum anderen sowie von einer Dimension zur anderen fort. Es ist die unendliche, vernetzte Lebenskraft, die Einheit, die alles durchdringt und sich doch zugleich als Wesenskern jedes einzelnen Wesens manifestiert und die meine Geistführer als den „Geist im Inneren“ bezeichnen.

Der Geist im Inneren ist jeweils der Wesenskern des Einzelnen. Wie bei Schneeflocken gibt es auch bei den Ausdrucksformen des Geistes keine zwei, die miteinander identisch wären. In meinen Kursen verwende ich oft die Analogie zu Licht und Farbe, um den Teilnehmenden die Beziehung zwischen der Einheit und dem Geist im Inneren verständlich zu machen. Weißes Licht besteht aus allen Farben des Spektrums. Sobald das Licht durch ein Prisma gebrochen wird, treten sie einzeln in Erscheinung. Die Einheit, die alles durchdringt und allem seine Kraft gibt, kann man sich als weißes Licht denken. Wenn sich der geistige Wesenskern eines Menschen als individueller Geist ausdrückt, entspricht er einer Schattierung oder Nuance einer bestimmten Farbe dieses unendlichen Spektrums.

Meine Geistführer betonen immer wieder, wie wichtig es ist, dass wir lernen, uns sowohl mit der Einheit als auch mit unserem inneren Geist zu verbinden. Die bewusste Verbindung mit der Einheit ist ein bemerkenswertes Erlebnis, das einen erfüllt mit Ekstase, Glückseligkeit und tiefer Ehrfurcht vor der Macht und der Ordnung des Universums. Meine Geistführer haben mir in den ersten Jahren ihres Unterrichts zwar oft gesagt, dass alles bewusst und vernetzt ist und miteinander kommuniziert, doch was dies wirklich bedeutet, habe ich erst bei einem Wochenend-Workshop begriffen, den ich in den Catskill Mountains gab. Der Workshop lief sehr gut; im Konferenzraum herrschte eine Atmosphäre der Zufriedenheit und Freude, und unsere Gruppenmeditationen waren tief und befriedigend. In der Mittagspause ging ich ins Freie, hinein in einen schönen Oktobertag, und entdeckte zu meiner Verblüffung strahlendes Licht um jeden Stein und jedes Blatt. Rings um mich herum hörte ich symphonische Chor-Musik. Alles in der Natur sang: „Ich bin lebendig! Ich bin lebendig!"

Schließlich fand ich zur Cafeteria und ging dort auf die Toilette. Beim Blick in den Spiegel erkannte ich tiefer denn je, dass ich Geist bin. Im Spiegel umgab mich Licht, und beim Blick auf mein Abbild wusste ich, dass ich viel mehr bin als Gehirn und Körper. In diesem Moment spürte ich durch und durch, dass ich Teil der Einheit bin, und die Unermesslichkeit dieses Empfindens drang mir auf eine Art und Weise zu Bewusstsein, die alles intellektuelle Begreifen bei Weitem überstieg.

Versunken in dieser Einheitserfahrung, war mir zugleich klar, dass ich bloß Ellen bin. Dies war eine weitere Offenbarung: Ich konnte spüren, welche Kraft und Reinheit darin liegt, in einem unendlichen vernetzten Ganzen mitzufließen und mich doch zugleich als kleines Individuum zu erkennen. Plötzlich kam es mir ganz leicht vor, mich selbst zu lieben. Und mir wurde klar: Wenn wir uns erst einmal wirklich als Geist wahrzunehmen vermögen, dann können wir auch sehen, dass wir mehr sind als unsere Fehler oder Erfolge. Auf dieser innersten Ebene sind wir alle großartig.

Der Geist umfasst eine große Bandbreite an Eigenschaften – darunter Liebe, Weisheit, Hingabe, Ordnung, Kreativität und Neugier. Ganz wie es mir beigebracht wurde, bezeichne ich sie als geistige Prinzipien. Laut meinen Geistführern sind geistige Prinzipien jederzeit anwendbar und immer angemessen. Wir können nicht zu sehr im Gleichgewicht sein, zu viel Klarheit oder Mitgefühl haben.

Zugleich bildet unser Geist im Inneren eigene Schwerpunkte aus, die ich mir oft als unser jeweiliges Instrument im Orchester des Lebens vorstelle. Ein solcher Schwerpunkt kann Güte oder Kreativität sein; Weisheit oder Liebe. Manchmal ist er ziemlich differenziert, wie die verschiedenen Geschmacksnoten bei Speiseeis. Deshalb verwende ich häufig folgende Analogie: Manche Menschen sind Vanille pur, andere hingegen Vanille mit Schokoladen- oder Erdbeerstreifen. Den Kombinationsmöglichkeiten sind keine Grenzen gesetzt.

So arbeite ich zum Beispiel mit vielen Menschen, deren Schwerpunkt auf der Kreativität liegt; doch in Gestalt welcher Interessen und Begabungen sich ihre Kreativität ausdrückt, darin zeigen sich feine Unterschiede. Neigt der eine Mensch schwerpunktmäßig in Richtung Klang und drückt sich dies vielleicht als Begabung zum Spielen oder Komponieren von Musik aus, so neigt der andere etwa zur visuellen Harmonie, was in einer Begabung für Inneneinrichtung zum Ausdruck kommt. Manchmal arbeite ich mit jemandem, dessen geistiger Ausdruck von Kreativität sehr flexibel ist, weshalb es offenbar keine Rolle spielt, in welcher Form er sich ausdrückt.

Man kann seinen individuellen geistigen Schwerpunkt durchaus selbst entdecken, wahrscheinlicher aber ist, dass man dazu erst einige Techniken aus diesem Buch anwenden muss. Ich habe viele Jahre meditiert und meinen Geistführern zugehört, bevor ich erfahren habe, dass mein persönlicher Schwerpunkt auf sanfter Weisheit liegt, und dass ich meine Kraft durch meine Sanftmut finden muss. Diese Erkenntnis kam durch meine Versuche, meine damals noch kleine Tochter zu erziehen. Ihr geistiges Wesen ist energischer als meines, und weil ich sie gut erziehen wollte, habe ich manchmal versucht, ihrer Kraft frontal zu begegnen, was bedeutete, dass ich ziemlich hart zu ihr war. Als mein Geistführer mich darauf hinwies, dass mein Schwerpunkt auf sanfter Weisheit liegt, sagte er auch, ich solle meine Kraft in meiner Sanftheit finden. Dies bedeutet nicht, dass man mich herumschubsen kann oder ich alles mit mir machen lassen soll; denn wie Bambus kann ich biegsam und doch stark sein.

Die Seele: das Gefäß des Geistes

Der zweite Aspekt unserer Identität ist die Seele, das Gefäß unseres Geistes, durch das unser individuelles Wesen innerhalb der Einheit seine Einzigartigkeit behält. Wenn unser physischer Körper stirbt, verlassen ihn unser Geist im Inneren und unsere Seele gemeinsam, daher behalten wir auch nach dem Tod unsere Individualität. Zur Beschreibung der Beziehung zwischen Geist und Seele verwende ich oft die Analogie zu einem Haushaltsgerät, etwa einen Toaster. Genau wie der elektrische Strom die Energie liefert, damit ein Toaster funktionieren kann, aktiviert und belebt der Geist die Seele. Diese Analogie hinkt natürlich. Die Seele ist sehr kompliziert, und im Gegensatz zu einem Toaster entwickelt sie sich ständig weiter.

Die Seele enthält eine Chronik aller Muster, Erfahrungen, Ängste und Traumata aus unseren früheren Leben, aber auch der Talente und Fertigkeiten, die wir in unseren bisherigen Leben angesammelt haben. Diese Ansammlung von Erfahrungen aus früheren Inkarnationen ist natürlich bei jedem Menschen eine andere, genau wie wir auch in diesem Leben individuell verschiedene Erfahrungen machen. Wenn wir inkarnieren, werden wir zu Eltern und Umständen hingeführt, welche die Muster in unserer Seele aktivieren und wachrufen – sowohl unsere Stärken als auch unsere Schwächen – damit wir dazu gebracht werden, die Lektionen zu lernen, die wir benötigen, um alte, in unserer Seele noch vorhandene Ungleichgewichte zu heilen und unsere geistige Natur vollständig zu entfalten.

Fast unmittelbar nachdem meine Mutter aus der geistigen Welt mit mir kommuniziert hatte, konnte ich Muster aus früheren Leben, die der Seele eingeschrieben waren, erkennen. Wie ich an anderer Stelle geschildert habe, hat mir die Chiromantie, jene spezielle Form des Handlesens, einen ersten Zugang zur Seele und ihrer Chronik früherer Leben eröffnet. Wenn ich jemandem in die Handflächen schaute, sah ich innere Bilder, die wie ein Film vor meinem geistigen Auge abliefen. In manchen Leben waren die Betreffenden Mann, in anderen Frau. Sie trugen Kleidung aus früherer Zeit und agierten in einer Umgebung, die eindeutig nicht der Gegenwart entsprach. Die Bilder der Ereignisse aus ihren früheren Leben standen mir sehr detailliert vor Augen und waren stark gefühlsgeladen.

In den Anfangsjahren meiner Arbeit als hellsichtige Lebensberaterin habe ich nur die Geschichten aus früheren Leben, die ich empfing, weitergegeben. Für meine Klientinnen und Klienten waren dies Sitzungen voller Offenbarungen, Synchronizität und faszinierenden Informationen, aber ich spürte, dass ich noch mehr lernen musste. Die Menschen kamen zu mir, weil sie ihre Probleme besser verstehen und besser mit ihnen umgehen wollten, weil sie Hilfe suchten, wie sie sie nirgendwo sonst bekamen – und ich wollte dazu beitragen.

Eines Tages nahm ich, als ich der Entwicklung einer Klientin über ihre verschiedenen Leben hinweg nachspürte, auch ein heiteres, erfülltes Leben wahr, in dem sie keines der chronischen, sich ständig wiederholenden Überverantwortlichkeits-Muster durchlebte, die schwer auf ihr lasteten und denen sie sich in vielen Leben ausgesetzt sah, auch in ihrem jetzigen. Es war eine Freude, mich auf ihre gesunde, ausgewogene Inkarnation einzustimmen. Aber was, so fragte ich mich, war geschehen? Wodurch hatte sie – und, wie ich bald schon merkte, auch andere – diesen Zustand verlassen? Was hatte sich verändert, so dass es zu Leben voller Schwierigkeiten gekommen war?

Ich fing an, gründlicher nach diesen „erfüllten" Leben als Informationsquelle zu suchen. Danach forschte ich nach Inkarnationen, in denen schwierige Situationen auftraten, und sah mir an, wie mit dieser Herausforderung umgegangen wurde. Mein Ziel war es, herauszufinden, wie diese Leben miteinander verbunden waren. Wie konnte Erfüllung in enttäuschte Sehnsucht übergehen? Wie konnte aus Glück Unglück werden? Inwiefern wurden Talente und Gaben in einem Leben belohnt, nur um dann in späteren blockiert und durchkreuzt zu werden? Warum fühlten sich so viele Menschen hilflos, wenn es darum ging, Veränderungen in ihrem Leben vorzunehmen, ganz so als stünden sie unter dem Bann geheimnisvoller Kräfte?

Erster Irrtum und der Beginn der „Karma-Lawine“

Als ich anfing, die Seele tiefer zu erforschen – hauptsächlich durch Rückführungen in frühere Leben für Klienten – sah ich häufig sehr viel Wiederholung. Bestimmte Seelenmuster kamen mir wie eine Kerbe vor. Leben um Leben waren diese Menschen wie gefangen in dieser Kerbe, wiederholten dieselben Fehler und litten unter denselben Konsequenzen. Nach und nach konnte ich ein sehr tief sitzendes Muster ausmachen, das ich den „ersten Irrtum“ nenne: Eine falsche Vorstellung oder ein Missverständnis, das nicht im Einklang mit unserem geistigen Wesenskern steht und daher ein Ungleichgewicht schafft, welches wiederum die Ausrichtung auf unser geistiges Bewusstsein unterbricht.

In mancher Hinsicht ähnelt diese Unterbrechung der christlichen Vorstellung von der Ur- oder Erbsünde. Aus der Arbeit mit sehr vielen Menschen habe ich jedoch gelernt, dass der erste Irrtum nicht weitervererbt wird; ebenso wenig ist er bei allen gleich. So wie der geistige Wesenskern von Mensch zu Mensch ein wenig anders ist, ist dies auch der erste Irrtum. Wir haben alle unsere eigene Angst, unser eigenes Ungleichgewicht.

Meinen Geistführern zufolge konnten wir zu Beginn unseres Inkarnationsprozesses unsere geistige Natur regelmäßig entfalten. Im Laufe mehrerer aufeinanderfolgender Inkarnationen unterliegen die meisten Menschen einem ersten Irrtum, einem Missverständnis oder einer Fehlwahrnehmung. Unsere Fähigkeit zur Entfaltung wird unausgewogen oder eingeschränkt, was gewissermaßen einen „karmischen Schneeballeffekt“ auslöst. Verhaltensweisen und Einstellungen, die aus diesem ersten Ungleichgewicht hervorgehen, sowie die Folgen ihrer Wiederholung erzeugen ein selbstzerstörerisches Lebensmuster.

Nach jahrelanger Rückverfolgung des Reinkarnationsprozesses von Menschen bis zu ihrem ersten Irrtum stellte ich zwei grundlegende Kategorien eines Ungleichgewichts fest: Einen inneren ersten Irrtum und einen äußeren ersten Irrtum. Ein innerer erster Irrtum entsteht aus einer Fehlwahrnehmung seiner selbst. Ein äußerer erster Irrtum kommt durch fehlerhafte Wahrnehmung anderer.

Ein Beispiel für einen inneren ersten Irrtum, das ich nennen kann, betrifft eine Klientin, die durch ihr liebevolles Wesen motiviert worden war, auf die Erde zu kommen, um menschliches Leid zu lindern. In der Vergangenheit war sie in einem erleuchteten Zustand als Heilerin und Helferin inkarniert und hatte vielen Erkenntnis und Trost geschenkt; doch einige Menschen widersetzten sich ihrem Rat, andere standen ihrem Bemühen kritisch gegenüber. Sie nahm sich diese Ablehnung zu Herzen, begann an ihrer Fähigkeit als Heilerin zu zweifeln und kam zu dem Schluss, dass sie offenbar nicht gut genug war. Ihre Angst vor Unzulänglichkeit war ihr erster Irrtum. Um dieser Angst entgegenzuwirken, wollte sie anderen ihren Wert beweisen und dadurch ihre Angst abwenden. Sie sah sich als überlegen an und tat so, als wisse sie alles, könne jedermanns Bedürfnisse befriedigen und alle Probleme lösen, selbst wenn dies unangebracht war. Ihr Versuch, jedes Problem zu lösen, hatte zur Folge, dass ihre Unzulänglichkeitsgefühle lawinenartig anschwollen, womit einem karmischen Muster von Unzulänglichkeit und Überkompensation der Boden bereitet war.

Als Beispiel für einen äußeren ersten Irrtum erinnere ich mich an einen Mann, der zunächst in einer Führungsrolle inkarnierte. Sein Geist war von profunder Tiefe und verlieh ihm große Weisheit. Als Führungspersönlichkeit war er motiviert, eine harmonische, blühende Kultur zu erschaffen. Doch in seiner Umgebung stand es nicht zum Besten, die Dinge gerieten ihm außer Kontrolle, und es kam zum Krieg. Zwar war er von seiner eigenen Kompetenz überzeugt, doch er glaubte nicht daran, dass die anderen in der Lage wären, seinen weisen Rat umzusetzen. Dies löste einen ersten Irrtum aus, nämlich, dass er sogar für Situationen verantwortlich war, auf die er gar keinen Einfluss hatte. Nach dieser ersten Inkarnation kam er viele Male als Mönch oder Gelehrter wieder, so dass er sich nach innen wenden und auf seinen Geist konzentrieren sowie äußere Situationen, die er nicht unter Kontrolle hatte, meiden konnte. Um dieses Ungleichgewicht zu heilen, musste er zulassen, sich voll und ganz in die Welt einzubringen, seinen geistigen Beitrag in Gestalt von Weisheit und Macht nach besten Kräften zu leisten und dabei zu lernen, dass er Ergebnisse zwar beeinflussen, nicht aber kontrollieren konnte.

Wenn wir wissen, dass uns Erfahrungen aus früheren Leben, die in unserer Seele gespeichert sind, immer noch beeinflussen, können wir unsere Ängste, Entscheidungen und Erfahrungen in diesem Leben und auch unsere Beziehungen zu und Reaktionen auf andere Menschen besser verstehen. Nehmen wir zum Beispiel einmal an, du befindest dich in einer bestimmten Beziehung – sei es Freundschaft oder Liebe – und kannst dir einfach nicht erklären, was euch zueinander hinzieht. Möglicherweise seid ihr hier, um einander zu unterstützen, weil es aus früheren Leben ein harmonisches Beziehungsmuster zwischen euch gibt. Vielleicht musst du aber auch Lektionen lernen, die du bisher noch nicht gelernt hast, etwa die Fähigkeit, Nein zu sagen, wenn du in irgendeiner Form missbraucht wirst. Vielleicht ist die Beziehung dazu da, dass sie dir die Chance bietet, deine Angst vor Ablehnung zu überwinden. Es gibt unzählige Gründe, warum wir zu bestimmten Beziehungen hingezogen werden, und meiner Erfahrung nach sind sie immer mit Situationen aus früheren Leben verbunden.

Wenn wir begreifen, welche Rolle Seelen-Lektionen spielen, dann können wir dadurch auch Zugang zu tieferen Sinnfragen finden. Ich habe einmal mit einer Frau gearbeitet, die zuvor oft als Mann inkarniert war und in diesem Leben Juristin wurde. Zum Zeitpunkt unserer Zusammenarbeit war dies eine reine Männerdomäne. Sie fühlte sich zwar nicht fehl am Platz, doch als sie begriff, welchen Einfluss ihre früheren Leben auf sie hatten, wuchs ihre Leidenschaft für ihren Beruf als Rechtsanwältin noch, denn sie wusste nun, dass ihre Lebensaufgabe auch darin bestand, die beruflichen Möglichkeiten für Frauen zu erweitern.

Persönlichkeit: Unsere Rolle in der Welt

Der dritte Identitätsaspekt ist die Persönlichkeit: Die charakteristischen Denk-, Gefühls- und Verhaltensmuster, die jeden Menschen als einzigartig kennzeichnen. Die Persönlichkeitsentwicklung wird von verschiedenen Faktoren beeinflusst, darunter Genetik, Konditionierung durch Gesellschaft und Umwelt sowie Ereignisse und Erfahrungen in verschiedenen Lebensphasen. Aufgrund meiner Arbeit und der Erkenntnisse, die ich durch meine Geistführer erhalten habe, kann ich sagen, dass auch Erfahrungen aus früheren Leben und die individuelle Ausdrucksform unseres geistigen Wesenskerns eine wichtige Rolle spielen.

So war mein Bruder beispielsweise in mehreren früheren Leben Musiker. Wenn wir als Kinder Musikunterricht bekamen, fiel ihm das Spielen leicht, während ich praktisch nur herumklimpern konnte. Damals dachte ich, dass unsere Fähigkeiten so unterschiedlich waren, läge an mir; heute weiß ich, dass es eher an ihm lag. Wir alle arbeiten im Laufe vieler Leben intensiv an der Entwicklung bestimmter Fähigkeiten, die sich schließlich als „Gaben" oder Begabung zeigen. Mein Bruder hat seine musikalischen Fähigkeiten in früheren Leben verfeinert, deshalb sind ihm in unserem gemeinsamen Leben als Geschwister Musik, Komponieren und Spielen leichtgefallen. Was mich anbelangt, so hatte ich mich in früheren Inkarnationen auf die Entwicklung von Hellsichtigkeit konzentriert und musste daher in diesem Leben kaum noch etwas dafür tun; es ist ein Talent, das sich gehalten hat.

Kulturelle Hindernisse

Leider wissen viele Menschen nichts über diese tiefen Aspekte ihrer eigenen Identität und der anderer. Meine Geistführer erklären dieses Dilemma mit den Worten: „Du siehst, worauf du dich konzentrierst." Diese Maxime klingt einfach, ist aber tiefgründig, wie wir leicht selbst nachprüfen können. Wenn wir in einem Raum gezielt nach allem Ausschau halten, was eine bestimmte Farbe hat – Rot zum Beispiel – rücken die roten Gegenstände verstärkt in unser Blickfeld.

Dasselbe gilt für den Geist und unsere Seelenmuster. Wenn wir uns darauf konzentrieren, erkennen wir sie auch. Doch obwohl unser Geist bewusst und kommunikativ ist – und unsere früheren Leben unsere heutigen Affinitäten, Hoffnungen und Ängste beeinflussen – haben wir nicht gelernt, bei uns und anderen nach diesen Aspekten zu suchen. Man kann daher mit Fug und Recht sagen, dass wir zumeist darauf konditioniert worden sind, sie *nicht* zu suchen. Als Kinder hat man uns beigebracht, uns auf das Erkennen und Benennen von Dingen zu konzentrieren und Unterscheidungen mehr oder weniger oberflächlich nach dem äußeren Erscheinungsbild zu treffen.

Viele Kulturen heben außerdem auf Konkurrenz als Messmethode für Wert und Erfolg eines Menschen ab. Insbesondere in den westlichen

Gesellschaften hat der Wettlauf um den Sieg eine „Tunnelblick-Mentalität" gefördert, die uns dazu auffordert, ein Ziel zu definieren und dann herauszufinden, wie dieses schnellstmöglich zu erreichen ist. Eine meiner Klientinnen war so eine „Tunnelblick-Kandidatin"; sie verwendete alle ihre Energie auf den Aufbau ihrer Karriere und einen möglichst hohen Verdienst, was ihr auch beides gelang. Doch dann ging es ihr gesundheitlich schlechter, die Beziehung zu ihrem Kind zerbrach, und sie verspürte tiefe Trauer darüber, dass ihr Leben so einseitig und bruchstückhaft verlaufen war – eine Konsequenz dessen, dass sie die gesellschaftlichen Erfolgsrezepte befolgt hatte. Wie viele Menschen verlangen sich alles ab, damit sie bekommen, was sie zu wollen glauben, nur um dann festzustellen, dass sie es eigentlich doch nicht wollen?

Der Tunnelblick verleitet uns außerdem dazu, den Wert der Erfahrungen, die wir auf dem Weg zu einem Ziel sammeln, zu ignorieren. In meiner Familie sagen wir scherzhaft: „Soso, du willst also Rockstar werden, aber die Akkorde willst du nicht lernen?" Von Anfang an haben mir meine Geistführer bei unserer gemeinsamen Arbeit von Abkürzungen abgeraten. „Eine Abkürzung", so sagten sie, „macht dein Lernen und dein Ziel zunichte."

Der Geist heilt die Seele

Zwei grundlegende Herausforderungen machen es uns schwer, unsere geistige Natur zu entfalten: Ungelöste Traumata und Ängste aus früheren Leben, die in unserem ersten Irrtum wurzeln, und kulturelle Konditionierungen, die die Entfaltung unseres erleuchteten Selbst nicht unterstützen. Die größere Herausforderung ist meinen Geistführern zufolge das Trommelfeuer kulturell geprägter Botschaften, dem wir ausgesetzt sind. Einige kommen stillschweigend, andere laut und deutlich, aber alle stehen im Gegensatz zur Weisheit geistiger Prinzipien.

Zum Beispiel erfuhr ich vor Kurzem von einem fünfjährigen Mädchen, das in der Vorschule Konzentrationsschwierigkeiten hatte. Ihre Lehrerin bat die Rektorin, das Kind auf eine Aufmerksamkeitsdefizit-Hyperaktivitäts-Störung (ADHS) testen zu lassen und regte eine medikamentöse Behandlung an. Leider ist dies kein ungewöhnlicher Vorgang. Wir leben in einer Gesellschaft, in der es üblich ist, bei unruhigen oder chaotischen Kindern darauf zu schließen, dass sie ADHS und damit eine Krankheit haben müssen, statt einen ganzheitlicheren Ansatz zu wählen, der eine Ernährungsumstellung, Bewegungsmöglichkeiten sowie konzentrationsfördernde Maßnahmen umfasst.

Ich vergleiche diese Geschichte mit der eines meiner Brüder. Als Kind war er wild und ungestüm, doch er kanalisierte diese Energie und wurde ein ernstzunehmender Langstreckenläufer; als Erwachsener trainiert er heute ehrenamtlich Läufer an der Highschool und am College. Wäre er heute Jugendlicher, hätte bestimmt ein Lehrer zu Medikamenten geraten. Es ist beunruhigend zu erfahren, wie viele Kinder mit Medikamenten „behandelt" werden. Wenn Eltern und Lehrer aus eher geistig orientierter Sicht informiert würden, wären sie dann eher motiviert, tiefer nachzuforschen, was das Beste ist, damit das jeweilige Kind wachsen und gedeihen kann?

Wenn unsere kulturellen Normen unsere geistige Natur akzeptieren und fördern würden, könnten wir die negativen Muster in unserer Seele nach und nach auflösen. Meine Geistführer sagen: „Der Geist heilt die Seele." Mit anderen Worten, wenn wir die geistigen Qualitäten in unserem Wesenskern spüren, zum Ausdruck bringen und umsetzen, heilen wir die Ängste und Traumata aus früheren Inkarnationen, die unsere heutige Lebensqualität grundlegend beeinflussen. Doch wenn unsere Konditionierung uns dadurch verwirrt, dass sie uns mit falschen Einstellungen und fehlerhaften Vorgaben, wie man zu leben hat, bestürmt, wird der Heilungsprozess der Seele sehr viel komplizierter – und wir vertiefen womöglich unsere Fehlwahrnehmungen noch und ziehen uns neue Verletzungen zu.

Doch aus dem Griff derartiger nicht unterstützender Konditionierungen können wir uns befreien. Der erste Schritt ist, sie als das zu erkennen, was sie sind, und uns zu vergegenwärtigen, dass wir mehr sind als unsere Genetik und das Produkt unserer Umwelt. Wir sind geistige Wesen, die in Situationen inkarniert sind, welche uns dazu herausfordern, über unsere Verwirrungen, Fehler und Fehlwahrnehmungen hinaus- und in einen Bewusstseinszustand hineinzuwachsen, in dem wir auf die großartigen Eigenschaften unserer geistigen Natur zugreifen können.

Als ich die geistige Dimension meines Daseins und des Lebens um mich herum erstmals unmittelbar erlebte und die Vorstellung annehmen konnte, dass es Gründe gebe, warum die Dinge sich auf eine bestimmte

Art und Weise entwickeln, wandelte sich der innere Aufruhr, den ich davor erlebt hatte, allmählich zu mehr Akzeptanz und größerer Neugier. Ich bin ganz sicher keine Meisterin der geistigen Betrachtungsweise, doch von da an habe ich im Umgang mit verschiedenen Erfahrungen mich selbst oder meine Geistführer gefragt: „Was hat das zu bedeuten? Was will diese Situation mich lehren? Was soll ich lernen?“ Ich arbeitete daran, mich nicht mehr zwischen gut oder schlecht, richtig oder falsch hin- und herreißen zu lassen und mir eine universellere Sichtweise zuzulegen. Allmählich begriff und erlebte ich, dass ich hier war, um zu lernen, um mich einzubringen und um mich am Geschenk der Körpersinne zu erfreuen. Morgens mit dem Gefühl aufzuwachen, ein Ziel zu haben, hatte die fantastische Kraft, mich durch den Tag zu tragen, selbst in widrigen Zeiten.

Aufmerksamkeitsverschiebung

Eine Möglichkeit, wie wir anfangen können, einschränkende Konditionierungen zu überwinden und unseren geistigen Wesenskern sowie die Komplexität der Seele zu erleben, besteht darin, unsere Aufmerksamkeit anders auszurichten. Wenn wir uns darauf konzentrieren, hinter die Oberfläche zu schauen, um den Geist eines Menschen wahrzunehmen, dann rückt dieser Geist in den Vordergrund – so als ob wir uns auf eine bestimmte Farbe konzentrieren. Wir beginnen, den Geist zu erkennen, und fühlen uns mit der wesenhaften Güte und Schönheit eines jeden Menschen verbunden, ganz gleich wie er äußerlich wirkt.

Als ich diese Lektion zum ersten Mal in der Praxis anwenden sollte, fuhr ich durch eine alte Textilstadt in Massachusetts, nicht weit von meinem Wohnort. An einer roten Ampel flüsterte mir ein Geistführer freundlich zu, ich solle tief in die Menschen auf der Straße hineinsehen. „Schaue hinter die äußere Erscheinung der Leute“, sagte er. „Bohre dich geistig in sie hinein, unter ihre Haut bis zur Einfachheit ihres Wesenskerns.“ Als Konzentrationshilfe sollte ich folgende Affirmation sprechen: „Ich bin Geist, und du bist Geist.“ In Gedanken wiederholte ich sie ständig.

Es mag merkwürdig erscheinen, dass mir beim Autofahren gesagt wurde, ich solle üben, den Geist in den Menschen zu sehen. Ich glaube, ein

Grund war, dass ich lernen sollte, den Geist schnell zu sehen, damit diese Wahrnehmung ebenso schnell und selbstverständlich würde wie wenn man bemerkt, dass jemand braunes Haar hat – und damit ein Erleben, das ich in meinem hektischen Alltag mit zwei Kindern und zahlreichen Besorgungen unterbringen konnte. Meine Geistführer hatten mir erklärt, ich müsse meine Aufmerksamkeit schnell verschieben, so als wolle ich einen Pfeil abschießen, sonst würde ich viele komplexe Eindrücke von den früheren Erlebnissen und der Persönlichkeit meines Gegenübers erhalten und mich darin verheddern. Sie rieten mir, den oberflächlichen Eindruck von vornherein zu verwerfen und gar nicht erst zu beachten, sondern mein Bewusstsein allein auf den geistigen Wesenskern auszurichten.

Oft staunte ich über die Schönheit des Geistes, des innersten Selbst der Menschen, die ich beim Vorbeifahren vom Auto aus wahrnahm. Äußerlich wirkten viele, die ich in den Blick nahm, unglücklich, negativ oder ungepflegt, doch ihr Geist war immer schön. Oft wallten in mir Gefühle der Liebe auf.

Einstimmung

Meine Geistführer sagen, wahre Erfüllung erleben wir dann, wenn wir unsere geistige Natur entfalten, wenn wir also die Eigenschaften unseres Geistes im Alltag zum Ausdruck bringen. Das ist ein entscheidender Punkt, denn man hat uns beigebracht und wir haben uns an die Vorstellung gewöhnt, dass Glück daher kommt, dass wir erhalten, was wir wollen, gleich ob es ein schicker neuer Mantel oder der Weltfrieden ist. Werden unsere Wünsche nicht erfüllt, sind wir zurecht traurig, wütend oder verletzt. Wenn wir aber die Definition von Glück so verändern, wie meine Geistführer wahre Erfüllung beschreiben, dann sind wir nicht mehr das Opfer unserer Umstände.

Im Leben geht es oft drunter und drüber, es gibt viele Hochs und Tiefs. So sehr wir es auch versuchen mögen, wir können das Leben nicht flachklopfen. Wir können nicht kontrollieren, was um uns herum geschieht, und andere nicht dazu bringen, dass sie sich so verhalten, wie wir wollen. Wenn wir uns aber stattdessen auf die Entfaltung unserer geistigen Natur konzentrieren und uns in einer bestimmten Situation bestmöglich einbringen, können wir ein resilientes, selbstbewusstes inneres Leben entwickeln und zu einem starken, konstruktiven Einfluss in der Welt werden.

Wir alle verwirklichen in verschiedenen Momenten unseres Lebens geistige Prinzipien, manchmal spontan, andere Male etwas bewusster und gezielter. Vor Jahren erzählte mir zum Beispiel ein Nachbar, der Buddhist ist, die Geschichte von einem verheirateten Mann, der beschlossen hatte, Mönch zu werden. Er verließ Frau und Kinder, um sich voll und ganz der Meditation zu widmen. Dann wurde seine Frau krank, und er war aufgerufen, zurückzukehren und sich um sie und die gemeinsamen Kinder zu kümmern. Da erkannte er, wenn er seine buddhistische Meditationspraxis aufrechterhalten wollte, musste er sie in seine täglichen Bemühungen um seine Familie integrieren. Also entwickelte er verschiedene Techniken spiritueller Praxis, die er in seine alltäglichen Abläufe einbaute. Ich habe diese Geschichte seither in vielen Varianten gehört, aber der Kern ist stets derselbe: Die Welt ist immer bei uns. Die Frage ist: Wie wollen wir in der Welt leben?

Wie ein Fluss auf dem Weg zum Meer ist jeder Mensch auf seiner Reise zurück in die Einheit – Bewusstsein in einer individuellen Form. Ob wir diese Reise machen wollen oder nicht, das Leben drängt uns in einen Prozess, durch den wir unsere Seele heilen und lernen, spirituelle Prinzipen dauerhaft zu erleben und zum Ausdruck zu bringen. Der Wille unseres Geistes tritt an die Stelle der Wünsche und Fehlwahrnehmungen unserer Persönlichkeit. Egal, welche Fehler ich beging, ganz gleich, wie verboten mein Verhalten war, meine Geistführer machten von vornherein unmissverständlich klar, dass mein innerstes Wesen Geist ist und ich daher gut bin. Daran wird sich nie etwas ändern. Auf dieser Grundlage traten sie in Erscheinung, um mir dabei zu helfen, meine bewussten Gedanken, Worte und Werke mit geistigen Prinzipien in Einklang zu bringen – ein Prozess, mit dem ich mich nun seit vierzig Jahren beschäftige und den ich an andere weitergebe.

Meine Geistführer bezeichnen diesen Prozess als „Einstimmung", ein Vorgang, bei dem unser bewusstes Denken mit der geistigen Essenz des Lebens in Einklang gebracht wird. Diese Einstimmung kann man damit vergleichen, dass wir lernen, unser individuelles Instrument in Harmonie mit dem ganzen Orchester zu spielen. Der Geist ist unbegrenzt, Menschen sind begrenzt – teils wegen unserer Manifestation in physischer Gestalt und teils infolge unserer Irrtümer, Verletzungen und verzerrten Wahrnehmungen. Einstimmung ist ein Prozess, bei dem die Erfahrungen des Unbegrenzten und des Begrenzten zusammengeführt und dann die Erkenntnisse, die aus dieser Synthese hervorgehen, in unsere Einstellungen und unser Handeln übernommen werden. Wir können erleben, dass wir Geist *und* Mensch sind, und beide Realitäten gleichzeitig wahrnehmen. In diesem Bewusstsein können wir aus einer wesentlich umfassenderen Perspektive heraus fragen: „Angesichts dessen, wer ich bin und was gerade vor sich geht – was soll ich tun?"

Die Erkenntnisse, die wir durch Einstimmung gewinnen, führen tiefer als unsere kulturelle Konditionierung, denn sie sind nicht durch vorgefasste Meinungen geprägt, sondern durch universelle Prinzipien und Ideen, die uns allen in unserem Wesenskern innewohnen. Wir können dann unterscheiden zwischen destruktiver Konditionierung – den stillschweigenden Übereinkünften oder ausdrücklichen Botschaften, die unser Denken und Verhalten verwirren und einschränken – und Botschaften, die uns wirklich helfen, unsere wahre Identität zu entfalten und den Sinn und Zweck unserer jetzigen Inkarnation zu erfüllen.

Auch wenn wir uns alle dahin entwickeln, dass wir unsere geistige Natur entfalten – selbst wenn dies nicht immer so scheint – hat doch jeder Mensch einen eigenen individuell unterschiedlichen Daseinszweck.

Durch Einstimmung, durch die Entscheidung zu Verbindung und Kommunikation mit unserem eigenen inneren Geist und der geistigen Kraft um uns können wir erleben, dass wir alle miteinander vernetzt *und* Individuen sind. Wir können die Fähigkeit entwickeln, unsere Rolle, unsere Prioritäten, unsere kreative Natur sowie unseren Beitrag als Einzelne zu verstehen und zugleich die Einheit und Vernetzung aller zu respektieren. Wir werden fähig, beide Sichtweisen zugleich einzunehmen, und ich muss hinzufügen, es fühlt sich durch und durch gut an, diesen Zustand zu erreichen.

Davon abgesehen, ist Einstimmung nicht etwas, was wir einmal erreichen, um dann zum Nächsten überzugehen. Sie ist ein ständiger Anpassungsprozess an die Bedingungen in unserem Leben, wie sie sind und wie sie sich weiterhin entwickeln – aber aus geistiger Sicht, sowohl auf der Wahrnehmungs- als auch auf der Gefühlsebene. So sagte ein Geistführer einmal zu mir: „Wir erzielen nicht nur Erfolge, wir erhalten sie auch aufrecht." Mit anderen Worten, es gibt keine Regeln, die man sich merken, keine strengen Gesetze oder Gebote, an die man sich halten müsste. Einstimmung ist die Entwicklung situativen Bewusstseins, ein ständiges Achten auf den Einklang mit einer evolutionären Kraft, die viel größer ist als wir. Ebenso wenig ist die Entwicklung dieses Bewusstseins ein pauschaler Prozess, der bei allen gleich verläuft. Einstimmung entwickelt sich entsprechend der jeweiligen Komplexität des individuellen Lebens.

Erster Kontakt: Meditation

Einstimmung ist wie eine Radnabe: Es gibt zahlreiche Möglichkeiten, Zugang dazu zu finden, und ich vergleiche sie mit den Speichen, die alle zur Mitte führen. Viele Methoden und Techniken erfordern keinen sonderlich großen Zeitaufwand und lassen sich leicht in ein hektisches Leben einbauen. Doch die erste dieser Methoden verlangt, dass du aus deiner gewohnten Routine heraustrittst und dir einen bestimmten Zeitraum zum Üben freischaufelst. Ob du dich für fünfzehn Minuten oder eine Stunde entscheidest, am allerwichtigsten ist, dass du eine Gewohnheit daraus machst. Meditation ist eine wichtige Fertigkeit, die Fähigkeit, tief in dich hineinzuhören. Durch anhaltende intensive Stille können wir Kontakt zu unserem inneren Geist und zu der größeren Einheit aufnehmen, die allumfassend ist. Meditation führe ich gleich in den ersten Stunden meiner Kurse ein, weil sie das Fundament ist, auf dem andere Einstimmungsmethoden aufbauen.

Wie jede Fähigkeit, wird auch die der Meditation durch Wiederholung erlangt. Je öfter du meditierst, desto leichter wird es, innere Ruhe zu finden und aufrechtzuerhalten. Irgendwann gelingt die Loslösung vom üblichen Gedankengetriebe so natürlich und leicht wie andere Fähigkeiten, die für dich ganz selbstverständlich sind, und du kannst dich im Laufe eines Tages jederzeit in einen meditativen Zustand versetzen. Aber zuvor musst du dich darin üben, ganz ähnlich wie du dich etwa im Fahrradfahren oder im Lesen geübt hast.

Die Meditationsmethode, die ich lehre, unterscheidet sich insofern von einigen anderen, heute weit verbreiteten Meditationsformen, als sie eher ein interaktiver Prozess und keine Entspannungsübung ist. Die

Methode beginnt damit, dass man den Geist zur Ruhe kommen lässt – nicht zum Selbstzweck, sondern als Mittel, um uns dem direkten Kontakt mit unserem inneren Geist und der Kraft der Einheit zu öffnen. Durch diese besondere Form der Gemeinschaft können wir allmählich unsere konditionierten Wahrnehmungen überwinden und tiefere Erkenntnisse erlangen, um uns in unserem Leben zurechtzufinden.

In der Meditationspraxis, die ich zunächst von meinen Geistführern erlernt habe und nun in meinen Kursen sowie an meine Klientinnen und Klienten weitergebe, dient ein X als Symbol des Prozesses. Der untere Teil des X stellt unser alltägliches „Hirngeplapper" dar, den Gedankenstrom, der normalerweise unsere Aufmerksamkeit beansprucht. Der obere Teil des X steht für unsere Verbindung zum inneren Geist und zur Einheit – und manchmal zu Geistführern. Der Mittelpunkt, an dem die beiden Abschnitte des X aufeinandertreffen, steht für die Schwelle der Stille, an der das Hirngeplapper aufhört und wir erstmals Erkenntnisse und Offenbarungen erhalten können. Die Aufgabe der Meditation ist es, den Punkt der Stille zu erreichen und zu halten und damit das Tor zu einer Erweiterung der Wahrnehmung zu öffnen.

Die Praxis anhaltender Meditation umfasst drei grundlegende Schritte. Der erste Schritt, den viele heute unterrichtete Meditationsformen auslassen, ist die Konzentration auf etwas, das dich inspiriert. Inspiration ist der Weg zur Entwicklung eines offenen, weiträumigen Empfindens an der höchsten Stelle des Kopfes, eine Voraussetzung für die Meditation. Wer das Chakra-System kennt, wird in dieser Beschreibung ein offenes Kronen-Chakra erkennen. Das Kronen-Chakra ist das Tor zum oberen Teil des X, die Brücke zum direkten geistigen Erleben. Andere erinnert dies vielleicht daran, wie Emily Dickinsons Dichtung beschreibt: Dass sie einem das Gefühl vermittelt, als sei die Schädeldecke verschwunden. Dickinson reagierte auf die inspirierende Kraft der Poesie, und Inspiration ist ein wunderbares sowie jederzeit verfügbares Mittel zur Kontaktaufnahme mit dem oberen Teil des X. Inspirationsquellen gibt es unterschiedliche und viele. Bei manchen kann Musik dieses Chakra öffnen, bei anderen kann die Erinnerung an einen Moment der Schönheit, an ein Kunsterlebnis, einen Abschnitt aus der Literatur, eine Aussicht oder an einen Aufenthalt in der Natur ein Gefühl innerer Weite wecken.

Der nächste Schritt in der anhaltenden Meditation besteht darin, den Geist zur Ruhe zu bringen. Dieser Prozess kann mithilfe eines positiven affirmativen Satzes gefördert werden, der dir hilft, deine Aufmerksamkeit auf einen einzigen Gedanken zu konzentrieren und zugleich eine positive Haltung einzunehmen. In meinen Kursen schlage ich „Ich bin Geist, unendlicher Geist" vor – als Erinnerungsstütze, dass wir mehr als nur Mensch sind. Doch jeder positive affirmative Satz kann hilfreich sein; wie homöopathische Mittel wirken einige bei manchen Menschen besser als bei anderen. Manche hatten zum Beispiel Erfolg mit „Ich bin" oder „Ich bin, was ich bin".

Wenn du dich für eine Affirmation entschieden hast, dann wiederhole sie still in Gedanken oder laut ausgesprochen, bis sich ein umfassendes friedliches Gefühl einstellt. Dann halte inne und übe dich darin, deinen Geist ruhig zu halten. Am Anfang wird das Hirngeplapper wahrscheinlich ziemlich schnell wieder einsetzen. Wenn dies geschieht, kehre einfach zur Wiederholung deiner Affirmation zurück und halte dann erneut inne. Es ist wie ein Schaukeln, ein Schwingen: Die Affirmation wiederholen und innehalten; die Affirmation wiederholen und innehalten; die Affirmation wiederholen und innehalten. Nach und nach kannst du immer länger innehalten. An manchen Tagen wirst du bei der Meditation feststellen, dass du deinen Geist leichter stillhalten kannst, an anderen gelingt es gar nicht. Nutze dann die Affirmation, um das Hirngeplapper zur Ruhe zu bringen, halte inne und lasse dieses Innehalten immer länger werden, wenn du kannst. Es ist vollkommen in Ordnung, wenn du die Affirmation oft einsetzen musst.

Sobald du deinen Geist längere Zeit stillhalten kannst, besteht der letzte Schritt darin, die Affirmation loszulassen und dir zu erlauben, dass du den oberen Teil des X erfährst. Dies wird meist als tiefes Gefühl der Weite und der Verbindung zu etwas empfunden, das größer ist als du. Dieses weite, wunderbare Gefühl kann sich auf unendlich vielfältige Art und Weise manifestieren, je nach deiner persönlichen Situation. Manche Menschen sehen grünes Licht, die Farbe, die mit körperlicher Heilung verbunden wird; andere erhalten Erkenntnisse über ein drängendes Problem; wieder andere erinnern sich womöglich an ein früheres Leben. Ich sage oft, eine tiefe Meditation ist besser als Kino!

Als Hilfsmittel zur Vorbereitung auf die Meditation übe dich darin, bei ganz normalen Alltagstätigkeiten den Geist in dir und anderen zu sehen. Schaue dich zum Beispiel beim Zähneputzen im Spiegel an und sage dir – leise oder laut – „Ich bin Geist, unendlicher Geist" und ziele dabei mit dem Pfeil deines Bewusstseins direkt in deinen Wesenskern. Wenn du im Lebensmittelladen an der Kasse anstehst, dann verwende die Affirmation „Ich bin Geist, jeder ist Geist" und schaue dich dabei unter den anderen Menschen um. Denke daran, dass du siehst, worauf du dich konzentrierst, und betrachte dies einfach als Experiment. Entdecke, wie sich dein Erleben verändert, wenn du an den Geist in dir und anderen denkst.

Es gibt auch andere Möglichkeiten, die Verbindung zur Erfahrung der Einheit zu aktivieren. Vor Jahren habe ich auf dem Land gelebt, und wir hatten eine zwölf Hektar große Wiese. Hin und wieder war ich mit dem Mähen an der Reihe und drehte meine Runden auf unserem Kubota-Traktor. Zunächst dachte ich: „Also gut, bringen wir's hinter uns." Dann merkte ich: „Das dauert ganz schön lange. Ich muss mich darauf einlassen. Ich muss die Zeit loslassen und in Fluss kommen." Und mitten in dem Gefühl, eins zu sein mit dem Himmel und dem Gras und den Vögeln, befand ich mich in einem meditativen Zustand der Ruhe und Verbundenheit. Denselben Zustand können zum Beispiel Menschen erleben, die Golf spielen oder etwas anderes tun, was ihnen viel Aufmerksamkeit und Konzentration abverlangt. In ihre Aktivität versunken, können sie einen Zustand tiefer Ruhe und Verbundenheit erlangen. Ob bewusst oder nicht, sie zapfen dabei eine Einheitserfahrung an – einen zutiefst angenehmen, entspannten und zugleich aktiven Zustand, der sie zu Bestleistungen beflügelt.

Vielleicht gehst du gerade eine stark frequentierte Straße entlang und bist umgeben von Menschenmassen. Du versuchst, an ein Ziel zu gelangen, und fühlst dich unverbunden, getrennt von allen anderen, vom Verkehr und so weiter. Es gibt immer Möglichkeiten, in einer solchen Situation die Verbindung zur Einheit zu üben. Eine ist die Anwendung einer meiner Lieblingsaffirmationen: „Ich bin Geist und vorübergehend auf der Erde. Alle Menschen sind Geist und vorübergehend auf der Erde." Eine weitere ist die Übung, die ich an früherer Stelle bereits beschrieben habe: Menschen in der Absicht anzuschauen, hinter ihrer äußeren Erscheinung den Geist zu erkennen. Wenn wir unsere Aufmerksamkeit auf den geistigen

Wesenskern in anderen richten, werden wir uns seiner bewusst und fühlen uns verbunden. Tatsächlich ist es eine Erinnerung daran, dass wir eins und Einzelne sind – und wenn wir uns daran erinnern, sehen wir es auch. Oder wie meine Geistführer sagen: „Der geistige Wesenskern ist immer da, aber du kannst ihn erst sehen, wenn du dein Bewusstsein einschaltest. Es ist genau so, als ob du in ein abgedunkeltes Zimmer gehst, das voller Möbel steht. Alle Möbel sind da, aber du kannst sie erst sehen, wenn du das Licht anschaltest. Bewusstsein ist der Lichtschalter an der Wand."

KAPITEL DREI

Menschsein

Was bedeutet es, sein wahres Selbst zu entfalten?
Wie sieht das aus – zu Hause, am Arbeitsplatz,
in deinem Körper, in deinen Beziehungen?

Vor vielen Jahren ereignete sich ein Vorfall, durch den ich mich von einer Freundin betrogen fühlte. Gegenüber von mir wohnte damals ein Journalist, der für eine Lokalzeitung arbeitete. Meine Freundin beschloss, diesem Nachbarn intime Details aus meinem Leben zu erzählen, ohne mich zuvor um Erlaubnis zu fragen – wenn auch in der wohlmeinenden, aber irrigen Absicht, Werbung für meine Arbeit zu machen. Ich erfuhr erst davon, als ich die Lokalzeitung las und darin einen Artikel über mich entdeckte. Es war ein Schock, aber ich wusste sofort, was passiert war. Als meine Freundin auf einen Sprung vorbeikam, stellte ich sie zur Rede; dabei war ich so verletzt und wütend, dass ich anfing zu weinen. Während meine Tränen flossen, entwickelte sich ein bemerkenswertes Erlebnis. Ich war wie gelähmt von einer Reihe lebhafter Visionen, die vor meinem geistigen Auge abliefen und menschliches Leid in einer Größenordnung zeigten, die meinen eigenen Schmerz bei Weitem überstieg.

Ich sah Bilder von Menschen, die Hunger litten und einsam waren; von Menschen im Krieg; von Menschen, die sich verzweifelt ein anderes Leben wünschten. Diese Szenen blitzen vor mir auf, lösten mein Schluchzen aus und veranschaulichten das enorme Ausmaß an Schmerz, das schon immer zum Menschsein gehört hat und noch heute dazugehört. Gelegentlich wurde der Strom der Bilder unterbrochen, damit ich Luft holen konnte, und dann setzte er wieder ein, ebenso wie meine Tränen.

Die Bilder zeigten Menschen aus allen Epochen der Geschichte und Kulturen aus aller Welt. Ich sah Leichen, die während einer Pest in Handwagen übereinandergeschichtet lagen; ein Kind, das in den Armen seiner trauernden Mutter still verstarb; chinesische Frauen und Kinder, die von Mongolen auf Pferden abgeschlachtet wurden; Familien im Streit und viele Bilder von Soldaten – junge Männer, fast noch Kinder – mitten in der Schlacht. Diese emotionale innere Diaschau dauerte über zwei Stunden, und die ganze Zeit über versuchte meine Freundin, mich zu trösten.

Ich weinte wegen des Elends und des Leids, das die Menschheit zu allen Zeiten durchgemacht hat und wegen des Lebens Einzelner, das von Brutalität, Trauer, Verrat und Verlust gekennzeichnet war. Ich schluchzte auch wegen meines eigenen Kummers, denn auch er gehörte zu dem Tableau des Schmerzes, das da vor meinen Augen ausgebreitet wurde. Im weiteren Verlauf des Erlebnisses verspürte ich allmählich ein tiefes Gefühl der Verbindung mit dem kollektiven Leid, das einen so großen Teil unseres menschlichen Erlebens ausmacht.

Abrupt wandelten sich die Bilder zu solchen der Freude und der Festlichkeiten. Ich sah lachende, tanzende und musizierende Menschengruppen. Ich sah gebärende Frauen. In allen Einzelheiten sah ich Menschen verschiedener Rassen, verschiedenen Glaubens und unterschiedlicher Kulturen, die einander in vielfältiger Form Liebe und Großzügigkeit entgegenbrachten, die in Harmonie mit der Natur lebten und zusammen auf ein gemeinsames Ziel hinarbeiteten, zum Beispiel einen Stall bauten. Alle diese Bilder lösten weitere Tränen aus – doch dieses Mal waren es Tränen der Freude.

Als die Visionen schließlich aufhörten, verspürte ich einen bleibenden tiefen inneren Frieden und wusste mit unerschütterlicher Gewissheit, dass wir mehr als nur Menschen sind. Hinter der oberflächlichen Erscheinung der körperlichen Gestalt strahlt der Geist ungetrübt wie seit eh und je. Zugleich erkannte ich, wie notwendig es ist, dass wir das gesamte Spektrum unseres menschlichen Erlebens annehmen und nichts meiden; dass wir die Tragödien ebenso anerkennen und akzeptieren wie die Triumphe. In diesem Moment wusste ich, dass ich dazu beitragen wollte, das Leiden in der Welt zu lindern, und ich brachte allen Menschen an allen Orten freigebig und großzügig mein Mitgefühl entgegen.

Mir wurde klar, wenn wir ganz genau verstehen wollen, wer wir sind, und wenn wir unsere persönliche und kollektive Entwicklung begreifen wollen, dann müssen wir beides erleben, unsere Natur als Geist – die unser Wesenskern und unser Potenzial ist – *und* seine menschliche Ausdrucksform, die den Stand unseres Bewusstseins und unserer Entfaltung zu einem bestimmten Zeitpunkt auf der Erde widerspiegelt. Der Geist ist dauerhaft und klar. Er inspiriert; er ist unendlich weise, liebevoll, schöpferisch und mitfühlend. Menschen hingegen sind kompliziert und erschließen sich normalerweise erst mit der Zeit. Denke nur einmal daran, wie viele Gedanken, Stimmungen, Gefühle, Interaktionen und Ereignisse jeder im Laufe eines einzigen Tages erlebt – oder im Laufe nur einer Stunde. Denke an die verschiedenen Ichs, die wir annehmen und anderen präsentieren, an die verschiedenen Rollen, die wir in unterschiedlichen Situationen spielen. Beachte auch, dass keine zwei Menschen dasselbe Ereignis auf die gleiche Art und Weise erleben. In jeder Minute jedes Tages entstehen und vergehen diese Erlebnisse, Gedanken, Gefühle und so weiter unter den Milliarden Menschen auf der ganzen Welt. Diese Komplexität und Vielfalt bildet das, was meine Geistführer als „Menschsein“ bezeichnen.

Wie sind wir geworden, was wir sind?

Vielleicht fragst du dich: Wenn der Geist der Wesenskern aller Dinge ist und alles durchdringt, wie kann es dann eine derartige Komplexität geben? Wie kann es dann überhaupt Negativität geben?

Eine Vision, die ich vor vielen Jahren erhielt, zeigte mir, dass wir einst in Einheit vereint waren. Wir besaßen keine Individualität, nicht einmal auf geistiger Ebene. Wir waren eine einheitliche Bewusstseinskraft. Meinen Geistführern zufolge entstand in diesem einheitlichen Bewusstsein der reine und starke Wunsch, sich auszudrücken und zu erschaffen. Dies war die „erste Ursache“, eine unbestreitbare Sehnsucht, die eine Explosion an Schöpferkraft auslöste, welche die Wissenschaft als „Urknall“ bezeichnet. In der Meditation hatte ich eine Vision von diesem Ereignis: Es erschien mir als großer, grenzenloser Feuerring, der alles Leben einschloss; dieser

Feuerring explodierte und schickte Funken in alle Richtungen, was wiederum den Anfang der Schöpfung und die Entstehung aller individuellen Facetten der Einheit darstellt.

Diese Funken der Einheit sind der Geist in den Lebewesen. Die Seele ist, wie bereits besprochen, das Gefäß dieses Funkens; sie ermöglicht es uns, unsere Individualität zu wahren, und da sie Ausdruck der Schöpferkraft des Geistes ist, entwickelt sie sich. Zunächst entwickelten sich die Seelen auf der ätherischen Energieebene, doch dann begaben sie sich nach und nach auf eine dichtere, physische Ebene. Die physische Welt ist der äußerste Bereich des schöpferischen Ausdrucks des Geistes, zugleich aber auch eine dynamische Manifestation von Energie. Aus dem Physik-Unterricht wissen die meisten Menschen noch, dass jeder materielle Gegenstand, auch unser Körper, bewegte Energie ist. Unsere Arme zum Beispiel sind in Wirklichkeit gar nicht fest, auch wenn sie so scheinen. Allerdings bewegt sich die Energie der physischen Welt, auch die unseres Körpers, langsamer als die der ätherischen Welt. Die dichtere Welt bietet uns unterschiedliche schöpferische Möglichkeiten – zum Beispiel die Fähigkeit zum Erleben der Körpersinne.

Seelen, die sich in dieser Welt manifestieren, verwirrt es häufig, dass die materielle und die geistige Welt nicht in gleicher Weise funktionieren. In der geistigen Welt werden Wesen mit ähnlichen Einstellungen und Schwingungen zueinander hingezogen. Wesen, die tiefer mit geistigen Gesetzen verbunden sind, leben zum größten Teil in den äußeren oder höheren Welten, wohingegen diejenigen, die sich von negativen Einstellungen faszinieren lassen, die niedrigeren Welten bewohnen und wesentlich weniger Licht und Freude erleben. Im Gegensatz dazu sind in der materiellen Welt Wesen, die sich auf ganz unterschiedlichen Stufen ihrer geistigen Entwicklung befinden, gemeinsam verkörpert. Hier auf der Erde können ein Heiliger und ein Mörder im selben Bus sitzen. Diese Vermischung von Individuen auf unterschiedlichen Entwicklungsstufen erklärt zum größten Teil die Komplexität des Menschseins.

Die Negativität, die wir als Einzelne hier auf Erden erleben, lässt sich auf die ersten Irrtümer zurückführen – die Abkopplung von der Einheit und den geistigen Prinzipien, die sich lawinenartig zu unausgewogenen und selbstzerstörerischen Einstellungen und Verhaltensweisen auswächst. Wenn diese Einstellungen und Verhaltensweisen sich häufen, wird unser

Blickwinkel als Menschen enger. Wir verlieren unsere grundlegende Natur als Geist, als miteinander verbundene Funken der Einheit, aus dem Blick und verstricken uns in unserem Gefühl der Individualität. An ihm halten wir fest, und aus ihm entsteht ein alles durchdringendes Gefühl der Gegensätzlichkeit mit festgefügten Vorstellungen von Gut und Böse, Richtig und Falsch, Siegern und Verlierern.

In den höheren geistigen Welten gibt es keine Gegensätzlichkeit; dort gibt es nur Einheit, und diese enthält ausschließlich Einstellungen, die auf geistigen Prinzipien beruhen. In den unteren ätherischen Welten und auf der Erde, wo tendenziell Gegensätzlichkeit vorherrscht, neigen wir durch unsere Reaktion auf Umstände, die nicht so sind, wie wir sie uns wünschen, dazu, negative Muster, die aus unseren ersten Irrtümern entstehen, noch zu verstärken. Selbst wenn wir ausgeglichen und weise sind, aber emotional auf jemanden reagieren, der dies nicht ist, verstricken wir uns in der Unausgewogenheit unserer Reaktion, so berechtigt sie auch sein mag.

Wenn wir die immanente Gegensätzlichkeit des Menschseins hingegen aus der unendlichen Sicht des geistigen Bewusstseins erkennen und akzeptieren, dann können wir unsere gewohnten Reaktionen allmählich loslassen. Ich habe diese Verwandlung bei vielen Menschen beobachtet. Eines der für mich persönlich befriedigendsten Beispiele war das meiner Tochter, die aufgrund ihrer Lese-Rechtschreib-Schwäche in der Grundschule Schwierigkeiten hatte. Obwohl sie immer eine hohe Intelligenz zeigte, fiel ihr das Lesen- und Schreibenlernen schwer, wobei sie sich zugleich gegen die Hänseleien ihrer Klassenkameraden behaupten musste. Alle Versuche, sie an eine alternative Schule oder in eine andere Lernumgebung zu versetzen, scheiterten. Deshalb begab ich mich in Meditation, um meine Geistführer zu fragen, was los sei. Mir wurde ein früheres Leben gezeigt, in dem meine Tochter ein französischer Beamter war, der mit seiner Intelligenz prahlte, indem er den Bauern unter seiner Obhut demonstrativ vorlas. In jenem Leben vertrat meine Tochter eine Haltung der Überlegenheit ohne viel Mitgefühl für die Kämpfe, die die Menschen in ihrer Umgebung auszufechten hatten.

Als ich ihr erzählte, was ich gesehen hatte, wurde sie wütend und frustriert. „In dem Leben war ich also gemein zu ihnen, und jetzt sind sie gemein zu mir“, legte sie los. „Und im nächsten Leben bin ich dann wieder gemein zu ihnen … und so geht das endlos weiter.“

„Das ist eine Möglichkeit", erwiderte ich, „aber es gibt auch noch eine andere. Wenn du stattdessen Mitgefühl dafür empfinden kannst, dass deine Klassenkameraden eigentlich gar nicht verstehen, was es heißt, eine Lese-Rechtschreib-Schwäche zu haben, dann nimmst du ihr Verhalten nicht persönlich, was wiederum deinen Schmerz heilt und die Kettenreaktion unterbricht."

Zunächst ließ meine Tochter dieses Gespräch erst einmal auf sich wirken. Zu lernen, Mitgefühl zu empfinden, statt sich vom Verhalten der anderen emotional verletzen zu lassen, war für meine Tochter – wie für viele andere auch – eine tiefgreifende, lebenslange Lektion, und das Leben würde sie ihr noch oft präsentieren, das wusste ich. Die wesentlichen Inhalte dieses Gesprächs haben wir im Laufe der Jahre, in denen meine Tochter zu einer mitfühlenden Erwachsenen heranwuchs, noch oft wiederholt.

Das Entscheidende ist: Wenn wir geistige Prinzipien spüren und zum Ausdruck bringen – mit anderen Worten, wenn wir unsere geistige Natur entfalten – befreit uns dies davon zu reagieren und nimmt der Karma-Lawine ihre Kraft. Durch Einstimmung auf den Geist können wir unsere menschliche Individualität wahren und zugleich unsere Verbindung zu den Prinzipien der Einheit aufrechterhalten, womit sich der Zugriff der Angst und des inneren Aufruhrs, der aus einer Perspektive der Gegensätzlichkeit resultiert, löst.

Nichts ist isoliert

Natürlich gibt es Aspekte des Menschseins, die bei allen Menschen gleich sind. Wir verspüren alle Hunger und Durst; wir alle bluten, wenn wir uns schneiden. Wir alle haben Stärken und Schwächen. Und wir alle legen am Ende unseren physischen Körper ab und gehen, wenn wir sterben, wieder ein in die geistige Welt.

Als ich zweiundzwanzig war, erhielt ich Gelegenheit, die Lektion über menschliche Gemeinsamkeiten am eigenen Leib zu erleben. Ich war gebeten worden, zum ersten Mal vor einer großen Gruppe zu sprechen – um die tausend Menschen – und nur wenige Augenblicke vor meiner Rede packte mich ein Anfall von Lampenfieber. Ich dachte allen Ernstes daran, zur Damentoilette zu rennen und mich dort zu verstecken. Als es soweit war, dass ich vors Publikum treten sollte, flüsterte mein Geistführer mir zu: „Stelle dir einfach vor, alle Leute im Publikum hätten keine Kleider an.“ Ich betrat das Podium und stellte mir dabei vor, alle Zuschauer seien nackt. Fast sofort war ich viel entspannter und fühlte mich auf der Bühne beinahe sogar wohl. Ich konnte spüren, dass wir alle nur Menschen sind und jeder seine Unvollkommenheiten hat. Jetzt hatte ich nicht mehr das Gefühl, perfekt sein zu müssen; es genügte völlig, wenn ich ich selbst war. Ich habe dem Publikum sogar gesagt, was ich mir vorstellte und warum. Alle haben mit mir gelacht und waren entspannt, und ich konnte ohne Angst meinen Vortrag halten.

Die Gemeinsamkeiten, die wir als Menschen haben, reichen sogar noch tiefer, auf die energetische, geistige Ebene. Zur Klärung: Wir wissen, dass unsere Gliedmaßen eigentlich nicht fest oder vom übrigen Körper getrennt sind; wie bereits erwähnt, sind sie im Grunde bewegte Energie. Wir wissen auch, dass der uns umgebende Raum zwar so wirkt, als sei er leer, es darin aber nur so wimmelt von Frequenzen, Schwingungen und Energien, die ständig auf unterschiedlichste Art und Weise miteinander in Wechselwirkung treten. Selbst aus wissenschaftlicher Sicht wissen wir, dass alles miteinander verbunden ist. Die Vorstellung von unsichtbaren Verbindungen ist daher eigentlich nicht verwunderlich. Von meinen Geistführern habe ich jedoch gelernt, dass diese Schwingungen, diese Energien auf der geistigen Ebene vereint sind und Bewusstsein besitzen. Unsere übliche Unterscheidung zwischen belebten und unbelebten Formen spiegelt bis zu einem gewissen Grad eine begrenzte oder verzerrte Sicht wider. Menschen und Tiere haben individuelle Seelen und durchlaufen den Reinkarnationsprozess. Mein Computer hat zwar keine Seele, ist aber dennoch Ausdruck des schöpferischen Aspektes des Geistes; seine Schwingung ist eingebunden in das Gefüge des Lebens, das alles durchdringt.

Auf die Begriffe Einheit und Verbundenheit bin ich mehrfach und auf unterschiedliche Art und Weise hingewiesen worden. Zum Beispiel war ich vor vielen Jahren einmal in meinem Blumengarten mit Freude beim Unkrautjäten und ganz versunken in das beglückende Gefühl eines perfekten Sommertags. Plötzlich flüsterte ein Geistführer mir leise zu: „Die Freude, die du empfindest, berührt alles Leben.“ Bis zu diesem Moment genoss ich einfach einen schönen Tag, doch kaum dass mein Geistführer mir dies zugeflüstert hatte, überkam mich die Erkenntnis, dass überall um mich herum Bewusstsein war, obwohl ich geglaubt hatte, ich sei allein. Aufgrund dieser Erkenntnis empfand ich nun mehr Verantwortung für die Art meiner Gedanken und Gefühle. Das waren keine isolierten, persönlichen Ereignisse; sie waren vielmehr zutiefst verflochten, beeinflussten alles um mich herum und wurden wiederum davon beeinflusst – sogar noch über das hinaus, was ich mit meinen Körpersinnen wahrnehmen konnte.

Ein anderes Mal sagte mir ein Geistführer: „Die Erde ist eure Schule. Die Bewusstseinsentwicklung ist der wichtigste Aspekt des Lebens auf eurem Planeten." Nachdem ich das gehört hatte, fragte ich mich: *Was bedeutet Bewusstseinsentwicklung?* Mit der Zeit habe ich gelernt, dass es bedeutet, so weit zu reifen, dass man die Fähigkeit erlangt, seine geistige Natur im Alltag zu spüren, zum Ausdruck zu bringen und zu entfalten. Persönliche Entwicklung, so habe ich eingesehen, vollzieht sich nicht isoliert, denn wir sind alle miteinander verbunden, ob es uns passt oder nicht. Wir sind alle hier, um die geistigen Prinzipien, die zugleich der Einheit und unserer Individualität als Menschen inhärent sind, erleben zu lernen. Ohne Einstimmung auf die Einheit und die grundlegenden Prinzipien, die das Leben zusammenhalten, herrschen beim Einzelnen Selbstsucht oder Selbstverleugnung vor. Letztendlich können sich solche Formen eines Ungleichgewichts auf unserer Erde jedoch nicht halten.

Ja, ich glaube, dass die ökologischen Herausforderungen auf unserer Welt uns anflehen, die unerlässliche geistige Lektion unserer Vernetztheit zu beachten. Die Ökosysteme der Natur haben immer wieder die Grundwahrheit deutlich gemacht, dass alles miteinander zusammenhängt; wenn wir uns weiterhin in erster Linie um oberflächliche persönliche Wünsche und Ängste kümmern, ohne uns dies vor Augen zu halten, werden wir alle unter den Konsequenzen zu leiden haben.

Unser sauber-schmutziges-verdorben-verrostetes Dasein

Mensch zu sein, bedeutet sehr viel Arbeit; es erfordert Instandhaltung. Bis zu einem gewissen Grad müssen wir uns alle mit unserem „sauber-schmutzigen-verdorben-verrosteten Dasein", wie ich es nenne, auseinandersetzen. Sauberes wird schmutzig, Angestrichenes rostet und Nahrungsmittel verderben schnell. Alle Lebensbereiche erfordern ständige Aufmerksamkeit. Zumeist würden wir den Instandhaltungsaspekt des Menschseins am liebsten abgeben und uns aufs „Wesentliche" konzentrieren. Doch ich habe erfahren und aus eigener Erfahrung gelernt, dass das bewusste Engagement für den Teil der menschlichen Erfahrung, in dem es um sauber-schmutzig-verderben-rosten oder eben um unsere Instandhaltung geht, dem Leben erst die richtige Perspektive gibt und uns mitten in allem Streben nach Größe Bescheidenheit lehrt.

In der geistigen Welt genießen wir eine gewisse Leichtigkeit. Dort reisen wir gedankenschnell. Und Manifestation funktioniert genauso: Wenn wir ein blaues Hemd tragen wollen, dann brauchen wir es nur zu denken, und schon haben wir eines an. In einer Welt reiner Positivität fühlen wir uns wunderbar und können uns einfach treiben lassen.

In der materiellen Welt jedoch, wo es Zeit und Arbeit gibt, die getan werden muss, erfordert es persönliche Anstrengung, unser Leben zu erhalten und zu entfalten. Wir können Kleidung nicht einfach ins Dasein denken; schon allein beim morgendlichen Anziehen müssen wir uns anstrengen. Wir kommen auch deshalb auf die Erde, damit wir lernen, mit der Anstrengung umzugehen, die es kostet, unseren Körper, unsere Beziehungen, unser Zuhause und allen materiellen Besitz, den wir erworben haben, zu erhalten und weiterzuentwickeln und diese Mühen anzunehmen. Meine Geistführer sagen, dies führt zu persönlichen Erfolgen und zu der Fähigkeit, unsere geistige Natur selbst unter widrigen Umständen zu entfalten. Das Leben zu meistern, ist, so sagen sie, die Fähigkeit, unser wahres Wesen zu entfalten, ob wir uns nun in einer förderlichen Umgebung befinden oder nicht. Beständigkeit ist der Schlüssel. Wir sind allerdings kulturell so konditioniert, dass wir Leichtigkeit anstreben, was für unsere und die Entwicklung der Welt im Allgemeinen nicht immer das Beste ist.

So erbte zum Beispiel eine Klientin einen sehr hohen Geldbetrag, was ihr Leben radikal veränderte. Ihr Mann und sie stellten Leute ein, die ihnen das Putzen abnahmen, andere, die für sie kochten, und wieder andere für die Verwaltung ihrer Finanzen. In der warmen Jahreszeit zog sie mit ihrer Familie allerdings in ihr Sommerhaus, wo das Leben einfacher war und langsamer ablief. Dort kochte und putzte meine Klientin selbst. Überrascht stellte sie fest, wie viel Freude ihr diese täglichen Aufgaben machten, und sie erkannte, dass durch das Delegieren sämtlicher Haushaltspflichten ein Gefühl der Unverbundenheit entstanden war.

In den meisten Kulturen wird Entwicklung – etwa ein Buch zu schreiben oder ein neues Produkt zu entwerfen – höher geschätzt und belohnt als Instandhaltung. Folglich betrachten viele Instandhaltung als etwas, was man delegieren sollte. Wenn man sich dann doch mit irgendwelchen Instandhaltungsarbeiten befassen muss, werden diese üblicherweise innerlich abgelehnt, weil sie wertvolle Zeit wegnehmen, die man für „Entwicklung" gebrauchen könnte.

Im Gegensatz zum Tunnelblick habe ich eher den „schweifenden Blick", wie ich sage; das heißt, ich versuche, im Laufe des Tages alle Aspekte meines Lebens zu entwickeln und zu verbessern. Dazu gehört, mich auf meinen Beruf zu konzentrieren, für meine Gesundheit, meine Beziehungen und mein Zuhause zu sorgen und an meiner spirituellen Entwicklung zu arbeiten. Alles hat miteinander zu tun.

Ich glaube, Instandhaltung und Entwicklung sind gleich wertvoll. Wenn Erfüllung auf der Entfaltung unserer geistigen Natur beruht, dann ist die Qualität unseres Innenlebens genauso wichtig wie unsere Entscheidungen und Leistungen in der Außenwelt. Im Fluss des Lebens zu sein, heißt, die Gefühle und Eigenschaften unseres Geistes im Innern genauso zu entfalten, als ob wir allein sind, und den Abwasch oder das Bett zu machen, als ob wir im Beruf oder in der Familie im Austausch mit anderen stehen. Wenn ich mich mit den vielen Aspekten täglicher Instandhaltung befasse, dann übernehme ich schlicht und einfach die Verantwortung für meine Unordnung, für mein Leben.

Oft verbinde ich meine spirituellen Übungen mit Haushaltspflichten, Wartungsarbeiten oder Körperpflege. Durch jahrelange Meditation habe ich gelernt, das Haus in einem meditativen Zustand zu putzen, beim Geschirrwaschen mit meinen Geistführern zu kommunizieren, beim Einkaufen zu visualisieren, dass ich Menschen Licht schicke, und mich beim Staubsaugen im Loslassen der Dinge zu üben, an denen ich festhalte. Spirituelle Übungen in gewöhnliche Alltagstätigkeiten einzubauen, kann ein Gegenmittel gegen die Abneigung sein, die dadurch entsteht, dass der Unterhalt für das eigene Leben oder für die Familie so große Mühen erfordert, und aus stumpfsinnigen Pflichten angenehme Tätigkeiten machen.

Während also der Erhalt der menschlichen Existenz zumindest eine gewisse Anstrengung erfordert, kann die damit verbundene Arbeit doch lohnend und belebend sein, wenn sie mit dem Gefühl der Verbundenheit zum Geist und seinen Eigenschaften erfüllt wird. Zum Beispiel musste ich vor einigen Jahren aus beruflichen Gründen nach Kalifornien fliegen. Ein paar Tage vor dem geplanten Flug erhielt ich einen Anruf, dessen Tenor lautete, wenn ich meinen Flug unterbräche und in Chicago einen mehrstündigen Zwischenaufenthalt einlegte, hätte ich die Chance, mehrere Leute kennenzulernen, die für mich interessant sein könnten. Ich wusste, wenn ich in Chicago Zwischenstation machen wollte, würde ich einen Flug am späten Abend nehmen und nachts größtenteils wach bleiben müssen. Ich fühlte mich hin- und hergerissen und beschloss daher, über meine Entscheidung zu meditieren. Einerseits wollte ich nach Chicago, andererseits bin ich aber ohne anständigen Nachtschlaf zu nichts zu gebrauchen. In meiner Meditation sagte man mir: „Es ist wichtig, dass du nach Chicago gehst und dich mit diesen Leuten triffst. Wir halten dich über Wasser." Ich ging nach Chicago, blieb die ganze Nacht wach, frühstückte um drei Uhr morgens und war überhaupt nicht müde! Die Kraft des Geistes hatte mich über Wasser gehalten und dafür gesorgt, dass ich leistungsfähiger war, als ich es mir normalerweise vorstellen konnte. Und wie vorhergesagt, baute ich wichtige Beziehungen zu Menschen auf, die mein Wachstum förderten und mir halfen, ein breiteres Publikum für meine Arbeit zu finden.

Wenn wir uns auf unsere Verbindung zum Geist einstimmen und sie nutzen, dann versetzt uns dies in die Lage, Aufgaben zu erfüllen und Dinge zu erleben, die weit über das hinausgehen, was uns als Menschen angenehm oder sogar vorstellbar erscheint. Diese Erweiterung unserer Kraft und unserer Fähigkeiten ist nicht nur ein kurzfristiges Phänomen; es ist vielmehr eine Veränderung in uns, ein Bestandteil des menschlichen Evolutionsprozesses. Wenn die Mühen, die das Menschsein mit sich bringt, vom Geist durchdrungen sind, dann können diese Anstrengungen erträglicher und leichter zu bewältigen sein – sogar in einem extremen Ausmaß. Zum Beispiel kann das, was uns als Wunder erscheint – oft erleben wir es im Bereich der Heilung – für alle leichter zugänglich werden. Meine Geistführer sagen: „Wenn der Geist mehr ins Menschsein eingebracht wird, entwickelt und verändert es sich, und mit ihm entwickelt und verändert sich auch das, was als normal und natürlich gilt; und was einmal mühevoll war, ist es dann nicht mehr."

Ein geweiteter Blick

Auch wenn wir alle Menschen sind, genügt es doch nicht, nur diese Gemeinsamkeit zu begreifen, um jemanden, dem wir begegnen, richtig verstehen zu können. Wir müssen sowohl den geistigen Wesenskern als auch die Eigenheiten der menschlichen Persönlichkeit unseres Gegenübers sehen. Dasselbe gilt, wenn wir uns selbst verstehen wollen. Wir müssen unseren Geist sehen, der unser Wesenskern und unser Potenzial ist, und wir müssen die menschliche Ausdrucksform sehen, die unserem momentanen Bewusstseinszustand und Entfaltungsgrad entspricht. Mit anderen Worten, um mehr aus der Fülle leben und unser Potenzial entfalten zu können, müssen wir Geist und Menschsein zugleich in den Blick nehmen.

Mit dem Gedanken, sowohl den Geist als auch das Menschsein anzunehmen, können wir uns mithilfe eines Vorfalls anfreunden, den der Holocaust-Überlebende Viktor Frankl in seinem Buch *... trotzdem Ja zum Leben sagen. Ein Psychologe erlebt das Konzentrationslager* beschreibt. Eines Tages ging er in dem Konzentrationslager, in dem er gefangen gehalten wurde, in eine Baracke und sah dort eine junge Frau, die wusste, dass sie dem Tode nahe war. Doch im Gespräch wirkte die Frau zufrieden, fast heiter. Als er sie nach dem Grund fragte, gab sie zur Antwort, bei aller Trostlosigkeit sei sie sogar dankbar für ihre momentane Lage, denn in ihrem bisherigen Leben sei sie egoistisch gewesen, und spirituelle Ambitionen hätten ihr nichts bedeutet. Dann zeigte sie zum Barackenfenster hinaus auf einen Baum und sagte, der Baum spreche buchstäblich zu ihr von der ewigen, bleibenden Gegenwärtigkeit des Lebens.

Der Kontext dieser Geschichte, die sich während des Holocausts in einem Konzentrationslager abspielt, macht den Bericht unglaublich lebendig und dramatisch. Doch wenn wir die Frau beim Wort nehmen, wie es Frankl offenbar tat, können wir erkennen, dass ihr das Wissen darum, warum sie diese Erfahrung durchmachte, half, ihre Lage anzunehmen und Freude an diesem geistigen Prozess zu finden, so schrecklich die äußeren Umstände auch waren. Wir können sagen, dass sie sowohl das Menschliche ihres Lebens als auch die Tatsache anerkannte, dass sie Geist ist. Aus geistiger Sicht schaute sie hinter der oberflächlichen Erscheinung eine tiefere Wahrheit. In ihren Sätzen klingt die profunde Lektion an, die ich von meiner Mutter gelernt habe, als sie nach ihrem physischen Tod zu mir sprach – wenn du nur tief genug schaust, erkennst du, dass es Gerechtigkeit und einen Sinn gibt.

Ein weiteres Detail des Erlebnisses, das ich in Kapitel Eins beschrieben habe und bei dem während einer Meditationssitzung mit Freunden ein amerikanischer Ureinwohner durch mich sprach, macht diesen erweiterten Blickwinkel beispielhaft verständlich. Als der amerikanische Ureinwohner meinen Körper wieder verließ, spürte ich, dass er mir einen Rest seines Bewusstseins dagelassen hatte und dieses nun meine geistige Sicht erweiterte. Als ich wieder vollständig in meinem Körper war, hörte ich, wie meine Nachbarin ihren Sohn anschrie. Sie brüllte aus voller Lunge. Damals arbeitete ich seit vielen Jahren mit Kindern und hatte immer das Gefühl, sie sehr beschützen zu müssen, doch dieses Mal war ich erfüllt von einem tiefgreifenden Gewahrsein und sah Bilder des Jungen in einem früheren Leben als Dieb und zwielichtiger Charakter. Ich konnte erkennen, dass sein Geist in diese nicht gerade ideale Situation inkarniert war, weil sie ihm Gelegenheit bot, die Auswirkungen seines früheren Verhaltens kennenzulernen: Um zu begreifen, wie es sich anfühlt, wenn man schlecht behandelt wird, und um zu lernen, dies anderen nicht anzutun.

Tatsächlich kam der Junge wenige Tage später besuchsweise zu uns und versuchte, etwas zu stehlen, was mir gehörte. In dem Bewusstsein, dass ich ihm eine alte und wichtige Lektion erteilte, wies ich ihn streng zurecht. Wieder spürte ich: Wenn ich nur tief genug hinschaue, kann ich erkennen, dass es Gründe dafür gibt, warum bestimmte Situationen auf bestimmte Art und Weise zustande kommen.

Wie du vielleicht aus Kapitel Zwei noch weißt, bewahrt die Seele die Aufzeichnungen über und die Erinnerungen an alle Muster aus unseren früheren Leben. Wenn wir reinkarnieren, werden wir zu Eltern und Umständen hingeführt, die diese Muster ansprechen. So können sie ans Licht kommen, und wir erhalten Gelegenheit, die Lektionen zu lernen, die wir brauchen, um in unserer Entwicklung weiterzukommen. Durch die Heilung der Seele von negativen Mustern kann unsere geistige Natur sich voll und ganz entfalten. Wenn ich heute auf den Austausch mit dem Sohn meiner Nachbarin zurückblicke, kann ich die Absicht des Geistes dahinter erkennen, der uns in einer ganz bestimmten Situation zusammengeführt hat, die nicht nur ihm bei seiner Entwicklung helfen, sondern auch mein eigenes Gespür für die Weisheit der Pläne des Geistes stärken würde.

Eine Frage des Gleichgewichts

Wenn wir wahrnehmen, wie Geist und Menschsein miteinander verflochten sind, kann uns dies helfen zu verstehen, wie wir uns in unserem Wachstum gegenseitig am besten unterstützen können. Wir sind alle mehrdimensionale Wesen. Ein Mensch kann emotional und physisch zu kämpfen haben, und doch kann sein Geist strahlen vor Freude und Akzeptanz. Dadurch, dass wir uns stets bewusstmachen, dass alle Menschen Geist *und* Mensch sind, vermögen wir allmählich zu erkennen, wie wir uns verhalten können, damit der andere sich bestmöglich entfalten kann. Der Prozess ist ganz einfach. Wenn du dich in Meditation begibst, kannst du ein Gespräch mit dem Geist aufnehmen und fragen: „Wie kann ich dem Menschlichen dieser Person helfen, sich weiterzuentwickeln und zu wachsen?"

Vielleicht verspürst du eine tiefe Zuneigung zu jemandem, doch das Verhalten dieses Menschen ist unangenehm und schwer auszuhalten. Ich habe zum Beispiel einmal eine Frau beraten, die mit einem Mann mit Alkoholproblem verheiratet war. Der geistige Wesenskern dieses Mannes war natürlich wunderbar, und zwischen dem Mann und der Frau war über viele Leben hinweg ein Band geschmiedet worden. Doch im jetzigen Leben standen seine Entscheidungen häufig nicht im Einklang mit seinem geistigen Wesen. Das Leben mit ihm war schwierig und für meine Klientin sehr enttäuschend. Als sie lernte, den Unterschied zwischen dem geistigen Wesen und dem Verhalten ihres Mannes zu erkennen und beides miteinander zu vergleichen, erlebte sie, dass es möglich war, ihn innig zu lieben, sich aber gleichzeitig dafür zu entscheiden, sein Verhalten nicht zu tolerieren. In der Meditation konnte sie tief in sich hineinhören, um zu erkennen, ob es angebracht war, in der Beziehung zu bleiben und an einer Verbesserung zu arbeiten, oder zu gehen und ein besseres Leben für sich selbst aufzubauen.

Um ein weiteres Beispiel zu nennen: Einer Freundin von mir fällt es leicht, das Potenzial in anderen zu erkennen. Der innere geistige Wesenskern der Menschen springt ihr geradezu ins Auge. Tatsächlich kommt es gar nicht so selten vor, dass man sich in das Potenzial eines Gegenübers verliebt, nur um dann von der Realität enttäuscht zu werden, dass diese Person noch nicht erleuchtet ist. Die ausschließliche Konzentration auf den Geist, der immer großartig ist, birgt ihre Risiken. Zwar hat jeder einen wunderbaren Wesenskern, aber manche Menschen sind beschädigt, verwirrt und rundheraus grausam, ja sogar zerstörerisch.

Wenn wir uns andererseits ausschließlich auf die Eigenheiten der menschlichen Verfassung konzentrieren und den Geist nicht anerkennen, entgeht uns die umfassende Erfahrung des tieferen Sinns des Lebens und des Potenzials sowohl in uns selbst als auch in anderen. Wenn wir uns auf den menschlichen Aspekt eines Gegenübers konzentrieren, entdecken wir nur allzu leicht den Anschein der Gegensätzlichkeit: Stärken und Schwächen, Verletzlichkeiten und Erwartungen. Ja, meine Geistführer haben gesagt, damit es Individualität geben kann, müssen die Menschen Stärken und Schwächen haben, sonst wären alle gleich. Aus geistiger Sicht können Individualität und Einheit nebeneinander bestehen.

Wenn wir uns bei einem Menschen zugleich auf den Geist und seine menschlichen Aspekte konzentrieren, können wir ihm die Diskrepanz zwischen dem inspirierenden Charakter seines Geistes und dem noch nicht vollständig entfalteten menschlichen Ich zugestehen. Diese ausgewogene Wahrnehmungssynthese ruft Mitgefühl für andere sowie tiefe Achtung und Ehrfurcht vor dem Evolutionsprozess hervor, von dem niemand ausgenommen ist.

Die Synthese üben

„Ich liebe die Menschheit, nur die Menschen mag ich nicht." Ich weiß nicht, ob dieses Zitat je einem bestimmten Menschen zugeschrieben worden ist, doch so empfinden sehr viele. Die *abstrakte Vorstellung* von anderen mögen viele, doch tatsächlich mit anderen zurechtzukommen, fällt ihnen sehr schwer – sei es in der Familie, im Beruf oder als Volk. Wenn wir sowohl das menschliche Ich als auch den Geist eines Menschen in den Blick nehmen, wachsen in uns Anteilnahme und Nachsicht gegenüber allen, auch uns selbst.

Wenn ich in meinen Kursen über den Geist lehre, bitte ich die Teilnehmenden, einander gegenüberzusitzen und zu sagen: „Ich bin Geist und du bist Geist." Weil wir das sehen, worauf wir uns konzentrieren, blicken die Teilnehmer dann hinter die äußere Erscheinung in den Wesenskern und erleben ein tiefes Gefühl der Ehrfurcht und Verbundenheit. Wenn ich in meinen Kursen über das Menschsein lehre, bitte ich die Teilnehmenden, einander gegenüberzusitzen und zu sagen: „Ich bin Mensch und du bist Mensch." Ich bitte sie, wirklich auf die menschliche Ebene der Verletzlichkeit, des Schmerzes, der Verwirrung, der Güte und so weiter zu schauen und sie zu spüren. Manchmal fühlen sie sich dann unsicher und unwohl.

Schließlich bitte ich sie, beide Wahrnehmungen zur Synthese zu verbinden und zu sagen: „Ich bin Geist und ich bin Mensch. Du bist Geist und du bist Mensch." Wenn meine Schülerinnen und Schüler die menschliche Ebene und den Geist zusammen betrachten, erleben sie den Geist meist als wunderbar großartig und emotional inspirierend und nehmen zugleich einen deutlichen Unterschied zwischen dem Bewusstsein im geistigen Kern und auf der menschlichen Seinsebene wahr. Diese Ungleichheit wird als Ursache emotionalen Schmerzes wahrgenommen, was in ihnen Mitgefühl für den gesamten Weg des Lebendigseins weckt.

Du kannst dich auch selbst in ähnlicher Weise schulen. Beginne mit der Affirmation „Ich bin Geist, unendlicher Geist", die im Zuge der Meditationsanleitung in Kapitel Zwei vorgestellt wurde. Um mit dieser Praxis anzufangen, brauchst du nicht in einem ruhigen Zimmer zu sitzen und dich in Meditation zu begeben. Probiere sie stattdessen bei einer ganz normalen Alltagstätigkeit aus; zum Beispiel wenn du dir das Gesicht wäschst. Wenn du in den Spiegel schaust, sage dir „Ich bin Geist" und nimm dir ein wenig Zeit für den Blick hinter deine äußere Erscheinung auf deinen Wesenskern. Als Nächstes sage: „Ich bin Mensch", und wiederhole dies ein paar Mal. Konzentriere dich dabei auf die Ebene deiner äußeren Erscheinung und deiner alltäglichen Angelegenheiten. Bei manchen Menschen kommen dann Gedanken wie: „Ich wünschte, meine Zähne wären nicht so krumm und schief", oder: „Ach, wäre meine Nase doch bloß kleiner!"

Tatsächlich können bei der Konzentration auf den menschlichen Aspekt sehr viele verschiedene Erlebnisse aufkommen, weil das Menschsein so komplex ist. Gefühle von Verletzlichkeit oder Angst können auftauchen: „Jeden Moment könnte etwas Schreckliches passieren … ich werde schließlich nicht ewig hier sein." Vielleicht erlebst du auch, dass dir deine Fähigkeit zum Schmecken, Tasten und Fühlen sowie alle deine Sinne sehr deutlich bewusst werden. Im Zusammenhang mit unserem sauber-schmutzigen-verdorben-verrosteten Dasein kann eine ganze Ansammlung unterschiedlichster Gedanken und Gefühle in dir aufsteigen: „Ich muss putzen ... einkaufen gehen ... mehr Geld verdienen." Vielleicht merkst du auch, dass du in die positiveren Aspekte des Menschseins eintauchst: In die Liebe zu deiner Partnerin oder deinem Partner, deinen Eltern, deinen Kindern, deinen Freunden. Wenn du die Aufmerksamkeit auf deinen menschlichen Aspekt lenkst, entsteht sowohl ein Gefühl für deine eigene kleine Welt als auch ein Gespür für die Gemeinsamkeiten mit anderen Menschen.

Zum Schluss bringe beide Aspekte zusammen und sprich die Affirmation: „Ich bin Geist und ich bin Mensch." Achte darauf, wie sich dein Erleben und deine Wahrnehmung verändern. Du kannst dich auch darin üben, diese ganzheitliche Sicht, nämlich Geist und Menschlichkeit zu sehen, auf den Umgang mit anderen in deinem Alltag zu erweitern. Sage in Gedanken: „Ich bin Geist und Mensch; du bist Geist und Mensch" – und richte dabei deine Aufmerksamkeit auf diese Synthese. Achte darauf, wie sich deine Wahrnehmungen, Gefühle und Verhaltensweisen verändern.

Diese Übungen sind so gestaltet, dass sie möglichst wenig Zeit beanspruchen und sich gut in den Alltag einfügen lassen. Du kannst sie anwenden, wenn du die Straße entlanggehst, duschst, mit deiner Familie zu Abend isst oder im Büro unter Kollegen arbeitest. Mit der Zeit werden sich dadurch die Wahrnehmung deiner selbst und anderer sowie dein Umgang mit Situationen oder Aktivitäten wandeln. Unsere Wahrnehmungen haben starke Auswirkung, weil sie unsere Gefühle prägen und unsere Gefühle wiederum unser Handeln beeinflussen. Außerdem gilt: Je mehr wir uns darin üben, uns mit dem geistigen Aspekt des Lebens zu verbinden, desto leichter wird es, uns darauf einzustimmen.

Perspektivenwechsel

Vor einiger Zeit machte mein Sohn eine interessante Beobachtung: „Aus menschlicher Sicht ist das Menschsein eine Tragödie“, sagte er. „Aus geistiger Sicht ist das Menschsein echt spannend.“

Diese Einschätzung trifft auf vielen Ebenen zu. Aus rein menschlicher Sicht gibt es anscheinend keine Gerechtigkeit – das Leben ist nicht fair, und es gibt unglaublich viel Leid. Aus geistiger Sicht jedoch haben wir alle eine komplexe Geschichte; es gibt Unerledigtes aus unserer Vergangenheit zu bereinigen; Wunden und Ängste zu klären und aufzulösen und Lektionen zu lernen. Wie meine Geistführer mir immer wieder vor Augen halten, sind wir auf die Erde gekommen, um zu lernen, um uns einzubringen und auch, um das Geschenk der physischen Welt zu genießen. Aus der unendlichen Sicht der Einheit betrachtet, offenbart das Menschsein, dass jeder Teil eines vernetzten Ganzen ist, in dem er einen bestimmten Zweck zu erfüllen und eine Rolle zu spielen hat.

Vor Kurzem ist mein guter Freund Richmond im Alter von zweiundneunzig Jahren in die geistige Welt hinübergegangen. Er hatte ein erfülltes Leben. Erst als Lehrer, dann als Rektor und später im Vorstand vieler Organisationen, die sich dem Dienst an Kindern und der Bewahrung der Natur und der Erde verschrieben haben. Er hatte sich gewünscht, dass ich die Trauerrede halte, damit er seiner Familie und seinen Freunden eine Botschaft aus der geistigen Welt übermitteln könnte. Als ich von seinem Wunsch erfuhr, dachte ich zunächst: „Meine Güte, hoffentlich kommt Richmond zu mir, damit ich überhaupt etwas zu sagen habe.“ Ich meditierte über ihn und sah vor meinem geistigen Auge, dass er wieder jünger wurde und extrem neugierig darauf war, aus der neuen Perspektive, die der Tod ihm beschert hatte, mehr über das Leben zu lernen.

Ein paar Tage vor seiner Trauerfeier erschien mir Richmond, als ich gerade beim Bügeln war. Er war umgeben von goldenem Licht und genauso groß und dünn wie in seinem physischen Körper, sah jedoch wesentlich jünger aus, als ich ihn gekannt hatte. Er regte an, ich solle mir einen Stift holen und seine Nachricht aufschreiben.

Dann sagte er: „Das Leben ist schöner, als ich es mir je vorgestellt habe. Das Leben auf der Erde ist eine Schule. Lasst euch nicht von dem verwirren, was man euch beigebracht hat. Schließt vielmehr die Augen und hört auf eure innere Resonanz. Jeder muss den Mut haben, einer höheren Berufung zu folgen als den gesellschaftlichen Erwartungen. Ich mache mir keine Sorgen mehr, denn jetzt erkenne ich eine tiefere Wahrheit."

Der Satz: „Ich mache mir keine Sorgen mehr, denn jetzt erkenne ich eine tiefere Wahrheit", war für mich der stärkste, denn Richmond hatte sich im Leben ständig große Sorgen gemacht – nicht um sich selbst, sondern um die Zukunft der Menschheit. Doch nun konnte er das Leben mit seiner erweiterten Wahrnehmung offenbar in einem größeren Zusammenhang sehen.

Mit dem Empfang von Richmonds Botschaft hatte ich zugleich das Gefühl, er habe mir ein Geschenk mitgebracht, ein kleines Stück vom Himmel. Ich fühlte mich von Glückseligkeit umhüllt, und mir war, als wären alle geistigen Prinzipien in meinem Bewusstsein miteinander verschmolzen. Diese intensive Wärme und Freude blieb mir über eine Stunde lang ununterbrochen erhalten.

Doch dann brannte mein Toastbrot an, mein Computer fing an zu spinnen und die himmlischen Gefühle verblassten allmählich. Das ist die Herausforderung, die wir alle zu bewältigen haben. Unsere Aufgabe hier auf Erden und im Körper ist es, die Eigenschaften geistiger Einheit mitten im Menschsein, in dem es vor Gegensätzlichkeit nur so wimmelt, aufrechterhalten zu lernen.

KAPITEL VIER

Tiefes Fokussieren – die Aktivierung des Dritten Auges

Wenn du zwei Augen öffnest, dann öffne drei.

Eine der einfachsten und effektivsten Methoden, wie man die Eigenschaften der Einheit mitten im Menschsein erleben kann, ist das tiefe Fokussieren. Dabei handelt es sich um eine Form der Konzentration, die uns Zugang zu einem Grad an Weisheit und Klarheit verschafft, der uns davor beschützen kann, dass wir von unseren Gefühlen überwältigt werden oder uns von den widersprüchlichen Botschaften kultureller Konditionierung durcheinanderbringen lassen.

Vor über dreißig Jahren hat mir erstmals ein Geistführer geholfen, die Macht von Fokus und Konzentration zu begreifen. Ich war gerade mitten bei einer Alltagstätigkeit, nämlich beim wöchentlichen Großeinkauf. Mein Einkaufswagen war voll mit allem möglichen Obst und Gemüse und unverpackten Lebensmitteln, doch als ich ihn durch einen Gang mit Salzgebäck, Keksen und anderen verpackten Backwaren schob, bekam ich auf einmal Schmerzen in der Brust und fühlte mich benommen. Ich geriet in Panik und befürchtete schon, ich hätte einen Herzinfarkt und könnte sterben. Dann müsste ich meine zwei kleinen Kinder alleine lassen und könnte nicht mehr für sie sorgen. Meine Angst war nicht ganz unbegründet: Vor ein paar Monaten war bei mir ein Mitralklappenprolaps festgestellt worden, aber in dem Moment wusste ich noch nicht, dass dies harmlos ist.

Noch während ich mit meinem Gefühlsaufruhr kämpfte, verschwamm alles um mich herum. Dann hörte ich ein Flüstern: „Fokussiere, fokussiere. Lies ein Etikett auf einer Verpackung oder suche dir einen festen Punkt, den du anschaust. Fokussiere, fokussiere."

Ich schnappte mir eine Schachtel Cracker und verwendete meine ganze Aufmerksamkeit auf das Lesen der Aufschrift an der Seite der Packung: *Zutaten ... Vollkorn-Roggenmehl, Hefe, Salz ... hergestellt in Schweden ...* die gesamten Nährwertabgaben und immer so weiter. Allmählich kamen meine rasenden Gedanken zur Ruhe. Ich atmete wieder tiefer, und meine Angst löste sich auf. Als ich wieder ruhig war, ließen meine Symptome kontinuierlich nach, und ich war mir ausreichend sicher, dass ich keinen Herzinfarkt hatte. Das Erstaunlichste an der ganzen Geschichte aber war die Entdeckung, dass ich nicht zugleich erschrocken und hochkonzentriert sein konnte. Während ich weiter durch den Laden ging und meinen Einkaufswagen füllte, übte ich mich in der Konzentration auf verschiedene Etiketten und Punkte und merkte schnell, dass alle Fokussierungspunkte, der eine wie der andere, gleich gut wirkten. Zum ersten Mal erlebte ich bewusst, dass die Fähigkeit, die Aufmerksamkeit gezielt auf etwas zu fokussieren und sich darauf zu konzentrieren, ein Gegenmittel gegen Angst ist und zugleich die Klarheit fördert. Für mich war dies eine Offenbarung.

Mithilfe meiner Geistführer lernte ich, dass tiefes Fokussieren in allen Lebensumständen geeignet und hilfreich ist. Wenn wir fokussiert bleiben, können wir das Auf und Ab des Lebens bewältigen. Wenn wir unseren Fokus verlieren, sind wir emotional leicht zu überfordern.

Ein Beispiel: Einige Jahre nach dem Zwischenfall in dem Lebensmittelladen hatte mein Sohn eines schönen Frühlingsabends, gerade als ich aus dem Haus wollte, um einen Meditationskurs zu geben, einen Wutanfall. Er war damals etwa fünf Jahre alt. Während er auf dem Boden lag und tobte vor Wut, dass er bei einer Babysitterin bleiben musste, erklärte ich ihm, ich müsse einen Kurs geben, aber beim Frühstück säßen wir alle wieder zusammen. Dann bat ich die Babysitterin, ihn mit irgendetwas abzulenken, zum Beispiel ein Buch mit ihm anzuschauen oder Bauklötzchen-Türme zu bauen. Auf dem Weg vom Haus zum Auto war mir schrecklich zumute und ich hatte Schuldgefühle, weil ich meinen Sohn genau in dem Moment verließ, als er Kummer hatte. Aber ich wusste auch, dass ich meinen Kursteilnehmern gegenüber in der Verantwortung stand.

Während ich den Hügel hinunterfuhr, der von meinem Haus wegführte, sagte ein Geistführer sanft: „Konzentriere dich auf *Punkte* – eine Zweigspitze, das Ende eines Mastes, die Ecke eines Verkehrsschilds." Diese Anweisung kam mir bekannt vor. Bei der Geburtsvorbereitung in meiner ersten Schwangerschaft hatte ich die *Lamaze-Methode* erlernt, bei der man sich unter den Wehen auf einen Punkt konzentriert. Ich hatte mir den Wipfel einer Kiefer vor dem Kreissaal-Fenster gesucht. Wenn ich meine Aufmerksamkeit unter der Wehe auf den Baum richtete, konnte ich den Kontraktionsschmerz aushalten. Verlor ich den Fokus, überwältigte mich der Schmerz und machte mir Angst. Die Anweisung meines Geistführers war ähnlich, nur dass dieses Mal nicht körperlicher Schmerz genommen oder gelindert werden sollte, sondern die Übung darauf zielte, einen Gefühlsaufruhr zu beruhigen.

Nachdem ich mich auf der Fahrt zu dem Kurs eine Zeit lang auf Punkte konzentriert hatte, kehrte mein emotionales Gleichgewicht wieder, und mir wurde klar, dass es meinem Sohn mit seiner Babysitterin gut ging und seine Stimmung sich wieder bessern würde. Meine Unsicherheit und Angst wichen der Überzeugung, dass es für alle Beteiligten richtig war, wenn ich meinen Meditationskurs gab. Als ich wieder nach Hause kam, erfuhr ich, dass der Wutanfall meines Sohnes sich gelegt hatte, kaum dass ich weggefahren war, und er den restlichen Abend über gemalt und Spiele gespielt hatte.

Rückblickend wurde mir klar, dass ich dadurch, dass ich dem Rat meines Geistführers gefolgt war, meine Aufmerksamkeit vom emotionalen Zentrum in meinem Bauch auf meine Stirnmitte verlagert hatte. Bald nach dem Zwischenfall mit meinem Sohn sagte mir ein Geistführer mitten in einem Abendkurs: „Wenn du zwei Augen öffnest, dann öffne drei." Damit führte er auf seine Art die Idee ein, die Wahrnehmung sensorischer Informationen, die wir durch unsere Augen erhalten, mit einer umfassenderen und tieferen Art geistiger Information zu verknüpfen, die uns das „Dritte Auge" liefert – einer der einflussreichsten Energieknoten im Chakra-System, und der Ursprung des tiefen Fokussierens.

Die Chakras

Manche kennen das Chakra-System wahrscheinlich bereits. Denjenigen, die es nicht kennen, möchte ich ein paar erklärende Worte anbieten. Das Chakra-System existiert in der Aura oder im Energiefeld des Menschen und besteht aus mehreren Zentren, die zwischen der höchsten Stelle des Kopfes und dem unteren Ende der Wirbelsäule liegen. Das Wort *Chakra* kommt aus dem Sanskrit und bedeutet „Rad", wobei jedes Energiezentrum oder Energierad einen anderen Aspekt unseres Charakters verkörpert. Jedes Chakra-Zentrum dient auf unterschiedliche Weise dazu, unsere Lebenserfahrungen zu empfangen, auszusenden und zu verarbeiten. Dieses Energiesystem beeinflusst unser Leben, ob wir uns dessen bewusst sind oder nicht – genau wie Anatomie und Physiologie des Menschen ja auch bereits funktioniert haben, bevor der Mensch die Mechanik des physischen Körpers begriffen hatte.

Etwa zehn Jahre nach meinem spirituellen Erwachen habe ich mich dem Chakra-System zugewandt und wollte mehr darüber lernen. Motiviert hat mich der Wunsch, die Komplexität des menschlichen Verhaltens eingehender verstehen zu können. Insbesondere hat mich verwundert, dass es Menschen gibt, die in manchen Bereichen ihres Lebens sehr erfahren und gereift, in anderen hingegen recht kindlich sind. Menschen mit solchen Verhaltensmustern bezeichne ich oft als „Kindergarten-Professoren". Ich dachte, das Chakra-System könne mir helfen, die Kompliziertheit und Vielseitigkeit des menschlichen Wesens zu verstehen. Damals hatte ich durch einen Vortrag und von Menschen aus meinem Umfeld, die sich für das Thema interessierten, gerade so viel darüber erfahren, dass ich wusste, dass jedes Zentrum für andere Wesensaspekte in uns steht.

Weil meine Geistführer aber ständig betonen, wie wichtig Erfahrungswissen ist – und weil die Beschreibungen des Chakra-Systems in den verschiedenen spirituellen Überlieferungen voneinander abweichen – war mein Ansatz, auf sämtliche Lektüre zum Thema zu verzichten. Stattdessen wollte ich von meinen Lehrern lernen und meine Hellsichtigkeit nutzen, um die Chakras der Menschen direkt zu beobachten und daraus meine eigenen Schlüsse zu ziehen. Insbesondere hat mich interessiert, wie die

Chakras im Alltag funktionieren. Ich wollte verstehen, warum ein spirituell hingebungsvoller Mensch eine schlechte Mutter oder ein schlechter Vater sein konnte, oder warum jemand, der auf manchen Gebieten äußerst weise ist, auf anderen unglückliche oder unangebrachte Entscheidungen trifft.

Jahrelang war ich ernsthafte „Chakra-Beobachterin"; ich wollte herausfinden, welche Einstellungen und Verhaltensweisen eine gesunde Regulierung der mit jedem Chakra verbundenen Eigenschaften fördern und welche zu einem Ungleichgewicht führen. Meine Untersuchungen haben mich zu folgendem Verständnis des Chakra-Systems gebracht:

Das Kronen-Chakra befindet sich, wie in Kapitel Zwei erwähnt, an der obersten Stelle des Kopfes. Dieses Zentrum ist mit Vertrauen, Inspiration, Spontaneität und Gefühlen der Hingabe verbunden. Wenn sich das Kronen-Chakra in einem gesunden Zustand befindet, fühlt es sich gut an, am Leben zu sein. Außerdem ist dies das Chakra, das uns Zugang zur geistigen Dimension schenkt, weshalb es wichtig ist, dass wir zu Beginn einer Meditation unser Kronen-Chakra öffnen.

Das Dritte-Auge-Chakra, um das es in diesem Kapitel hauptsächlich geht, sitzt in der Stirnmitte. Es ist das Zentrum für Fokussierung und Konzentration, geistige Klarheit, Hellsichtigkeit und jene scharfsichtige Weisheit, die hinter die oberflächlichen Erscheinungen blickt.

Das Kehlkopf-Chakra hat seinen Sitz, wie der Name schon sagt, im Bereich des Kehlkopfs. Es ist verbunden mit Selbstwertgefühl, verbalem Ausdruck, persönlicher Macht und unserer Einstellung zum Lernen.

Das Herz-Chakra befindet sich in der Mitte der Brust und ist das Energiezentrum, das am engsten mit dem Erleben und Geben von Liebe, Großzügigkeit, Freude, Mut und Vergebung verbunden ist.

Das Solarplexus-Chakra sitzt über der Bauchnabelregion. Als Zentrum von Emotionen und Harmonie ist es mit jenem Empfinden verbunden, das wir üblicherweise als „Bauchgefühl" bezeichnen. Dieses Chakra macht sich meist dann am stärksten bemerkbar, wenn es durch Gefühle der Nervosität oder Anspannung oder aber „Schmetterlinge im Bauch" aktiviert wird.

Das Identitäts-Chakra hat seinen Sitz bei Frauen und Mädchen in der Mitte zwischen den Eierstöcken und bei Männern und Jungen in der dieser Stelle entsprechenden Körperregion. Dieses Chakra ist mit unserer Persönlichkeit in der Welt und in Beziehungen zu anderen verbunden; außerdem mit dem Gleichgewicht zwischen rezeptiven und direktiven Prinzipien – dem Wissen, wann man abwarten und wann man handeln soll, sowie darüber hinaus mit individuellem kreativen Ausdruck und Sexualität.

Das Wurzel-Chakra befindet sich am Grund der Wirbelsäule. Seine Natur ist Ordnung, Disziplin, Verantwortung, Detailgenauigkeit sowie das Wohlfühlen im eigenen Körper und auf der Erde.

Aus der Beobachtung von Chakras und Auras habe ich gelernt, dass die meisten Menschen sich im Leben tendenziell entweder auf ihr analytisches Denken verlassen oder „ihrem Bauchgefühl folgen“ und sich damit ihre Einstellung und ihr Verhalten vom Solarplexus-Chakra diktieren lassen. Meine Geistführer empfehlen als praktikableren Ansatz die Wahrnehmung mit dem Dritten Auge. Sie versetzt uns in die Lage, Situationen und Entscheidungen auf der Grundlage von Weisheit und Urteilsvermögen wahrzunehmen beziehungsweise zu treffen und lenkt zugleich unsere Gefühle und unsere intellektuelle Analyse.

Außerdem fiel mir auf, dass sich die Auren der einzelnen Menschen stark voneinander unterscheiden, je nachdem worauf sie bewusst oder unbewusst ihre Aufmerksamkeit richten. Wenn sie ihre Entscheidungen allein nach Bauchgefühl treffen, konzentriert sich ihre Aura-Energie in ihrer Solarplexus-Region. Wird die Entscheidungsfindung vom Verstand dominiert, konzentriert sich die Aura-Energie unmittelbar über den Ohren rechts und links des Kopfes. Wird jedoch das Dritte Auge aktiviert, hellt sich die gesamte Aura deutlich auf und nimmt an Größe zu. Darin spiegelt sich die positive Perspektive der Weisheit und einer geistigen Sicht der Dinge.

Das Dritte Auge aktivieren

Bei der Entwicklung der Fähigkeit zum tiefen Fokussieren spielt das **Dritte-Auge-Chakra** eine entscheidende Rolle. Aktiviert wird es entweder durch bewusste Entscheidung oder als Nebenwirkung anderer Anstrengungen. In jedem Fall ruft es einen mentalen Zustand hervor, der im Sport mit dem englischen Begriff „Zone" bezeichnet wird. Tatsächlich sprechen viele Sportler offen über die Zone und akzeptieren sie als Bewusstseinszustand, der erreicht wird, wenn man völlig im Spiel oder in der Aktivität aufgeht. Sie ist wie ein Strahl konzentrierter Energie, der alle Befangenheit auflöst und die reine Teilhabe am gegenwärtigen Augenblick ermöglicht. Zwar streben viele an, die Zone bewusst steuern zu können, weil dies Vorteile bringt, wenn man persönliche Bestleistungen erreichen will, doch offenbar wissen nur wenige, dass der Schlüssel zur Verwirklichung dieses Wunschzustandes das Dritte Auge ist.

Durch Konzentration auf die Stirnmitte wird die klare Wahrnehmung des Dritten Auges buchstäblich angeschaltet. Fast sofort verschwindet jegliche Anspannung, wie ein bestimmtes Problem oder eine Herausforderung wohl ausgehen mag. Andere Menschen oder Umweltfaktoren können einen nicht mehr so stark ablenken, und Ängste lösen sich auf. Wenn unsere Gedanken und Gefühle durch Weisheit und Positivität leichter werden, weicht Verwirrung größerer Klarheit, und Prioritäten werden deutlicher.

Dies mag schon fast zu gut klingen, um wahr zu sein, aber ich möchte eine einfache Geschichte über meine Tochter erzählen. Vor ein paar Jahren, als sie mitten in der Pubertät steckte und überhaupt nicht mehr wusste, was sie mit der Schule und ihrem Leben anfangen sollte, bat ich sie, in eine Kerzenflamme zu schauen. Ich erklärte ihr, durch die Konzentration auf die Flamme würde die Wahrnehmung mit dem Dritten Auge angeschaltet, so dass ihr weisester Teil in ihr Bewusstsein vordringen könne. Sobald sie sich konzentrierte, riet ich ihr, sich Fragen zu stellen; die Erkenntnisse, die sie daraufhin erhielte, würden ihr sehr wahrscheinlich helfen, ihren emotionalen Aufruhr zu ordnen, sagte ich. Was sie fragte, habe ich vergessen, aber ich kann mich sehr gut erinnern, welche dramatische emotionale Veränderung daraufhin eintrat. In diesem Augenblick verwandelte sich meine Tochter von einer verwirrten und äußerst aufgewühlten jungen Frau in eine Person, die eine Ruhe und Klarheit ausstrahlte, die mich an eine erfahrene Weise erinnerte.

Die Wahrnehmung mit dem Dritten Auge üben

Nach etlichen Jahren als Lehrerin und hellsichtige Lebensberaterin begann ich, experimentell eine Methode zu unterrichten, wie man eine Wahrnehmung, die durch den Solarplexus gefiltert ist, von einer fokussierten Wahrnehmung durch das Dritte Auge unterscheiden kann. Immer wieder habe ich daraufhin mitbekommen, dass Klienten und Kursteilnehmerinnen verblüfft und begeistert signifikante positive Veränderungen in ihrem Erleben, ihren Erkenntnissen und ihrer Sichtweise wahrnahmen. Wer im Solarplexus fokussiert und dabei verwirrt und nervös war, sah plötzlich klarer und wurde emotional stabiler, wenn er durch das Dritte Auge fokussierte. Jemand, der zum Beispiel nach einem Streit mit der Partnerin oder einem Freund noch vor Wut kochte, spürte förmlich, wie die Wut verflog, wenn er die Situation durch das Dritte Auge betrachtete. Sie wich einem tieferen Verständnis der jeweiligen Umstände und der Klarheit über die nächsten Schritte.

Diese Erfahrungen bestätigten die Anweisungen meiner Geistführer. Alle, die ihre Fokussierung sachte in die Stirnmitte heben und mit ihrer Aufmerksamkeit dort verweilen konnten, erlebten eine bemerkenswerte Veränderung ihrer Haltung. Eine Freundin nannte diese Methode, die Wahrnehmung aus dem Solarplexus mit der Wahrnehmung durch das Dritte Auge zu vergleichen, die *Tadd-Technik*.

Wenn man das tiefe Fokussieren und die Wahrnehmung durch das Dritte Auge wirklich beherrschen will, erfordert dies Übung und ständige Wiederholung. Die Anleitungen, die ich für die Schulung von Klientinnen und Kursteilnehmern entwickelt habe, sind recht einfach und unkompliziert: Setze dich aufrecht und mit gerader Wirbelsäule hin und lasse deine Hände mit den Handflächen nach unten bequem auf den Oberschenkeln ruhen. Schließe die Augen, konzentriere dich auf deinen Solarplexus und stelle dir vor, du seist bei einem wichtigen Termin zu spät dran. Achte darauf, wie du dich in einer solchen Situation fühlst und was du tust. Merke dir deine Reaktion. Wenn du fertig bist, drehe deine Hände um und lasse sie mit den Handflächen nach oben auf deinen Oberschenkeln ruhen.

Bleibe weiterhin mit geschlossenen Augen sitzen und tippe mit einem Finger auf den Punkt in deiner Stirnmitte. Viele glauben, das Dritte Auge sitze zwischen den Augenbrauen, tatsächlich aber befindet es sich im Mittelpunkt der Stirn zwischen Augenbrauen und Haaransatz. Tippe diesen Punkt an, damit du weißt, worauf du deine Aufmerksamkeit richten sollst, und lenke dann deine Konzentration sanft an diese Stelle. Halte die Augen weiterhin geschlossen. Stelle dir wieder dieselbe Situation vor: Du kommst zu spät zu einem wichtigen Termin, doch fokussiere dieses Mal durch den Punkt in deiner Stirnmitte. Achte auf den Unterschied in deinen Gefühlen, deiner Wahrnehmung und deinem Umgang mit dieser Situation.

Meist zeigt diese kurze Übung überzeugend, dass eine einfache Veränderung des Blickwinkels die Qualität unseres Erlebens und unserer Beobachtungen tiefgreifend verändern kann. Bei Konzentration auf das Solarplexus-Chakra ist man meist angespannt und fühlt sich gehetzt. Im Gegensatz dazu verringert die Wahrnehmung durch das Dritte Auge üblicherweise den Stress und rückt alles in die richtige Perspektive. Zu spät zu kommen, ist im großen Lebensplan meist nicht weiter schlimm. Wenn wir dies akzeptieren können, können wir leichter kluge Entscheidungen treffen und angemessen auf die Situation reagieren.

Wenn du mit der ersten Übung gearbeitet hast, dann versuche es mit einer, die emotional schwieriger ist. Setze dich aufrecht hin, lege die Hände mit den Handflächen nach unten auf die Oberschenkel, schließe wieder die Augen und rufe dir einen Konflikt mit jemandem aus deiner Familie ins Gedächtnis. Visualisiere diese Erinnerung und spüre sie in der Solarplexus-Region. Mache dir bewusst, was du empfindest, was dein Gegenüber empfindet, wie die Beziehung zwischen euch beiden ist und wie du sie weiter gestalten möchtest. Merke dir dein inneres Erleben.

Wenn du fertig bist, drehe deine Hände um, so dass die Handflächen nach oben zeigen. Halte die Augen weiterhin geschlossen und lenke deine Aufmerksamkeit wieder auf deine Stirnmitte. Tippe diesen Punkt kurz mit dem Zeigefinger an, um die Fokussierung auf das Dritte Auge zu verstärken. Betrachte nun die Situation durch dein Drittes Auge und achte dabei auf den Unterschied in deinem Gefühlszustand und deiner Sicht der Dinge.

Höchstwahrscheinlich erkennst du, dass du eher zu – vielleicht sehr starken – emotionalen Reaktionen neigst, wenn deine Wahrnehmung durch den Solarplexus gefiltert wird. Du reagierst womöglich mit Wut, Enttäuschung oder Verletztheit. Wenn das Solarplexus-Chakra dominiert, können die meisten Menschen den Blickwinkel des anderen nicht verstehen. Eine abweichende Sicht der Dinge wird dann oft als Affront verstanden. Tendenziell reagiert man in solchen Fällen so, dass der Konflikt dadurch weiter eskaliert.

Die Perspektive des Dritten Auges ist objektiver und erlaubt uns, mit größerer Klarheit zu sehen, was wirklich vor sich geht. Sie akzeptiert die Möglichkeit, dass unsere Gedanken und Gefühle zu rigide geworden sind, dass wir zu streng festlegen, was „richtig" oder „angemessen" ist. Sie ermöglicht uns, leichter von anderen zu lernen, selbst von denen, mit denen wir nicht einer Meinung sind.

Praktisch und profund

Ich nenne das Dritte-Auge-Chakra die „Nummer eins" des Chakra-Systems, weil die Klarheit der Wahrnehmung mit dem Dritten Auge unser Leben auf tiefgreifende und praktische Weise verändern kann. In Situationen, in denen wir nervös sind, kann uns die Wahrnehmung durch das Dritte Auge helfen, ruhig und mit unserer inneren Weisheit verbunden zu bleiben. Wenn wir zum Beispiel in einen Raum oder zu einer Sitzung mit vielen Menschen kommen, die eine feste Meinung haben oder emotional aufgewühlt sind, können wir mithilfe der Fokussierung durch das Dritte Auge in unserer Mitte bleiben. Aus diesem Zustand gelassener Klarheit heraus können wir positiven Einfluss ausüben und hilfreiche Beiträge leisten, statt einer chaotischen Umgebung zum Opfer zu fallen. Wenn wir unsere Konzentration aufrechterhalten können, können wir unserer Identität und unseren Prioritäten treu bleiben; wir lassen uns dann nicht so leicht aus dem Gleichgewicht bringen und können zugleich offen und empfänglich dafür bleiben, von anderen zu lernen.

Meine Geistführer bezeichnen das Dritte-Auge-Chakra als die *Grubenlampe auf der Stirn*, weil es mitten in den Wirren und der Komplexität des Lebens jedem Menschen seinen persönlichen Weg erhellt. Weil das

Dritte Auge einen auf den Geist ausgerichteten Blickwinkel schafft, sind Entscheidungen, die aus dieser Sicht getroffen werden, im Sinne aller.

Wenn Gruppen zusammenkommen, um ein gemeinsames Problem zu lösen, versetzt die Wahrnehmung durch das Dritte Auge alle in die Lage, von ihren eigenen Plänen abzusehen und eine größere Perspektive einzunehmen, die die gesamte Gruppe einschließen kann. Um ein Beispiel zu nennen: Ich habe vor Kurzem einen Kurs mit dreißig Teilnehmern unterschiedlichsten Alters und verschiedenster Herkunft darin geschult, in einer Gruppe, in der die Mitglieder sehr disparate Wahrnehmungen und Ziele haben, einen Konsens zu erreichen. Zunächst diskutierten wir über das politisch brisante Thema, ob es angemessen war, dass die französische Satirezeitschrift *Charlie Hebdo* auf ihrer Titelseite ein Bild des weinenden Mohammed abgedruckt hat. Nach unserer Diskussion bat ich alle zu meditieren, ihr Gehirngeplapper zur Ruhe zu bringen, ihre vorgefassten Meinungen beiseitezulegen und sich auf ihre Stirnmitte zu konzentrieren. Sobald sich alle in tiefer Konzentration befanden, bat ich sie, ihre Aufmerksamkeit wieder der politischen Frage zuzuwenden. Zu ihrem eigenen Erstaunen änderten viele daraufhin ihre Meinung.

Eine Kursteilnehmerin beschrieb ihr Erleben so: „Bevor ich durch das Dritte Auge geschaut habe, habe ich die Situation aus meiner Sicht gesehen und das Bild für eine sehr gute Sache gehalten, weil es in angemessener Weise zeigt, dass Mohammed über die aktuellen Konflikte und die Gewalt traurig ist. Doch durch mein Drittes Auge konnte ich dann eine muslimische Perspektive einnehmen – der zufolge es eben nicht richtig und angemessen ist, ein Bild von Mohammed zu zeigen. Diese Erkenntnis half mir einzusehen, dass die Titelseite der Zeitschrift in einer explosiven Lage feindselig war."

Wahrnehmung prägt Gefühle

Eine der wichtigsten Lektionen, die mich meine Geistführer schon früh gelehrt haben, war, dass die Wahrnehmung Gefühle prägt. Wenn wir nur mit dem Verstand oder ausschließlich mit den Gefühlen an eine Situation herangehen, deuten wir sie eher aus einer voreingenommenen Sicht, die auf unseren bisherigen persönlichen Erfahrungen beruht. Wenn wir aber das Dritte Auge einbeziehen, versetzen wir uns in eine Objektivität, die uns tiefer führt als ein egoistischer Blickwinkel. Eine Situation, die uns, aus einer bestimmten Perspektive betrachtet, wütend macht, verschiebt sich zu größerer Offenheit und besserem Verständnis. Die Wahrnehmung mit dem Dritten Auge regt eine geistige Sicht der Dinge an, die meine Geistführer oft als Weisheit bezeichnen.

Es ist wichtig, dass wir den Unterschied zwischen einem hochentwickelten Verstand und Weisheit begreifen. Die meisten Menschen sind zu analytischem oder intelligentem Denken fähig, das durch Bildung sehr verfeinert werden kann; ein hochentwickelter Intellekt ist allerdings nicht unbedingt mit Weisheit gleichzusetzen. Weisheit ist die Fähigkeit, die Folgen eines Verhaltens und dessen weitreichende Auswirkungen zu erkennen, was wiederum ein kluges Urteil fördert. Vertrauen zum Dritten Auge ermöglicht uns, unseren Verstand so zu nutzen, wie er gedacht ist: Als Werkzeug zu Wissenserwerb, Tatsachenverständnis und Informationsverarbeitung, aber nicht als Instrument zur Beherrschung der Wahrnehmung. Wenn Menschen den Verstand als maßgebliche Urteils- und Interpretationsgrundlage betrachten, ziehen sie oft ausgewählte Tatsachen heran, die für ihre jeweilige Sicht sprechen. Diskussionen werden zu Debatten, bei denen die Beteiligten sich der Fakten und Informationen bedienen, die ihnen als überzeugendes Argument für ihre jeweiligen Ideen geeignet erscheinen. So regieren persönliche Pläne statt der Klarheit und Objektivität, die die Perspektive des Dritten Auges bietet.

Eine Klientin hatte zum Beispiel die Tendenz, vor einer Entscheidung andere zu fragen, was sie tun soll, weil sie mit der Angst vor Fehlern zu kämpfen hatte. Sie ging von einem zum anderen und holte Meinungen ein, und wenn ihre Freunde oder Angehörigen zu unterschiedlichen Ergebnissen kamen, war sie am Ende verwirrt und hatte noch größere Angst. Ich schlug ihr vor, die Ecke eines Bilderrahmens in meiner Praxis zu fixieren, um ihr Drittes Auge zu aktivieren. Zu ihrer Überraschung stellte sie fest, dass sie Entscheidungen wesentlich leichter und mit viel weniger Angst treffen konnte, wenn sie sich stark auf einen Punkt konzentrierte. Schließlich erkannte sie, dass sie nicht auf Fokuspunkte in meiner Praxis angewiesen war, denn es funktionierte mit jedem Punkt gleich gut.

Das Dritte Auge und Gefühle

Manchmal fragen Leute, ob die Wahrnehmung durch das Dritte Auge unsere Fähigkeit, Gefühle zu erleben, einschränkt. Bei der Arbeit in meiner Praxis und in meinen Kursen habe ich gesehen, dass das Dritte Auge Gefühle nicht unterdrückt, sondern sie transformiert. Die Verdrängung von Gefühlen tritt in Wirklichkeit dann ein, wenn unsere Wahrnehmungen von der Energie der aufgestauten emotionalen Lasten im Solarplexus-Chakra bereits gewohnheitsmäßig niedergedrückt werden. Menschen, die ihre Erlebnisse ständig mit dem Bauch verarbeiten, können von Gefühlen überwältigt und dann zu einem emotionalen Schwamm werden, der die Energie in seiner Umgebung und die Emotionen anderer wahllos aufsaugt. Das Solarplexus-Chakra vergrößert sich infolgedessen auf ein gefährliches Maß, was häufig dazu führt, dass die Betroffenen aus reinem Selbstschutz Zuflucht zur Verdrängung ihrer Gefühle nehmen.

Ganz im Gegensatz dazu dient die Wahrnehmung durch das Dritte Auge als Filter, um Priorität und Ablenkung, Klarheit und Verwirrung voneinander zu unterscheiden. Diese Verfeinerung der Wahrnehmung hilft uns, klug zu urteilen und dadurch angemessen und beschützend zu handeln, während repressives und reaktionäres Verhalten vermieden wird. So wurde mir zum Beispiel, als mein Sohn zu Hause auszog und aufs College ging, von meinen Geistführern angeraten, mein Haus auf dem Land zu verkaufen und nach Boston zu ziehen. Ich hatte immer auf dem Land gelebt, und die Vorstellung, diesem Rat zu folgen, machte mich sehr nervös. Ich befürchtete, ich könnte einen großen Fehler begehen. Meine Geistführer haben immer betont, dass ich ihre Empfehlungen immer in mir selbst erwägen soll, denn es sei ja schließlich mein Leben – und letzten Endes läge die Entscheidung und die Verantwortung bei mir. Also nutzte ich die *Tadd-Technik* für mich selbst, um Klarheit zu gewinnen.

Als ich den Entschluss aus dem Solarplexus heraus betrachtete, wollte ich einfach nur weinen. Die Vorstellung, eine derart radikale Veränderung vorzunehmen, erschien mir gar zu schrecklich. Warum sollte ich in einer dicht besiedelten, lauten, dreckigen Stadt leben wollen, wenn ich hier der Natur nahe sein konnte? Doch als ich die Entscheidung mit meinem

Dritten Auge betrachtete, veränderte sich meine Einstellung drastisch. Der Umzug nach Boston fühlte sich völlig richtig an, auch wenn dies bedeutete, ein großes Haus zu verkaufen, um eine kleine Eigentumswohnung zu erwerben. Am Ende stellte sich heraus, dass mein Drittes Auge über meine damalige Bewusstseinsebene hinaus in die Zukunft sehen konnte, in der sich meine Ansicht verändern würde. Boston hatte mir sehr viel mehr zu bieten, als ich mit meiner vorgefassten Meinung hätte vorhersehen können. Ich fasste Fuß im Immobilienmarkt der Stadt, was mir finanzielle Sicherheit brachte; ich lernte reizende und interessante Menschen kennen und entdeckte eine Vielfalt beruflicher und kreativer Möglichkeiten. Auch die Schönheit der Architektur in meinem Viertel finde ich unendlich inspirierend. Heute kann ich die Weisheit in diesem Entschluss deutlich erkennen; mein Drittes Auge hat es von vornherein gewusst.

Oft hört man, dass Menschen geraten wird, sie sollten ihrem Bauchgefühl folgen – also Entscheidungen aus einem Blickwinkel treffen, der von ihrem Solarplexus-Chakra beherrscht wird. Meine Geistführer lehnen diesen Rat einhellig ab, und meine eigene Erfahrung aus der Arbeit mit anderen bestätigt ihre Weisheit. Vor ein paar Jahren hielt ich zum Beispiel einen Vortrag vor einer großen Gruppe von Schülern, überwiegend von einer Highschool. Bei meinem Vortrag lehrte ich die *Tadd-Technik*. Dazu bat ich die Gruppe, sich auf den Solarplexus zu konzentrieren und dabei über eine wichtige Entscheidung nachzudenken. Anschließend ließ ich sie ihre Wahrnehmungen und Schlussfolgerungen mit der Sicht durch das Dritte Auge vergleichen. Nach dem Vortrag kam ein liebenswerter junger Afroamerikaner mit Dreadlocks und sehr tief sitzender Hose zu mir und sagte: Als er versucht habe, aus dem Solarplexus heraus eine Entscheidung zu treffen, sei er über eine Situation, in der er sich befinde, sehr wütend geworden und habe nicht gewusst, was er tun solle. Er nannte keinerlei Einzelheiten, und nachzufragen wäre in diesem Fall übergriffig gewesen, aber er war sichtlich erstaunt über die Veränderung, die sein Drittes Auge gebracht hatte. Als er sich durch das Dritte Auge auf dieselbe Situation konzentrierte, so sagte er mir, habe er keinerlei Wut mehr verspürt – nur Klarheit. Äußerst erstaunt wiederholte er mehrfach: „Als ich im Dritten Auge war, war ich nicht wütend!"

Um ein weiteres Beispiel zu nennen: Als ich am Ende einer unbefestigten Sackgasse auf dem Land lebte, hatte ich einen Nachbarn, der

Psychiater war und sich zum Buddhismus bekannte. Eines Tages fiel mir beim Blick über die Straße zu seinem Haus ein junger Mann auf, den ich nicht kannte und der das Auto meines Nachbarn rückwärts aus der Einfahrt fuhr. Plötzlich krachte es: Er war gegen eine Steinmauer gestoßen und hatte eine Delle in die Stoßstange des Wagens gefahren. Mein Nachbar muss den Vorfall hinter dem Fenster gehört oder gesehen haben. Er rannte nach draußen und brüllte aus voller Kehle: „Du Idiot!" Dies war eindeutig eine Solarplexus-Reaktion. Mein Nachbar hat seine Wut ganz bestimmt nicht verdrängt; er ließ ihr freien Lauf und erschreckte und verängstigte damit den jungen Fahrer.

Tatsächlich reagieren wir auf unerwünschte oder belastende Situationen sehr häufig mit Wut, wenn unsere Aufmerksamkeit unbewusst im Solarplexus konzentriert ist. Hätte mein Nachbar den Unfall durch sein Drittes Auge sehen können, wäre er wahrscheinlich immer noch nicht erfreut gewesen, aber auch nicht so sehr in Rage geraten. Stattdessen wäre ihm klargeworden, dass der kleine Unfall im übergeordneten Plan des Lebens keine große Sache ist. Das Dritte Auge rückt die Dinge in die richtige Perspektive.

Dennoch sind wir eine „Solarplexus-dominierte-Kultur". Vor nicht allzu langer Zeit besuchte ich eine Siegerparade der Red Sox zur Feier ihres Gewinns der World Series. Eigentlich hatte ich gar nicht hingehen wollen, aber wir wohnen nur zwei Blocks von der Umzugsstrecke entfernt. Ich trat vor das Haus und geriet in eine riesige Menschenmenge; zu dieser Massenveranstaltung wurden Millionen erwartet. Fanfaren ertönten, es flog Konfetti, und als die Mannschaft in ihren Wagen vorüberrollte, schrien die Fans begeistert. Die Frau neben mir weinte, und ganz in der Nähe stieß eine Gruppe Teenager kräftig in ihre Tröten. Überall um mich herum gaben die Menschen sehr starken Gefühlen Ausdruck. Ich konnte nicht verstehen, warum diese riesige Menge emotional so sehr am Sieg ihrer heimischen Mannschaft beteiligt war. Dann wurde mir klar, dass ich hier beobachtete, wie sich Gefühle Bahn brachen, die sich im Solarplexus angestaut hatten.

Ich fand das Schauspiel faszinierend, teilweise auch deshalb, weil es in einem Workshop, den ich ein paar Tage zuvor gegeben hatte, einigen Teilnehmern erst nach einer Art emotionaler Befreiung in ihrem Solarplexus-Chakra gelungen war, ihren Blickwinkel ins Dritte Auge zu verschieben.

Während des Umzugs betrachtete ich die Chakras der Menschen – wie ich es oft mache – und bemerkte, dass durch das Schreien, Singen oder Weinen emotionale Blockaden und Spannungen abgebaut und gelöst wurden, weil die Zuschauer sich mit der Siegermannschaft identifizierten. Der Sieg der Red Sox half den Menschen, eigene Ängste und aufgestauten emotionalen Druck in ihrem Solarplexus-Chakra abzubauen, weil sie glücklich darüber waren, dass sie etwas bekamen, was sie wirklich wollten – den Gewinn der World Series.

Wenn wir unser Leben bewusst oder unbewusst auf das Solarplexus-Chakra fokussiert führen, wird emotionale Harmonie danach definiert, ob die Dinge so laufen, wie wir möchten. Wenn unsere Wünsche in Erfüllung gehen, sind wir glücklich; wenn nicht, sind wir unglücklich. Wir werden abhängig von Resultaten und fallen daher leicht den Umständen zum Opfer. In einem solchen Zustand kann das Leben zu einer Achterbahnfahrt werden.

Damit will ich nicht sagen, dass der Solarplexus ein „schlechtes" Zentrum ist, sondern nur, dass er oft fälschlich als Wahrnehmungszentrum statt als Gefühlszentrum genutzt wird. Das wäre in etwa so, als versuchten wir, mit dem Mund zu sehen. Jeder Körperteil hat seine ihm eigene Rolle, und so ist es auch bei jedem Chakra. Falsch eingesetzt, stellt der Solarplexus ein verbreitetes signifikantes Problem dar: Die Tendenz, unausgesprochene Gefühle sich aufstauen zu lassen. Wenn man sich ärgert, dies aber nicht zum Ausdruck bringt, staut sich die Wut im Solarplexus an. Auch wenn sie bewusst vielleicht vergessen ist, bildet sie in diesem Chakra eine energetische Blockade und erschwert es damit, den Fokus ins Dritte Auge zu heben. Tatsächlich stauen sich alle verdrängten Emotionen im Solarplexus an und bilden Blockaden.

Ich bin nicht der Meinung, dass wir unsere negativen Emotionen immer zum Ausdruck bringen sollten, damit der Solarplexus gesund bleibt; ganz im Gegenteil. Oft sind die Leute erstaunt, wie sehr sich ihr emotionaler Zustand durch eine einfache Verschiebung der Aufmerksamkeit verändern kann. Die Wahrnehmung durch das Dritte Auge verwandelt unsere negativen Emotionen in Gefühle, die auf geistigen Prinzipien beruhen, welche wiederum stets positiv sind: Das Gefühl, dass das Glas halb voll statt halb leer ist. Diese Positivität schützt den Solarplexus vor Überlastung.

Manchmal hört man auch, die Menschen sollten weniger ihrem Bauchgefühl als vielmehr „ihrem Herzen folgen".

Dies war bei einer Klientin von mir der Fall, einer liebenswürdigen und begabten Frau, deren „Herz" ihr gesagt hatte, an ihrem Arbeitsplatz sei sie unglücklich. Daher kündigte sie ihre Stelle und begab sich in ein Meditationszentrum, in der Erwartung, sie würde dort herausfinden, wie sie anders und zufriedenstellender leben konnte. Doch nichts geschah, und schließlich verlor sie sogar ihre Wohnung.

„Was ist schiefgelaufen?", fragte sie fassungslos in meiner Praxis.

„Das Herz", so erklärte ich ihr, „ist wie die Sonne. Es ist ein Radiator, kein Diskriminator, das heißt, es strahlt seine Wärme unterschiedslos in alle Richtungen aus. Das Herz ist das Zentrum der Liebe, während das Dritte Auge uns das Urteilsvermögen schenkt, durch das wir erkennen, wie wir unsere Liebe angemessen zum Ausdruck bringen."

Die Botschaft ihres Herzens war nicht falsch, aber sie brauchte das Instrument des Dritten Auges, um zu wissen, wie sie genau vorgehen sollte. Leider gab es für die Situation, in der sie sich befand, keine einfache Lösung; nur durch harte Arbeit konnte sie finanziell wieder auf die Beine kommen.

Die Vorteile der Wahrnehmung mit dem Dritten Auge

Ein Freund, der Pilot ist, erklärt: Wenn man in mehreren tausend Fuß Höhe durch Wolken fliegt, ist das Gefühl des Steigens und Sinkens nicht immer zuverlässig, und wenn man sich ausschließlich auf dieses Gefühl verlässt, kann dies in einer Katastrophe enden. „Folge nicht deinem Gefühl, sondern folge den Instrumenten", lautet eine der allerersten Lektionen in der fliegerischen Ausbildung. Ja, manche Piloten gehen sogar so weit zu sagen: „Die Instrumente sind Gott."

Das Fokussieren mit dem Dritten Auge ist so eine Art „Lebensinstrument", damit wir in den Turbulenzen des Lebens auf Kurs bleiben; in bestimmten Kreisen wird das Dritte Auge als *Gottesauge* bezeichnet. Mit der Anweisung meiner Geistführer: „Wenn du zwei Augen öffnest, dann öffne drei", ist gemeint, dass wir ein geistiges Gewahrsein in unseren Alltag einbauen sollen. Daher schaue ich morgens nach dem Aufwachen als Erstes auf einen Punkt – meist die Ecke eines Bilderrahmens oder einer Fensterzarge – um mein Drittes Auge zu aktivieren. Dann frage ich: „Was sind heute meine Prioritäten?“

Vor vielen Jahren sagte mir ein Geistführer: „Lege deine Scheuklappen an und gehe deinen Weg.“ Damit wollte er sagen: „Lasse dich nicht ablenken.“ Tagtäglich begegnen uns zumeist zahlreiche Ablenkungen: Die Gefühle und das Verhalten anderer; Unmengen Dinge, die es zu lesen, anzuschauen und zu tun gibt. Die schiere Größe der Auswahl, die uns zur Verfügung steht, kann überwältigend sein, und wir verzetteln uns. Noch schwieriger wird diese Herausforderung durch unsere eigenen inneren Ablenkungen, die Ängste, Unsicherheiten und Sorgen, die wir mit uns herumtragen. Jeder Tag enthält nur eine begrenzte Zeit, und Ablenkungen von unserem Ziel können diese Zeit auffressen. Das Fokussieren mit dem Dritten Auge während wir fragen: „Was sind heute meine Prioritäten?“, hilft uns, auf Kurs zu bleiben.

Wenn ich im Fernsehen beliebte Sportarten sehe – ob es nun Baseball, Eislaufen oder Golf ist – wird mir klar, dass Sportler dann Leistung bringen können, wenn sie bewusst oder unbewusst auf ihr Drittes Auge fokussiert sind. Sind sie auf den Solarplexus fokussiert, ist ihre Leistung oft enttäuschend und beeinträchtigt durch Fehler. Dieses Prinzip gilt nicht nur im Sport, sondern für alle Leistungen oder Arbeitsprojekte: Musikdarbietungen, Lesungen und Vorträge, Unterricht und so weiter. Ich habe ein paar Jahre lang mit einer Konzertklarinettistin gearbeitet, die mit Leistungsangst zu kämpfen hatte. Nervös war sie insbesondere, wenn sie in einem Orchester spielen sollte, und der Erwartungsdruck von anderen Musikern steigerte ihre Angst noch. In meiner Praxis gingen wir die Übung der Wahrnehmungsverschiebung vom Solarplexus zum Dritten Auge durch, damit sie den Unterschied selbst erleben konnte. Ihr diszipliniertes Wesen kam ihr sehr zugute, als sie lernen sollte, mit dem Dritten Auge zu fokussieren; und das Fokussieren mit dem Dritten Auge wiederum half ihr nicht nur, von der Angst zur Freude am gemeinsamen Musizieren zu kommen, sondern auch einzuschätzen, wie viel Vorbereitung sie vor jedem Auftritt brauchte.

Solche Beispiele zeigen, dass das Fokussieren mit dem Dritten Auge die Fähigkeit, unser Potenzial zu entfalten, entscheidend unterstützt. Der

Blick durch das Dritte Auge gelingt uns allen immer wieder auch ganz von selbst, doch wenn wir um seine Wirkung wissen und sie gezielt einsetzen, können wir uns auf unserem Lebensweg bewusst für Klarheit entscheiden.

Warum ist die Wahrnehmung durch das Dritte Auge nicht verbreiteter?

Manchen Menschen fällt es schwer, durch das Dritte Auge zu schauen. Jahrelange Reue, Selbstvorwürfe, Schuldgefühle und so weiter können uns zu Boden drücken wie ein Anker. Selbst wenn wir versuchen, unseren Fokus ins Dritte Auge zu heben, kann die Anhäufung ungelöster emotionaler Probleme den Blick wieder in den Solarplexus hinunterziehen.

Unausgesprochene Gefühle im Solarplexus festzuhalten, ist eine stark verbreitete Angewohnheit. Jeder, den ich kenne, hat diese Tendenz in unterschiedlichem Ausmaß. Ein besonders schmerzlicher Fall betrifft einen Mann, der an einem meiner Workshops teilgenommen hat. Ich unterrichtete die *Tadd-Technik*, und er begriff sie einfach nicht. Um ihm zu helfen, setzte ich meine Hellsichtigkeit ein und sah nach, was in seinem Solarplexus vor sich ging. Als ich mit ihm über seine blockierten Gefühle sprach, kam ihm eine lang vergrabene Erinnerung zu Bewusstsein. Er war in Irland in einer Familie aufgewachsen, die so arm war, dass das Essen rationiert wurde, damit jeden Tag genug für alle da war. Eines Nachts, als alle im Bett waren, gab er der Versuchung nach und schlich sich hinunter in die Küche, um ein bisschen Brot zu essen und seinen Hunger zu stillen. Jahrzehntelang hatte er deswegen in seinem Solarplexus ungelöste Schuldgefühle und Scham mit sich herumgetragen. Kaum dass ihm diese Erinnerung wieder bewusst geworden war, floss er über vor Mitgefühl mit sich selbst als Kind. Nun war ihm die Last der Scham und der Schuldgefühle genommen, und er fand Zugang zu seinem Dritten Auge.

Je mehr wir uns darin üben, Vergangenes durch das Dritte Auge zu betrachten, desto schneller lösen wir alte emotionale Blockaden im Solarplexus auf. Und umgekehrt, je mehr emotionale Probleme im Solarplexus wir lösen, desto leichter wird es, das Fokussieren mit dem Dritten Auge in jeder Situation aufrechtzuerhalten. Ich sage immer: „Du kannst zur Vordertür oder zur Hintertür herein." Der Blick durch das Dritte Auge hilft in jedem Fall, emotionale Verwirrung, die unsere Wahrnehmung vernebeln und einschränken kann, zu heilen – was wiederum die Einstimmung unseres bewussten Verstandes auf den Geist erleichtert.

Loslassen lernen

Wenn es Kursteilnehmern schwerfällt, das Dritte Auge zu aktivieren, rate ich ihnen, sich im Loslassen dessen zu üben, woran sie anhaften, damit sie die emotionale Last ablegen können, die sie energetisch im Solarplexus verankert. Meine Geistführer definieren Anhaftung als mit *Angst vermischtes Verlangen.*

So wünschte sich zum Beispiel eine meiner Klientinnen Beratung wegen ihres erwachsenen Sohnes, der schlecht mit seinem Geld umgegangen war, was zu erheblichen Kreditkarten-Schulden geführt hatte. Als sie versuchte, die Situation mit ihrem Dritten Auge zu betrachten, konnte sie einfach nicht dorthin gelangen. Ihre Anhaftung an das Wohlergehen ihres Sohnes und ihre Verwirrung, wie am besten zu reagieren sei, hielten sie in ihrem inneren Aufruhr fest. Deshalb brachte ich ihr meine Loslassens-Technik bei, um sie so weit zu stärken, dass sie innerlich ausreichend zur Ruhe kommen und dann Zugang zu ihrem Dritten Auge finden konnte.

Wie praktisch alles, was sich lohnt, wird auch der Prozess des Loslassens durch Absicht, Konzentration und Übung erreicht. Ich habe auf meinen täglichen fünf Kilometer langen Spaziergängen angefangen loszulassen. Dabei habe ich mich immer nur auf ein Besitzgut, einen Menschen oder einen Ort auf einmal konzentriert. Im Gehen visualisierte ich, wie ich Ängste und Anhaftungen aus meinem Solarplexus zog, und sprach dabei die Affirmation: „Ich lasse los." Wenn ich Widerstand spürte, wusste ich, dass dieses Gebiet mehr Arbeit erforderte.

Zu meiner Überraschung wurde meine Wahrnehmung genauer, wenn ich meine Anhaftungen losließ: Ich empfand mehr Freude im Alltag, und die Liebe, die ich verspürte, intensivierte sich. Allmählich begriff ich den Unterschied, den meine Geistführer zwischen Anhaftung und Bestreben trafen. Eine Anhaftung enthält Angst, sagten sie, während Bestreben ein reiner, nicht durch Angst beeinträchtigter Wunsch ist. Bei meinen Übungen ließ ich im Grunde meine Verlustangst los, statt tatsächlich einen Besitz oder meine Verbindung zu einem Menschen oder Ort aufzugeben. Wenn unsere Ängste losgelassen werden, nehmen Glück und Klarheit zu. Nach und nach lernte ich, was es bedeutet, etwas Bestimmtes anzustreben – Dinge, Situationen oder Beziehungen – ohne sich dabei mit Ängsten zu belasten.

Zum Beispiel ging ich vor vielen Jahren einmal Laufen und musste entdecken, dass ich für das Wetter zu warm angezogen war. Also ließ ich meine Mütze auf einer Steinmauer in der Nähe meines Hauses liegen und lief weiter. Als ich zurückkam, sah ich, dass meine Mütze in der Schnauze des Hundes meines Nachbarn baumelte. Wir veranstalteten ein kleines Tauziehen, was damit endete, dass ich die zerfetzte Mütze in der Hand hielt. Ich war richtiggehend krank vor Kummer – meine Güte, hing ich an meinen Sachen! Es war meine Lieblingsmütze, bei Kälte war sie mir schon fast zu einem Körperteil geworden, und ich wurde das Gefühl der Reue und des Verlustes einfach nicht los. Immer, wenn ich jemanden mit einer Mütze sah, vermisste ich meine wieder. Ich versuchte es mit dem Kauf von ähnlichen Mützen, aber keine wollte mir so richtig gefallen. Daher beschloss ich, mich im Loslassen zu üben: Dazu visualisierte ich, wie meine Mütze in den unendlichen Himmel hinaufschwebte, während ich ständig wiederholte: „Ich lasse los." Diese Übung machte ich mehrere Monate – unter der Dusche, im Verkehrsstau oder bei meinem täglichen Spaziergang – bis meine Reue vollständig verflogen war. Nachdem meine gesamte emotionale Angst abgelegt war, kam ich in New York an einem Schaufenster vorbei, in dem ein Dutzend Mützen wie meine ausgestellt waren, noch dazu in den verschiedensten Farben. Natürlich kaufte ich gleich mehrere, aber in tiefer Dankbarkeit für die Lektion im Loslassen von Anhaftungen.

Die Geschichte über meine Mütze illustriert ein wichtiges Prinzip: Wenn du etwas loslässt, das für dich gedacht ist, kommt es auf jeden Fall wieder zu dir zurück. Wenn Ängste und Anhaftungen abgelegt werden, fallen die Schranken für die Manifestation dessen, was sein soll, und unser Leben kann in harmonischer Einstimmung auf den Geist dahinfließen.

Ich hatte einmal eine Klientin, die dieses Prinzip in einer Beziehung erlebte. Es fiel ihr schwer, eine enge Beziehung, die geendet hatte, loszulassen. Jahre vergingen, bis sie innerlich nicht mehr aufgewühlt war. Als sie die Situation endlich akzeptiert und inneren Frieden gefunden hatte, rief zu ihrem Erstaunen der Mann aus ihrer Vergangenheit an. Er war bereit, die Beziehung wiederaufzunehmen.

Die Menschen fürchten sich oft vor dem Loslassen, weil sie sich nicht im Klaren darüber sind, was es bedeutet. Allzu oft glaubt man, loszulassen bedeute, die Hoffnung aufzugeben. Ganz im Gegenteil, loslassen bedeutet, dem Leben zu vertrauen. Ich habe auf schmerzliche Weise lernen müssen, dass die Wahrscheinlichkeit, dass unsere Wünsche in Erfüllung gehen, wesentlich größer ist, wenn wir Vertrauen haben und nicht Angst.

Die Wahrnehmung mit dem Dritten Auge ins Leben einbauen: Eine tägliche Übung

Das Fokussieren mit dem Dritten Auge kann man auch üben, ohne die physischen Augen zu schließen oder starr auf einen Punkt zu blicken, wie es mir mein Geistführer zunächst beigebracht hat. Lasse die Augen offen und lenke deine Aufmerksamkeit auf die Stirnmitte. Zuerst fühlt es sich vielleicht etwas merkwürdig an, so als schaue man durch ein Dreieck mit drei Augen. Doch mit etwas Übung wird es ganz angenehm und selbstverständlich, und häufig verspürt man dabei ein Gefühl der Weite und Leichtigkeit. Tatsächlich stärkt jede Tätigkeit, die Fokussierung und Konzentration erfordert – wie etwa Sport, Fotografie, ein Flugzeug fliegen, ein Musikinstrument spielen oder völlig in einer Lektüre versinken – das Dritte Auge.

Die Wahrnehmung durch das Dritte Auge mit offenen körperlichen Augen bringt außerdem Klarheit in den Alltag. Probiere die *Tadd-Technik* einmal mit offenen Augen aus. Setze dich bequem hin, schaue dich in dem Zimmer um, in dem du dich befindest, und konzentriere dich dabei auf dein Solarplexus-Chakra. Achte auf deine Gefühle und deine Beziehung zu deiner Umgebung. Wenn du dies eine Zeit lang getan hast, dann lenke deine Aufmerksamkeit nach oben und nimm mit drei Augen wahr: Mit deinen beiden körperlichen Augen und mit dem Fokuspunkt in deiner Stirnmitte. Wenn es dir schwerfällt, suche dir einen Punkt im Äußeren, auf den du dich konzentrieren kannst. Achte auf den Unterschied in deinen Gefühlen und Wahrnehmungen. Wenn es dir so geht wie vielen meiner

Schülerinnen und Klienten, dann verspürst du beim Fokussieren mit deinem Dritten Auge mehr Optimismus, größere Klarheit und ein tieferes Bewusstsein um die Verbundenheit von allem mit allem.

Achte außerdem darauf, wie du im Laufe des Tages mit deinem Fokus umgehst. Lebst du aus deinem Solarplexus heraus, führst du dein Leben aus deinem analytischen Verstand oder nutzt du die Weisheit aus dem *Drittes-Auge-Chakra*? Du kannst deine Haltung jederzeit verändern. Meine Geistführer sagen: „Eine geistige Sicht der Dinge ist nur einen Dreh- und Angelpunkt weit weg."

Als mein Sohn im Graduierstudium war und in der Umgebung von Boston lebte, beschloss er, es einmal mit einem Experiment mit dem Dritten Auge zu versuchen. Er nahm sich vor, sich einen ganzen Tag lang aufrichtig Mühe zu geben, das Fokussieren mit dem Dritten Auge aufrechtzuerhalten und zu schauen, was passiert. Als er mir diese Geschichte erzählte, berichtete er Folgendes: Er sei, immer noch durch das Dritte Auge fokussierend, an einer Bushaltestelle vorbeigegangen und habe dabei den starken Impuls verspürt, den betreffenden Bus zu nehmen. Er stieg ein und fuhr mit, bis der Bus an der Bostoner Stadtbibliothek hielt und er in Gedanken ganz deutlich die Worte „steig aus" vernahm. Er folgte der Anweisung, und als er die Treppe zur Bibliothek hinaufstieg, sah er ganz oben einen älteren Chinesen stehen. Mein Sohn grüßte ihn auf Mandarin – eine Sprache, die er an der Highschool und an der Uni gelernt hatte – und die beiden kamen ins Gespräch. Der Chinese konnte kein Englisch und war außer sich vor Freude, dass er jemanden gefunden hatte, mit dem er reden konnte. Er war in die Vereinigten Staaten gekommen, um Kalligraphie zu lehren, war aber irgendwie von seinem Übersetzer getrennt worden und wusste nun nicht, was er tun sollte. Mein Sohn bot an, in seinen Kalligraphie-Kursen zu übersetzen, was sich für den Mann als ein Segen und für meinen Sohn als spannendes Abenteuer erwies.

Dadurch, dass er in diesem Fall das tiefe Fokussieren genutzt hatte, das durch die Wahrnehmung mit dem Dritten Auge entsteht, hatte mein Sohn etwas erlebt, was meine Geistführer als „mitten im menschlichen Leben *die unendliche Sicht des Einheits-Bewusstseins bewahren*" bezeichnen. Sie betonen, dass Entscheidungen, die aus dieser klaren, erweiterten Perspektive getroffen werden, allen Beteiligten dienen. Mehr noch, die Wahrnehmung mit dem Dritten Auge kann trainiert und gezielt eingesetzt werden. Dadurch führt sie zu vermehrter Klarheit, die uns gestattet, über die äußeren Erscheinungen und kulturell tief verwurzelte Vorstellungen hinauszublicken.

KAPITEL FÜNF

Bewusstseinsarbeit

Bewusstsein ist wie ein in alle Richtungen dehnbares Gummiband.

Als mein älterer Bruder vor etlichen Jahren im Sterben lag, wusste ich, dass er mit Angst und Ungewissheit zu kämpfen hatte. Um ihm zu versichern, dass der Tod nicht das Ende, sondern die Fortsetzung des Lebens ist, erzählte ich ihm, was einer meiner Geistführer mich gelehrt hate, und berichtete ihm auch von meinen eigenen Visionen und Erfahrungen. Ich erklärte ihm, dass in der geistigen Welt der Gedanke das Fortbewegungs- und Kommunikationsmittel sowie die Manifestationsmethode sei. Außerdem schlug ich ihm vor, er solle daran denken, wie er sich am liebsten sehe, denn bei unserer Rückkehr in die geistige Welt wird das, was wir über uns selber denken, Wirklichkeit. Als er mir zwölf Stunden nach seinem Ableben in ätherischer Gestalt erschien und dabei aussah wie als Student im ersten Semester, wusste ich, dass er meinen Rat befolgt hatte.

In der geistigen Welt existiert die Zeit nicht in derselben Weise wie auf der Erde; daher haben Gedanken in der nichtphysischen Welt eine sofortige Wirkung. Auch die dichtere Schwingungsumgebung der physischen Welt wird durch unsere Gedanken beeinflusst, wenngleich sich die Auswirkungen tendenziell langsamer zeigen und später spürbar werden. Doch selbst in der materiellen Welt können Beständigkeit in Denken und

Visualisierung große Macht entfalten, wenn es darum geht, die Richtung festzulegen, die unser Leben nehmen soll. Dies ist ein wichtiges Gesetz, das wir uns vor Augen halten sollten, wenn wir uns nun mit drei einschlägigen Fähigkeiten befassen: Konzentration halten, Wahrnehmung erweitern und Bewusstsein aussenden.

Die Macht der Konzentration

Meist wird uns beigebracht, eine Situation zu analysieren oder zu reflektieren, indem wir von einem Gedanken zum nächsten übergehen. Nur wenige sind darin geübt, sich über längere Zeit ununterbrochen auf ein einziges Bild oder eine einzige Idee zu konzentrieren. Bei dem Versuch, Gedanken oder Bilder zu nutzen, um Erkenntnisse zu gewinnen oder Ereignisse in eine bestimmte Richtung zu lenken, haben daher viele mit Ablenkung zu kämpfen. Doch die Fähigkeit, die Konzentration zu wahren und fokussiert zu bleiben, ist bemerkenswert vielseitig einsetzbar. Ein Freund sagte einmal: „Sie ist wie ein Schweizermesser mit hunderteins Funktionen und Einsatzmöglichkeiten."

Zwei Vorfälle aus meinem eigenen Leben lassen die Macht der Konzentrationsfähigkeit anschaulich deutlich werden. Der erste ereignete sich vor vielen Jahren und drehte sich um Nitty, den kleinen Kater meiner Tochter. Der Name war zustande gekommen, weil mein kleiner Sohn nicht *Kitty* (engl. für Kätzchen) sagen konnte. Nitty war seit fast zwei Tagen verschwunden, deshalb bildete meine Tochter einen Suchtrupp, bestehend aus ihr selbst, ihrem Bruder, mir und einer Freundin der Familie, der den Wald bei unserem Haus durchforsten sollte. Nach einiger Zeit hörte einer von uns Nitty schreien, schaute nach oben und sah ihn in mindestens sieben Metern Höhe auf dem Zweig einer Kiefer sitzen. Er hatte erkennbar viel zu viel Angst, um wieder herunterkommen zu können. Weder wir noch die Freunde, die ich um Hilfe bat, hatten eine Leiter, die groß genug gewesen wäre, dass wir ihn hätten erreichen können. Ich rief bei der örtlichen Feuerwehr an und bat um Unterstützung; doch dort sagte man mir, inzwischen würden mehr Feuerwehrmänner bei der Katzenrettung verletzt als beim Feuerlöschen, deshalb würde dieser Service nicht mehr angeboten.

Wir beratschlagten, was wir tun sollten, und als sich keine Lösung auftun wollte, schlug ich vor, eine Leiter durch Visualisieren zu manifestieren. Was blieb uns auch anderes übrig? Zu viert stellten wir uns im Kreis in der Nähe der Kiefer auf, hielten uns an den Händen und stellten uns mit geschlossenen Augen eine hohe Leiter vor, die an der Kiefer lehnte. Bemerkenswerterweise hörten wir nach etwa fünfzehn Minuten das Brummen eines Lastwagens, der unseren Feldweg entlanggefahren kam. Als er um die Ecke bog und wir ihn sehen konnten, erkannten wir, dass es ein großer Laster für Reparaturen an Telefonleitungen war, und an dessen Seite eine große Schiebeleiter hing. Überglücklich winkten wir dem Fahrer, und als er anhielt, erklärten wir ihm unser Dilemma. Der freundliche junge Mann meinte, er würde uns gerne helfen. Mit der Schiebeleiter unter dem Arm stapfte er durch den Wald, lehnte sie gegen die Kiefer und zog sie auf ihre maximale Länge aus – ein genaues Abbild unserer Visualisierung. Dann stieg er schnell hinauf, rettete unseren Kater, brachte ihn sicher zurück und legte Nitty meiner Tochter in die Arme. Danach erzählte er, eigentlich müsse er in einer ganz anderen Straße in der Nähe Reparaturarbeiten durchführen, aber irgendetwas hatte ihn gedrängt, in unseren Feldweg einzubiegen.

Die zweite Geschichte hat ein etwas bittersüßes Ende. 1983, beim Bau unseres ehemaligen Hauses, hatte ich mir in den Kopf gesetzt, dass ich einen Jenn-Air-Herd in der Küche haben wollte. Aber unser Budget gab diese elfhundert Dollar teure Anschaffung damals nicht her. Mit einem Zeitschriftenfoto als Unterstützung fing ich an, das Bild eines Jenn-Air-Herdes in meiner neuen Küche zu visualisieren, fest davon überzeugt, dass bei Fertigstellung der Küche irgendwie auch der Herd darin stehen würde. Immer wenn ich im Haus an die Stelle kam, an der die Küche stehen würde, malte ich mir vor meinem geistigen Auge den Herd aus: Vier Flammen und in der Mitte der rechteckige Dunstabzug nach unten mit dem Schriftzug Jenn-Air. Nach etwa zwei Wochen dieses „kreativen Vergegenwärtigens" stieß ich in unserer Zeitung auf eine Chiffre-Anzeige, in der ein gebrauchter Jenn-Air-Herd für dreihundert Dollar angeboten wurde, also einen Bruchteil des Preises eines neuen Geräts. Ich kaufte ihn und ließ ihn anschließen. Doch im täglichen Gebrauch musste ich feststellen, dass er äußerst schwierig zu reinigen ist. Diese Erfahrung hat mich gelehrt, beim Manifestieren etwas umsichtiger vorzugehen. Wie heißt es doch so schön: „Passe auf, was du dir wünschst, denn dein Wunsch könnte in Erfüllung gehen."

Positiv und negativ

Beide Erlebnisse bestätigten ein wichtiges Prinzip, das meine Geistführer schon in einem frühen Stadium meiner Ausbildung eingeführt haben: „Fokus und Konzentration sind gleich Macht." Auf seiner tiefsten Ebene bringt uns konzentriertes Fokussieren in Kontakt mit dem Geist und seinen Eigenschaften, und dies oft auf außergewöhnliche Weise. Zum, Beispiel entwickelte mein Freund Henry, der jahrelang Sprachtherapeut in der Grundschule gewesen war, im Alter von sechzig Jahren starke Heilfähigkeiten. Sobald er sich traute, öffentlich über seine Gabe zu sprechen und sie zu zeigen, entwickelten Menschen aus Kollegium und Verwaltung der Schule Interesse und standen nach dem Unterricht vor seiner Bürotür Schlange, um Heilung zu erhalten. Henry fokussierte sich auf die Einheit und legte dann dem einen mit Kopfschmerzen, der nächsten mit Arthritis und einem dritten mit Asthma die Hände auf. Vielen ging es danach besser, und einige wurden vollständig geheilt.

Henry wusste, dass seine Heilfähigkeiten unmittelbar damit verbunden waren, dass er konzentriert über einen längeren Zeitraum fokussieren konnte. Um sich diese Fähigkeit zu erhalten, machte er tagsüber viele ungewöhnliche Konzentrationsübungen. Besonders ist mir seine tägliche Gewohnheit in Erinnerung geblieben, nach dem morgendlichen Duschen das Wasser auf seinem Körper mit Gedankenkraft verdunsten zu lassen, statt sich mit einem Handtuch abzutrocknen.

Fokussierung und Konzentration können positiv oder negativ eingesetzt werden. So können zum Beispiel belastende Sorgen um die eigene Gesundheit oder die eines lieben Menschen tatsächlich zu körperlichen Beschwerden führen. Meine Geistführer sagen: „Krankheit kommt durch Einstellung, Umwelt und Karma."

Ganz ähnlich kann auch die ständige Beschäftigung mit dem negativen Verhalten eines anderen zu einem Faktor werden, der dieses Verhalten noch verstärkt. „Wenn du andere darin unterstützen möchtest, das Beste aus sich zu machen", so sagen meine Geistführer, „dann halte dir in Gedanken ein

Bild vor Augen, das sie von ihrer besten Seite zeigt.“ Als meine Kinder noch klein waren, haben mich meine Geistführer zum Beispiel gelehrt, mir immer Bilder und Gedanken von den herausragenden Eigenschaften ihres Geistes vor Augen zu halten, um ihnen so bei der Potenzialentfaltung zu helfen. Wie wertvoll dieser Rat war, zeigte sich außergewöhnlich deutlich, als mein Sohn in die Schule kam. In der ersten Klasse galten die Kinder, die früh lesen lernten, bei Lehrern und Mitschülern oft als besonders „intelligent“. Durch diese Einschätzung – die manchmal offen geäußert wurde, meist aber unausgesprochen blieb – konnten die sogenannten „Intelligenten“ leichter glänzen und Selbstvertrauen aufbauen und waren daher beim Lernen aufnahmefähiger, wohingegen die Kinder, die langsamer lesen lernten, tendenziell weniger angesehen waren, was zu einem geringen Selbstwertgefühl und Schulschwierigkeiten führte.

Aus Sicht des Dritten Auges ist für mich klar, dass die Leichtigkeit, mit der Kinder lesen lernen, von vielen Faktoren abhängt, darunter auch solchen, die mit früheren Leben in Zusammenhang stehen. Ein Kind, dessen letzte Leben in England oder den Vereinigten Staaten waren, lernt wahrscheinlich schneller Englisch lesen als eines, das zuvor in einem Land gelebt hat, in dem eine andere Sprache gesprochen wird. Die Fähigkeiten eines Menschen von einer oberflächlichen Wahrnehmungsebene aus einzuschätzen und an dieser Einschätzung festzuhalten, ist eine destruktive Anwendung der Fokussierung.

Als mein Sohn in der Mittelschule war, merkte ich, dass seine Leistungen im Allgemeinen unterdurchschnittlich waren, daher engagierte ich eine Studentin, die ihm Nachhilfe gab. Eines Tages fragte ich seine Nachhilfelehrerin, wie mein Sohn sich mache, und sie meinte: „Na ja, ein Akademiker wird aus ihm nie“, worauf ich erwiderte: „Das wird er sehr wohl!“ Es war offensichtlich, dass sie meinen Sohn und sein Potenzial nach seiner Leistung als Zwölfjähriger beurteilte; leider wirkte sich ihre Einstellung auf seine Fortschritte aus. Doch zum Glück konnte ich sein Potenzial sehen. Außerdem wusste ich, dass er in vielen früheren Inkarnationen Geisteswissenschaftler gewesen war. So verwunderte es mich nicht im Geringsten, als er schließlich nicht nur Mandarin und klassisches Chinesisch, sondern auch die Feinheiten der chinesischen Philosophie beherrschte, die er für seine Übersetzungen alter chinesischer Schriften brauchte.

Die Fähigkeit, sich dauerhaft auf etwas zu konzentrieren, kann auf endlos viele, unterschiedlichste Arten und Weisen genutzt werden; und manchmal verleiht sie Menschen Macht, deren Motive oder Verständnis nicht gerade ideal sind. Zum Beispiel habe ich einmal eine Frau beraten, die beschloss, einem Guru zu folgen und nach Kalifornien zu ziehen. Ich hatte noch nie von ihm gehört, und neugierig, wie ich war, besuchte ich eine Veranstaltung, um ihn bei seiner Lehre zu beobachten. Als ich in den Konferenzraum kam, entdeckte ich durch meine Hellsichtigkeit mit Freuden, dass er lichterfüllt war – ein klares Anzeichen für positive Einstellungen. Doch wenig später, als der Guru sich zum Lehnstuhl vor dem Publikum begab, sah ich mit Entsetzen seine graue Aura, eine Farbe, die auf Verwirrung hindeutet. Ich fragte einen meiner Geistführer: „Wie kann der Saal so lichterfüllt und die Aura des Lehrers so grau sein?"

Mein Geistführer antwortete, wenn Menschen sich kollektiv auf etwas oder jemanden konzentrieren, entsteht ein starkes Gefühl der Einheit. Weiter erklärte er, im Hochgefühl dieser positiven Erfahrung der Verbundenheit können die Menschen unter Umständen nicht mehr unterscheiden, ob das Objekt ihrer Aufmerksamkeit diese auch lohnt oder verdient hat. Wie wir im Laufe der Geschichte gesehen haben – und oft genug auch in der heutigen Welt noch sehen – kann jeder religiöse Lehrer, politische Führer oder einflussreiche Mensch ein starkes Gefühl der Einheit erzeugen, wenn er – oder sie – zum Mittelpunkt einer ergebenen Gruppe wird, selbst wenn die Ideen, für die die Führungsfigur steht, irregeleitet oder konfus sind.

Eine Fähigkeit, die trainiert werden kann

Die Konzentration aufrechtzuerhalten, ist eine Fähigkeit, und es gibt viele Gründe, die uns motivieren können, sie zu entwickeln. In meinem Fall war es so, dass meine Geistführer mir gleich zu Beginn unserer Zusammenarbeit klargemacht haben, dass ich mich vor meinen eigenen negativen Gedanken schützen müsse. Sie betonten, dass es Bewusstsein und Disziplin erfordert, die Tendenz, seinen eigenen Gedanken zum Opfer zu fallen, in den Griff zu bekommen. Ob es uns fürchterlich oder wunderbar geht, hängt tatsächlich weitgehend von unserer Geisteshaltung ab. Als von Natur aus sensitiver Mensch bin ich leicht empfänglich für die Gedanken und

Gefühle anderer, weshalb es problematische Folgen hat, wenn ich mir keine positive Einstellung bewahre. Ich weiß sehr wohl, dass meine Sensibilität zugleich meine Gabe und mein Problem ist. Meiner Anfälligkeit, mich von anderen zu sehr beeinflussen zu lassen, ist nur durch vermehrte geistige Disziplin beizukommen, so erfuhr ich.

Ich fing damit an, dass ich lernte, mir ein einzelnes Bild oder einen Gedanken ohne Ablenkung vor meinem geistigen Auge zu halten, eine Übung, die ich auch in meinen Kursen und in meiner Praxis anbiete. Die Grundanleitung ist einfach: Schaue einen Gegenstand, der nur eine einzige, klare Farbe hat, so lange an, wie es dir nötig erscheint; dann vergegenwärtige dir diese Farbe mit geschlossenen Augen im Geist. Alternativ kannst du dir auch eine Blüte oder eine schöne Porzellantasse in allen Einzelheiten einprägen und sie dann mit geschlossenen Augen visualisieren. Du kannst auch versuchen, dir das Gesicht eines lieben Menschen vor Augen zu führen. Wenn deine Konzentration verloren geht, dann stelle sie einfach wieder her. Auch indem du ein einzelnes Wort ständig wiederholst, ohne einen anderen Gedanken zuzulassen, trainierst du deine Fähigkeit zum Fokussieren.

Wenn du den Zeitraum, währenddessen du ein Bild oder einen Gedanken aufrechterhältst, nach und nach immer weiter ausdehnst, verbessert sich dadurch deine Fähigkeit. Als ich anfing, an der Stärkung meiner Konzentrationsfähigkeit zu arbeiten, hatte ich nicht viel Zeit zum Üben; deshalb baute ich mein Training in meine täglichen Aufgaben ein. Beim Geschirrwaschen, beim Sport oder beim Wäschezusammenlegen übte ich, ein Bild vor meinem geistigen Auge aufrechtzuerhalten. Ja, ich übte sogar unter der Dusche. Nach und nach fiel es mir immer leichter, den Fokus zusehends länger auf etwas zu halten, bis es mir schließlich ganz selbstverständlich vorkam.

Bei manchen Menschen entwickelt sich die Fähigkeit, die Konzentration aufrechtzuerhalten, recht leicht. Meine Tochter wies schon als Kind eine natürliche Begabung für die Manifestation ihrer Gedanken und Wünsche auf, auch wenn die Ergebnisse nicht immer ganz so ausfielen wie erwartet. Als sie etwa zehn Jahre alt war, wollte sie unbedingt einen Sekretär als Schreibtisch. Ich weiß nicht, wie sie auf diese Idee kam – vielleicht, weil sie ein hübsches antikes Modell in der Praxis unseres Kinderarztes gesehen hatte – aber ich erinnere mich gut, dass sie immer wieder davon anfing.

Ich erklärte ihr, wir hätten viele laufende Ausgaben, und ein Sekretär sei nun wirklich nicht das Wichtigste, daher brauche sie nicht mehr darum zu bitten. Aber meine Erklärung konnte sie nicht von ihrem Wunsch abbringen, und sie war weiter auf diesen Schreibtisch fokussiert – im Stillen. Nicht lange danach kam ihre Großmutter aus dem Urlaub in Mexiko zurück und brachte ihr – ohne die geringste Ahnung von der fixen Idee meiner Tochter – einen Sekretär in *Miniaturausgabe* mit.

Dieser amüsante Vorfall hat uns alle gelehrt, dass das Bild, das wir uns beim Fokussieren vor Augen halten, sehr genau sein muss. Schließlich hatte sich meine Tochter einen Sekretär für sich selbst gewünscht und nicht für ihre Puppenstube!

Die Wahrnehmung erweitern

Als mir klar wurde, dass ich die Fähigkeit zum Hellsehen und Hellhören habe, musste ich mich fragen, wie ich sie einsetzen wollte – gerade so wie eine Künstlerin sich fragt, ob sie in Öl oder Aquarell malen soll, und wie ein musikalisch begabter Mensch sich überlegt, ob er ein Saiteninstrument oder Klavierspielen lernen will. Ich wusste, mit der konventionellen Rolle einer „medial begabten Wahrsagerin" wollte ich nichts zu tun haben. Meine Entscheidung für eine bestimmte Richtung wurde schließlich von einer ganzen Reihe von Faktoren beeinflusst, die wichtigsten aber waren mein akademisches Elternhaus und die Erziehung durch einen Vater, der Naturwissenschaftler war, sowie mein Interesse an kindlicher Entwicklung. An der Highschool hatte ich einen zweijährigen Erziehungskurs belegt, bei dem man vormittags in einem Kindergarten arbeitete und nachmittags Unterricht in Kinderpsychologie erhielt. Ich weiß noch, dass mich die Arbeit des Schweizer Psychologen Jean Piaget besonders beeindruckt hat. Zu seinen Schlüssen war er oft durch die Beobachtung seiner eigenen Kinder gekommen. Die Idee, durch eigene Beobachtung und nicht nur durch Bücher zu lernen, fand bei mir großen Anklang.

Nach meinem spirituellen Erwachen erfüllte ich meine Beobachterrolle in vieler Hinsicht wie ein Kinderpsychologe, außer dass meine Wahrnehmung sich erweitert hatte, so dass ich eine Erfahrungsebene erreichen konnte, die konventionelle Methoden des Wissenserwerbs überstieg. Während ich an meiner Bewusstseinsentwicklung arbeitete, entstand in mir der leidenschaftliche Wunsch, anderen bei der Erweiterung ihrer eigenen Wahrnehmung zu helfen, damit auch sie Zugang zu diesem Erfahrungswissen hätten. Bei meiner Arbeit mit Klientinnen und Kursteilnehmern habe ich gesehen, dass es, gelinde gesagt, zur Herausforderung wird, Muster und Kräfte unter der Oberfläche von Situationen oder Ereignissen oder hinter den Worten und dem Verhalten eines Menschen zu erkennen, wenn die Wahrnehmung durch konventionelle Vorstellungen und Erwartungen eingeschränkt ist. Daher sind unsere Reaktionen auf Menschen und Ereignisse oft verzerrt, da ja die Wahrnehmung, wie meine Geistführer sagen, unsere Gefühle prägt. Wenn wir wollen, dass unsere Gefühle mit dem tatsächlichen Geschehen im Einklang stehen, müssen wir eine tiefe und genaue Wahrnehmung entwickeln, so raten sie. Eine exakte Wahrnehmung wiederum versetzt uns in die Lage, uns für die klügste und angemessenste Reaktion zu entscheiden.

Wenn zum Beispiel eine Kassiererin im Supermarkt nicht besonders freundlich ist, dann verstehe ich dies nicht persönlich und übernehme ihre Negativität auch nicht, sondern nutze das tiefe Fokussieren, um hinter die unangenehme Einstellung oder das abstoßende Verhalten zu blicken. Manchmal sehe ich, dass es der Kassiererin einfach körperlich nicht gut geht. Manchmal entdecke ich emotionalen Aufruhr im Zusammenhang mit einer Scheidung oder eine Verstimmung wegen fehlender Zukunftsperspektiven an ihrem Arbeitsplatz. Die zugrunde liegenden Ursachen sind bei jedem Menschen und in jeder Situation andere. Meine Geistführer sagen: „Jeder Mensch hat eine Geschichte." In jedem Fall versuche ich mir zu vergegenwärtigen, dass das Verhalten von Menschen, die sich aggressiv, unfreundlich oder in anderer Weise unangenehm benehmen, eine direkte Widerspiegelung der Diskrepanz zwischen ihrem schönen Geist und ihrem augenblicklichen Bewusstseinszustand ist. Wenn ich mir die Zeit nehme, genauer hinzusehen und diese Diskrepanz zu erkennen, empfinde ich ganz von selbst Mitgefühl.

Natürlich kennen viele Menschen die grundlegenden Ursachen ihrer Gefühle, Einstellungen und Verhaltensweisen noch nicht einmal. Meine Geistführer sagen, die Menschen sehen das Leben durch die Brille ihrer Probleme. Wer zum Beispiel ein geringes Selbstwertgefühl hat, neigt dazu, noch die konstruktivste Kritik als Schuldzuweisung oder Verurteilung zu interpretieren. Wenn wir an der Vertiefung und Erweiterung unserer Wahrnehmung arbeiten, werden wir uns nach und nach unserer eigenen Muster und Beweggründe bewusster. Ich arbeitete mit einer Klientin, die die Schuld für die Probleme in ihrem Leben ständig bei anderen gesucht hat – bei ihrem Ex-Mann, ihren Eltern, ihren Geschwistern. Als es ihr endlich gelang, ihre Situation mit dem Dritten Auge klar einzuschätzen, entdeckte sie, dass die Fixierung auf andere eine Strategie war, die sie unbewusst angewandt hatte, damit sie ihre eigenen Schwächen nicht anschauen musste.

Ein Perspektivenwechsel, wie ihn meine Klientin vorgenommen hat, ist eine Herausforderung, denn er verlangt, die tief eingefleischte Gewohnheit aufzugeben, unangenehmen Themen aus dem Weg zu gehen. Unwissenheit ist ein Segen, sagt der Volksmund. Erleuchtung – die Weisheit und Klarheit, die aus der dauerhaften Entfaltung unserer geistigen Natur kommen – ist ein Segen völlig anderer Ordnung. Meinen Geistführern zufolge ist sie nämlich ein gelassenes, unerschütterliches Erkennen der allem zugrunde liegenden Gerechtigkeit, Ordnung und Sinnhaftigkeit. Die meisten Menschen bleiben irgendwo zwischen völligem Unwissen und Erleuchtung stecken und meiden Fragen, die ihre zerbrechliche, bequeme Selbstzufriedenheit gefährden könnten.

Doch der hohe praktische Wert einer umfassenderen, klareren und mitfühlenderen Sichtweise ist nicht zu unterschätzen. Sowie sich unser Blickwinkel weitet, weitet sich auch unser Identitäts- und Sinnhaftigkeitsempfinden. Angst und Voreingenommenheit schwinden, wenn wir uns als geistiges Wesen sehen und empfinden, das vorübergehend auf der Erde ist. Dies gestattet uns, unsere Lage und uns selbst ehrlicher zu betrachten und zu fragen: „Was soll ich tun, angesichts dessen, was ist und wer ich bin?" Statt uns von der scheinbaren Ungerechtigkeit in unserem Leben und auf der Welt überwältigen zu lassen, erkennen wir allmählich eine tiefgreifende und sinnvolle Ordnung, ein Bezugssystem, mit dem wir uns in der Komplexität des Lebens leichter zurechtfinden und auf Situationen angemessen sowie im Einklang mit dem Geist reagieren können. Zugleich wird eine tiefe Neugierde geweckt. Wenn wir uns selbst, andere sowie die Ereignisse und Situationen betrachten, fragen wir uns: *Worum geht es hier? Warum geschieht das? Was kann ich lernen?*

Wie also entwickeln wir diese erweiterte Sichtweise?

Das Aussenden des Bewusstseins: Ein Erweiterungstraining

Bewusstsein ist nicht auf den physischen Körper beschränkt. Meine Geistführer haben mir beigebracht, dass ich mein Bewusstsein als eine Art Fernwahrnehmungs-Instrument aussenden kann, um Wissen zu erlangen und praktische Informationen einzuholen. Tatsächlich besteht ein bedeutender Teil meiner Beratungstätigkeit darin, dass ich mein Bewusstsein aussende, um Menschen und Situationen zu verstehen. So hatte ich zum Beispiel einmal eine Klientin, die sich auf eine außereheliche Affäre mit einem Mann einließ, den sie erst vor Kurzem kennengelernt hatte. Sie schilderte seine wunderbaren Eigenschaften, ihre besondere Verbindung, die Stärke ihrer Liebe sowie ihre Pläne für eine allmähliche Beendigung ihrer Ehe, damit sie und ihr Liebhaber zusammen sein konnten, und ich hörte objektiv zu. Als sie geendet hatte, fragte ich nach dem Namen des Mannes und sandte mein Bewusstsein zu ihm aus. Sofort sah ich seine Energie vor meinem geistigen Auge – verwirbelt und verschlungen. Zugleich war ich mir sicher, dass er weder ehrlich war noch es mit der Beziehung zu meiner Klientin wirklich ernst meinte.

Die Information, die ich durch das Aussenden meines Bewusstseins erhalten hatte, ermöglichte es mir, meine Klientin so zu beraten, dass sie gewappnet war, aber dennoch lernen und wachsen konnte. Behutsam erklärte ich ihr, dass die Menschen meist komplizierter sind als sie scheinen und der erste Eindruck nicht unbedingt ein zuverlässiger Indikator für jemandes Charakter ist.

Ich riet ihr, es langsam und vorsichtig angehen zu lassen, weil sie diesen Mann eigentlich noch kaum kannte. Außerdem zeigte ich ihr, wie sie ihr Drittes Auge nutzen konnte, um ihre Gefühle und die Situation etwas klarer und objektiver zu betrachten. Glücklicherweise nahm sie meinen Rat an, und der Blick mit dem Dritten Auge verhinderte nicht nur, dass sie sich von ihrer romantischen Leidenschaft gänzlich vereinnahmen ließ, sondern er sorgte auch dafür, dass sie nicht völlig am Boden zerstört war, als sie ihren Liebhaber schließlich mit einer anderen Frau im Bett erwischte.

Wie das konzentrierte Fokussieren ist auch die Aussendung des Bewusstseins eine Fertigkeit, die erlernt und mit ständiger Übung weiterentwickelt werden kann. Bei einer der einfachsten Anfängermethoden visualisiert man das Bewusstsein als Angelrute, die man nach dem Objekt der Aufmerksamkeit auswirft. In Kursen und Workshops lade ich die Teilnehmenden ein, ihr Bewusstsein so gezielt auf einen Menschen oder einen Gegenstand zu richten, als ob sie eine Angelschnur in ein Gewässer auswerfen würden.

Wenn ich Einführungskurse über das Aussenden des Bewusstseins gebe, verwende ich Farbe als erstes „Ziel". Dies beruht zum Teil auf einem ungewöhnlichen hellsichtigen Erlebnis, das ich vor vielen Jahren hatte. Zwei Wochen lang konnte ich sehen, dass farbiges Licht aus dem Mund der Menschen kam, wenn sie sprachen. Meine Geistführer erklärten, dieses Erlebnis sei dazu da, damit ich lernte, dass die Worte, die Menschen gebrauchen, eine gegebene Situation nicht immer vollständig widerspiegeln, und die Gefühle hinter den Worten bedeutender Bestandteil jeder Kommunikation sind. In dieser Zeit lernte ich auch, dass jeder Gedanke, jedes Wort und jede Handlung eine ihm beziehungsweise ihr zugeordnete Farbe hat, die jeweils mit bestimmten Gefühlen verbunden ist. So kann etwa jemand „ich liebe dich" sagen, aber die Farbe der Gefühle kann rot vor Leidenschaft sein, rosa vor Zärtlichkeit oder grünlich-braun vor Anspannung. So beobachtete ich zum Beispiel eines Tages auf dem Parkplatz unseres Lebensmittelladens ein Paar, das sich heftig stritt. Dunkelrotes Licht blitzte zwischen ihnen hin und her. Ich hatte nicht den geringsten Zweifel, dass diese Farbe ein energetischer Ausdruck ihrer Wut war.

Viele Menschen erfassen die Eigenschaften der Farben intuitiv. Aktive Krabbelkinder kleiden wir in starke Grundfarben, kleine Babys jedoch in zarte Pastelltöne. Sogar unsere Ampeln spiegeln ein Farbbewusstsein wider. Starkes Rot signalisiert „Stopp!", heilsames Grün bedeutet „Gehen" oder „Fahren", während nachdenkliches Gelb zur „Vorsicht" mahnt. Natürlich hat jede Farbe unendlich viele Nuancen und Schattierungen, die wiederum über je eigene Eigenschaften verfügen. Deshalb händige ich in meinen Kursen über Farbdeutung keine Liste mit Farben und ihren Attributen aus. Stattdessen unterrichte ich eine Technik, mit der man das Bewusstsein in eine Farbe hineinsenden kann. Dies ermöglicht den Teilnehmenden, die Eigenschaften der jeweiligen Farbe direkt selbst zu spüren und zu erleben, ohne dass sie sich Assoziationslisten merken müssten. Dieser Ansatz erweist sich immer wieder als sehr praktische Methode zum Erlernen des tiefen Fokussierens und des Aussendens des Bewusstseins, um hinter die äußeren Erscheinungen zu blicken.

Zu Anfang lege ich ein Stück roten Stoff in die Mitte des Raums und bitte die Kursteilnehmer, ihr Bewusstsein dort hineinzusenden. Die meisten erleben Rot als extrovertiert und intensiv, was aber nicht heißt, dass jeder dies so empfindet. Manche mögen die Schwingung von Rot, andere hingegen empfinden sie als unangenehm oder einschüchternd. Außerdem folge ich dem Rat meiner Geistführer, wonach „feine Unterschiede die Sprache des Geistes sind und am einfachsten durch Vergleiche verständlich werden". Deshalb lege ich nach dem roten ein blaues Tuch in die Runde, und wenn die Teilnehmer die kühlen, introvertierten Eigenschaften von Blau spüren, werden die gegenteiligen Eigenschaften der Farbe Rot deutlicher. Versuche dies selbst einmal, nutze Vergleiche, um dein Bewusstsein in verschiedene Farben zu senden, und übe dich darin, ihre unterschiedlichen Eigenschaften sowie das Gefühl zu spüren, dass dein Bewusstsein sich über deinen Körper hinaus ausdehnt.

Vor einiger Zeit ergab sich in einem meiner Kurse eine interessante Situation. Wenn ich ein Stück Stoff in die Raummitte lege, dann benenne ich normalerweise die Farbe nicht, weil ich davon ausgehe, dass jeder sie sehen kann. Allerdings wusste ich nicht, dass in einem Kurs ein Teilnehmer farbenblind war. Später erfuhren wir von diesem Mann, dass er die verschiedenen Farben, die ich ausgelegt hatte, visuell in unterschiedlichen Grautönen wahrnahm. Außerdem erfuhren wir, dass er, wenn ich etwa ein zartrosa Tuch in die Mitte des Zimmers legte, dieselben Eigenschaften spürte wie alle anderen auch: Zärtlichkeit, Weichheit und Sanftheit. Wie er uns sagte, spürte er die Ausstrahlung jeder Farbe, auch wenn er nicht sagen konnte, um welche es sich handelte. Seine Erklärung war die Bestätigung dafür, dass Farben wirklich Eigenschaften haben und nicht nur kulturell in bestimmter Art und Weise interpretiert werden.

Sobald du im tiefen Fokussieren sicherer wirst, kannst du vielleicht die Fähigkeit zum Aura-Sehen aktivieren. Wenn du die Eigenschaften der verschiedenen Farben erkennst, wird dir wahrscheinlich auch bewusst, dass die Farben in der materiellen Welt sich von denen in der Aura und in der geistigen Welt unterscheiden. Geistige Farben sind oft lebendiger und strahlender; außerdem können sie für andere Eigenschaften stehen als Farben, die in der physischen Welt auftreten. Dennoch kannst du zu ihrer Deutung denselben Aussendungsprozess anwenden. Wenn du also zum Beispiel in jemandes Aura eine bestimmte Farbe siehst – einer der ersten Schritte bei der Anwendung des tiefen Fokussierens, um hinter die äußeren Erscheinungen zu blicken – und erleben willst, wofür sie steht, brauchst du nur dein Bewusstsein zu ihr auszusenden und sie im Geist zu erforschen. Braun ist ein gutes Beispiel für den Unterschied zwischen den geistigen und den weltlichen Attributen von Farben. In der Aura kann Braun für Egoismus stehen, wohingegen ein brauner Mantel erdend wirken und Geborgenheit vermitteln kann. Kleidung in Erdtönen zu tragen – also Farben, in die ein wenig Ackerboden hineinspielt – hilft mir, mein ätherisches Wesen in der Welt zu verankern.

Die Entwicklung der Fähigkeit, sein Bewusstsein in eine Farbe auszusenden, birgt mindestens zwei wichtige Lektionen. Erstens ist es eine einfache Möglichkeit, unmittelbar zu erleben, dass Bewusstsein absichtlich erweitert und gelenkt werden kann. Meine Geistführer sagen: „Bewusstsein ist wie ein in alle Richtungen dehnbares Gummiband.“ Bewusstsein ist ein grundlegender Aspekt des Geistes und als solcher unbegrenzt. Es reicht über die Grenzen des physischen Körpers hinaus, daher können wir also selbst dann, wenn wir eine menschliche Gestalt bewohnen, teilweise im Körper sein und teilweise bis an andere Orte oder zu anderen Menschen gelangen.

Soweit ich mich erinnere, habe ich mein Bewusstsein wohl zum ersten Mal absichtlich an einem verregneten Nachmittag ausgesandt, als ich bei meiner Freundin Emily im Arbeitszimmer saß. Emily hatte immer reisen wollen, doch bei drei Kindern und schmalem Geldbeutel waren ihre Möglichkeiten begrenzt. Also beschlossen wir an jenem Nachmittag, mithilfe von Fotos aus alten Ausgaben der Zeitschrift *National Geographic* um die Welt zu reisen. Wir versetzten uns im Geist in verschiedene schöne und interessante Bilder und hatten auf unserer Gedankenreise verblüffend lebendige Erlebnisse. Ich weiß noch, dass ich die Geräusche einer geschäftigen Stadt gehört und das Gefühl gehabt hatte, ich befände mich an einem Sandstrand – die Sonnenwärme im Gesicht, der salzige Geruch des Meeres – ganz so, als sei ich körperlich dort. Später ging Emilys Wunsch in Erfüllung, und sie konnte tatsächlich ausgiebig reisen, doch die Fähigkeit, ihr Bewusstsein auszusenden, verhinderte, dass sie sich zu kurz gekommen fühlte, solange ihre Kinder noch klein waren.

Die zweite Lektion, die sich dir bietet, wenn du lernst, dein Bewusstsein auszusenden, lautet: Wenn du diese Fähigkeit erlernst, kannst du sie so weiterentwickeln, dass du Erkenntnisse und Verständnis erlangst, dass du heilen kannst und die Lebensqualität für dich und andere zu verbessern vermagst.

Der nächste Schritt: Farbiges Licht aussenden

Mein Freund Tom Bartlett, der neuseeländische Heiler, verwendete farbiges Licht, um Menschen von Krankheiten zu heilen. „Wenn jemand eine bestimmte Eigenschaft braucht, um Wohlbefinden zu verspüren", so erklärte er, „dann kann die Farbe, die diese Eigenschaft enthält, ihn heilen."

Du kannst farbiges Licht visualisieren und aussenden, um verschiedenste Formen des Ungleichgewichts bei dir selbst und anderen zu heilen. Um ein Beispiel zu nennen: Als mein Sohn noch klein war, weckte er mich eines Nachts mit einem starken Husten. Ich wusste, dass ich ihm helfen musste, damit wir beide wieder schlafen konnten. Da wir keine Hustenmedikamente im Haus hatten, kam ich zu dem Schluss, dass ich ihn wohl durch Visualisierung würde heilen müssen. Also setzte ich mich in seinem Zimmer auf den Boden und meditierte, während er hustend im Bett lag. Ich visualisierte seine Kehlkopfregion erfüllt von violettem Licht. Im Chakra-System ist der Kehlkopf das Zentrum von Selbstvertrauen und Macht, und da mein Sohn damals eine Phase mit starken Selbstzweifeln durchmachte, schickte ich ihm mitfühlendes violettes Licht, damit er nicht mehr so hart zu sich selbst sein musste. Ich war so stark fokussiert, dass ich jegliches Zeitgefühl verlor, doch plötzlich merkte ich, dass es im Zimmer still war und der Husten aufgehört hatte.

Wie wirkungsvoll das Aussenden von Licht sein kann, erfuhr ich zum ersten Mal, als ich verzweifelt nach einer Lösung für meine kleine Tochter suchte, die als Baby unter Koliken litt und unaufhörlich schrie. Not macht tatsächlich erfinderisch! Eines Tages war ich so weit, dass ich das Schreien nicht mehr ertragen konnte; ich musste jetzt einfach die Initiative ergreifen und meinen Kopf anstrengen, um unsere Lage zu verbessern.

Ich legte meine Tochter in ihre Wiege und begann, mit äußerster Entschlossenheit goldenes Licht zu visualisieren, das wie ein sanfter Regen auf sie niederfiel, um sie zu beruhigen. Meine Geistführer haben goldenes Licht als das Licht des erleuchteten Menschen bezeichnet, denn es enthält Eigenschaften grundlegender geistiger Prinzipien wie Frieden, Weisheit, bedingungslose Liebe, Ausgewogenheit und Vertrauen. Diese Qualität macht goldenes Licht zu einem Allzwecklicht. Obwohl ich mit Zuversicht an die Sache heranging, war ich doch erstaunt, dass meine Tochter recht schnell einschlummerte. Erschöpft schlief ich auch selbst ein; doch schon bald war meine Tochter wieder wach. Ich brauchte also noch etwas mehr. Daher beschloss ich, die Gedankenform eines Duschkopfes über ihrem Bettchen zu erschaffen, aus dem auch dann noch goldenes Licht auf sie herabregnen würde, wenn ich schlief. Es funktionierte gerade so lange, dass ich mich etwas erholen konnte. Immer, wenn sie aufwachte, rief ich mir das Bild von Neuem vor Augen.

Ich fing an zu experimentieren. Wenn ich im Haus staubsaugte, visualisierte ich, dass der Staub eingesammelt und goldenes Licht ausgeblasen wurde. Mein Haus fing an zu leuchten; es fühlte sich wärmer und einladender an. Nach einem hektischen Tag voller Stress und Mühen in der Welt konnte ich nach Hause kommen und mich vom Lichtreservoir meines Hauses beruhigen und trösten lassen. Nach und nach schickte ich bei allem, was ich tat, ergänzend Licht aus. Beim Kochen streute ich mit dem Salz auch Licht über das Essen. Beim Wäschewaschen visualisierte ich, wie ich mit dem Waschmittel auch goldenes Licht einfüllte. Wenn ich die Straße entlangging, schickte ich Fremden Licht; und wenn ich Zeitung las oder die Fernsehnachrichten anschaute, reagierte ich auf schmerzliche Meldungen mit Licht. Ich entdeckte, dass ich meine eigene Stimmung und die anderer ändern konnte, wenn ich mein Bewusstsein aussandte und goldenes Licht visualisierte.

Wenn ich Menschen beibringe, Licht auszusenden, staunen sie oft über die Ergebnisse. Vor Kurzem erzählte ein Mann in einem Kurs, er habe seiner Mutter, mit der er sich entzweit hatte, in Gedanken etwa zwei Wochen lang jeden Tag goldenes Licht geschickt. Überraschenderweise erhielt er einen Anruf von seinem Vater, der ihm sagte, seine Mutter wolle mit ihm sprechen. So etwas war seit Jahren nicht mehr vorgekommen. Es folgte ein positives Gespräch mit seiner Mutter, und die beiden bauten ihre

Beziehung wieder auf. Er war überzeugt, dass das goldene Licht diesen Durchbruch ermöglicht hatte.

Eine Frau im Kurs hatte eine einundzwanzigjährige Tochter, die noch zu Hause lebte und der es nicht besonders gut ging; sie lungerte untätig herum und verbrachte die meiste Zeit allein in ihrem Zimmer bei verschlossener Tür. Nachdem sie von ihrer Mutter einen ununterbrochenen Strom goldenen Lichts erhalten hatte, ließ sie die Tür offen, ein Angebot zu Verbindung und Gespräch.

Meine Geistführer sagen: „Licht erzeugt Einstellungen, und Einstellungen können Licht erzeugen." Wenn wir Essen zubereiten, würzen wir unsere Speisen mit unserer Einstellung. Wenn du den kreativen Prozess des Kochens magst und für die Menschen, für die du kochst, Liebe empfindest, sendest du in Wirklichkeit Licht aus, welches Geschmack und Gesundheit des Essens verbessert. Wenn du keine Lust hast, schon wieder zu kochen, und die Menschen nicht magst, die die Speisen essen, dann verdirbst du das Essen mit negativen Schwingungen und nasskalten, dunklen Farben. Alles ist Energie, und unsere Energie hat Auswirkungen auf unsere Umwelt und die Menschen, mit denen wir in Kontakt kommen.

Um zu testen, ob das Aussenden von Licht tatsächlich etwas verändert, machten ein Freund und ich ein Experiment. Wir pressten Orangen zu Saft und füllten diesen in zwei Gläser. Bei einem Glas streute ich mithilfe der Visualisierung goldenes Licht über den Saft. Dann probierten Frau, Sohn und Tochter meines Freundes die beiden Säfte. Alle fanden, der Saft mit der Lichtbeigabe schmecke besser. Du kannst dieses Experiment zu Hause auch selbst durchführen und herausfinden, ob die positiven Einstellungen, die durch das Visualisieren von Licht entstehen, dafür sorgen, dass dein Essen besser schmeckt.

Ich sollte erwähnen, dass manche Menschen gelernt haben, weißes statt goldenes Licht auszusenden, wenn sie helfen wollen. Meine Geistführer sagen, weißes Licht sei das Licht des „reinen Geistes". Wenn ich jemandem das Bild weißen Lichtes sende, wird meine Fähigkeit, diesen Menschen in seiner Komplexität zu verstehen, vom Gefühl der Einheit überstrahlt. Wenn ich jedoch goldenes Licht sende, dann kann ich sowohl die geistigen Eigenschaften des Betroffenen als auch seinen momentanen Bewusstseinszustand spüren. Meiner Meinung nach liefert goldenes Licht ein vollständigeres Bild. Du kannst den Unterschied selbst feststellen. Wie bereits erklärt, lernt man feine Unterschiede am besten durch Vergleich kennen, und dasselbe Prinzip gilt für das Aussenden von Licht in unterschiedlichen Farben. Im Allgemeinen würde ich sagen, dass etliche Farben hilfreich sein können, aber ich habe festgestellt, dass goldenes Licht ein Allzweckinstrument ist.

Wie weit kannst du aussenden?

Im Hinblick auf das, was mir meine Geistführer über die Elastizität des Bewusstseins gesagt hatten, machten mein früherer Mann und ich – als ich noch mit ihm verheiratet war – ein Experiment mit einem gemeinsamen Freund, der nach Japan verzogen war. Wir drei wollten herausfinden, ob wir Licht in bestimmten Farben um die halbe Welt schicken und es sehen konnten. Wir meditierten zu einem vereinbarten Zeitpunkt, wobei wir die unterschiedlichen Zeitzonen berücksichtigten. Bei unserer ersten Meditation suchte sich unser Freund eine Farbe aus und visualisierte, wie sie sich auf den Weg zu meinem Ex-Mann und mir machte. Da unser Experiment stattfand, bevor E-Mails auch für die breite Öffentlichkeit verfügbar waren, schrieben wir ihm als Nächstes einen Brief, in dem wir angaben, welche Farbe er ausgesandt hatte. Bei der zweiten Meditation schickten wir unserem Freund in Japan in Gedanken eine Farbe, und er schrieb uns, welche Farbe er empfangen hatte. Bei beiden Versuchen wurde die Farbe, die durch Aussenden des Bewusstseins übermittelt worden war, richtig empfangen.

Nicht alle Menschen sind für Licht gleichermaßen empfänglich. Manche glauben vielleicht, sie hätten es nicht verdient, Licht zu empfangen, oder sie wollen die Klarheit nicht, die dies mit sich bringt. Wenn jemand goldenes Licht nicht annehmen will, kann es, wie ich festgestellt habe. effektiver sein, blaues Licht auszusenden „Geistblau“, wie ich es nenne, ist die Farbe des Unendlichen; es erzeugt Weite und kann einen engstirnigen Menschen aufgeschlossener machen oder jemanden, der Angst hat oder sich unwert fühlt, beruhigen. Die meisten Menschen empfinden die Farbe Blau nicht als bedrohlich, weil sie sanft ist und daher leichter akzeptiert wird als das intensivere Gold. Eine weitere Möglichkeit ist, zu visualisieren, dass nur ein einziger Tropfen goldenes Licht auf jemanden fällt, und diese

Menge dann nach und nach zu erhöhen. Lasse dich von deinem eigenen Bewusstsein führen und passe Intensität und Dauer der Aussendung jeweils der Situation an. Viele Kursteilnehmer glauben, sie könnten nicht erkennen, ob jemand das Licht in sich aufnimmt oder nicht, doch wenn sie sich in einem meditativen Zustand befinden und auf ihr Drittes Auge konzentrieren, können die meisten spüren, ob jemand es aufnimmt oder abstößt. Licht auszusenden, trägt immer etwas Positives bei, selbst wenn du glaubst, du hättest keinen erkennbaren Einfluss auf eine Situation. Meine Geistführer sagen: „Keine Mühe ist vergebens."

Wie bereits in einem früheren Kapitel erwähnt, vergleichen meine Geistführer das Bewusstsein mit einem Lichtschalter an der Wand. Wenn wir in ein dunkles Zimmer kommen, können wir die Möbel, Vorhänge und Gemälde darin erst sehen, wenn wir das Licht anschalten. All das war auch schon da, bevor wir das Licht angeschaltet haben, aber wir konnten es nicht sehen. Dasselbe gilt für farbiges Licht. Es ist bereits überall vorhanden, doch erst mithilfe unseres Bewusstseins können wir es nutzen und dahin lenken, wo wir es haben wollen. Das Licht kommt in Wirklichkeit nicht aus uns. Es wird erlebt, weil wir es „angeschaltet" haben, nämlich dadurch, dass wir unser Bewusstsein aussenden und gezielt ausrichten. Wenn wir visualisieren, dass das Licht ausschließlich von uns kommt, werden wir möglicherweise körperlich oder psychisch ausgelaugt. Wenn wir aber anerkennen, dass es aus einer unendlichen Quelle kommt, dann empfangen wir auch, während wir geben.

Wenn ich Menschen in diesen Übungen unterrichte, sind sie oft so erstaunt, dass sie einfach lächeln müssen, denn das Gefühl, in goldenes Licht getaucht zu sein, ist wunderbar. Stelle dir vor, du wirst von der Kraft geistiger Prinzipien umarmt. Probiere es einfach einmal aus. Wenn du das nächste Mal unter der Dusche stehst, dann schließe die Augen und stelle dir vor, dass goldenes Licht dein gesamtes Wesen reinigt, während das Wasser deinen Körper wäscht.

Wenn du geübt hast, Licht um dich herumzuleiten, dann gehe einen Schritt weiter. Denke dir dein Bewusstsein als etwas, was sich in alle Richtungen ausdehnen kann. Suche dir einen Menschen aus und visualisiere, dass du ihm goldenes Licht in Form eines sanften Regens schickst. Nutze in der Meditation das tiefe Fokussieren, um zu sehen, ob er das Licht in sich aufnimmt oder abstößt, und passe es dann in Menge und Intensität seiner Aufnahmefähigkeit an. Beobachte, wie sich das Licht mit der Zeit auf den Menschen auswirkt. Denke stets daran, dass goldenes Licht nicht schaden kann. Es ist im Grunde Liebe, Ausgewogenheit, Akzeptanz, Frieden, Klarheit – alles Eigenschaften, die jedem Menschen helfen.

Die Einstimmung auf andere

Es kommt gar nicht so selten vor, dass Menschen ihr Bewusstsein unwissentlich aussenden. Wenn zum Beispiel jemand in einen Raum voller Menschen kommt und alle sich nach ihm umdrehen, dann senden diese Menschen ihr Bewusstsein über ihren Körper hinaus aus, um sich einen Eindruck von dem Neuankömmling zu verschaffen. Wird die Technik der Aussendung des Bewusstseins jedoch verstanden und als Fertigkeit angewandt, kann man sie willentlich einsetzen, um sich mit dem Ziel konkreter Erkenntnisse auf körperlicher, emotionaler oder geistiger Ebene auf jemanden einzustimmen.

Es gibt viele Möglichkeiten, sich auf andere einzustimmen. Bei einem Ansatz lässt man in Gedanken goldenes Licht über den Betreffenden strömen. Dieses wirkt dann wie eine Taschenlampe und beleuchtet die Person oder den Aspekt von ihr, über den wir etwas wissen wollen. Zugleich schützt die positive Beschaffenheit des goldenen Lichts uns selbst vor Überforderung durch die Probleme anderer. Nutze ein Bild, das dir sinnvoll und angenehm erscheint: Vielleicht eine Gießkanne, die goldenes Licht über den Empfänger träufelt, oder eine Lichtwelle, die ihn umschließt. In dem Wissen, dass Bewusstsein sich bis zu seinem Ziel ausdehnen kann, visualisiere dann, dass dein Bewusstsein in den Menschen eindringt. Dieser Prozess funktioniert immer gleich gut, egal ob der Mensch neben dir steht oder sich am anderen Ende der Welt befindet.

Wenn du diese Technik bei anderen anwendest, dann sei auf drei mögliche Reaktionen gefasst. Der Betreffende nimmt das Licht, das du aussendest, einfach in sich auf; dies zeigt, dass er damit einverstanden ist, die diesem Licht innewohnenden geistigen Eigenschaften zu empfangen. Eine zweite Möglichkeit ist, dass das Licht, das du aussendest, abgestoßen wird; dies ist üblicherweise ein Anzeichen dafür, dass der Mensch, auf den du dich konzentrierst, emotional, körperlich oder geistig gerade eine schwierige Zeit durchlebt und ihm das Licht, wie bereits erwähnt, entweder unangenehm ist oder er das Gefühl hat, er habe es nicht verdient. Eine dritte mögliche Reaktion besteht darin, dass das Licht in einer Art positiver Erwiderung zu dir zurückgesandt wird. Dies deutet darauf hin, dass der betreffende Mensch im Einklang mit geistigen Prinzipien steht, wodurch es für ihn ganz selbstverständlich ist, dir ebenfalls positive Energie anzubieten. Alle diese Reaktionen können unterschiedlich stark ausfallen.

Die Erkenntnisse, die du erhältst, wenn du Licht an andere aussendest und tief beobachtest, kommen in vielfältiger Gestalt – als Bilder, Gefühle, Worte, Eindrücke, ja sogar als Gerüche. Jeder Sinn kann vollkommen aktiviert werden. Das Anspruchsvolle und Heikle liegt darin, die Bedeutung des Empfangenen herauszufinden. Manchmal ist sie recht eindeutig; oft aber nicht. Deshalb musst du dich in Geduld üben und dein Bewusstsein immer wieder aussenden, um Klarheit zu erhalten. Du lernst praktisch eine neue Sprache. Das Erlernen einer Sprache erfordert immer Fokussierung, Konzentration und Übung; die Sprache der feinen Unterschiede bildet da keine Ausnahme. Wenn du in diesem Buch weiterliest, wirst du weitere Instrumente kennenlernen, die deine Fähigkeit zur Deutung des Wahrgenommenen verbessern können.

In meinen Kursen erhalten zwar viele Teilnehmerinnen und Teilnehmer Eindrücke oder Bilder, aber sie sind sich nicht immer sicher, ob diese stimmen. Die Wahrnehmungen können so schnell kommen und gehen, dass die Teilnehmer sie häufig verwerfen. Erst wenn sie dann im Gruppengespräch erfahren, dass andere dieselben oder ähnliche Eindrücke erhalten haben, erkennen sie, dass ihre Wahrnehmungen zutreffen. Auf diese Weise gibt Feedback von anderen, die denselben Prozess anwenden, deiner Interpretationsfähigkeit den nötigen Feinschliff und stärkt das Vertrauen zu der Technik. Durch Rückmeldungen von anderen und deine eigenen Beobachtungen entwickelst du mit der Zeit ein Unterscheidungsvermögen zwischen zutreffender Deutung und Eindrücken, die durch deine Gewohnheiten oder Urteile getrübt sind.

Wenn du alleine übst, kannst du durchaus ein Bild erhalten, von dem du nicht weißt, wie du es deuten sollst. Insbesondere wenn wir anfangen, uns auf andere einzustimmen und unter die Oberfläche zu schauen, kommt dies recht häufig vor. Wenn dies geschieht, dann versuche, dein Bewusstsein in das Bild hineinzusenden und eine Rückmeldung zu erhalten, indem du fragst: „Was bedeutet das?". „Warum sehe ich das jetzt?" „Will das Bild mir sagen, dass ich etwas tun soll?" Dann fokussiere mit dem Dritten Auge und lausche auf die Antwort. Oft werden deine Erkenntnisse auch klarer, wenn du sie mündlich oder schriftlich in Worte fasst. Übung und der Vergleich deiner Erlebnisse miteinander sind die Schlüssel, durch die du lernst, wie das, was du empfängst, zu deuten ist.

Mit etwas Übung kannst du gezielt entscheiden, welchen besonderen Aspekt eines Menschen du untersuchen willst, etwa wie es einem Kind mit seiner Klassenlehrerin geht oder in welchem emotionalen Zustand sich eine Freundin befindet. Lasse dich von deinem teilnahmsvollen Interesse und deiner Neugierde leiten. Wenn du gedanklich die Richtung vorgegeben hast, dann lasse das Denken wieder los und erlaube dir, einfach zu erleben, was du empfängst. Im Grunde ist dies eine Meditationsübung. Halte nicht inne, um deine Eindrücke zu analysieren; dies unterbricht den Untersuchungsprozess. Die Regel meiner Geistführer für diesen Prozess lautet: „Erst erleben, dann analysieren."

In meinen Anfängerkursen unterrichte ich zwei Methoden, wie man lernen kann, sein Bewusstsein an andere Menschen auszusenden, um sie besser zu verstehen. Bei der einen Methode fokussiert man sich auf Menschen, die sich in Sichtweite befinden; bei der anderen auf Menschen in der Ferne. Wir fangen damit an, dass wir den einzelnen Kursteilnehmerinnen und Kursteilnehmern Licht senden und sie dann „lesen" – ein Prozess, der die Menschen mit der Vorstellung vertraut macht, dass die erweiterte Wahrnehmung sowohl unsere Stärken als auch unsere Schwächen zeigt. Wenn wir dies akzeptieren und uns öffnen, können wir uns schneller und ohne Schamgefühle weiterentwickeln. Wir sind dann in unserer menschlichen Verwundbarkeit ebenso vereint wie in unserer geistigen Größe. Wir sind alle Lernende, und wenn wir diesem Prozess gegenüber aufgeschlossen sind, können wir einander helfen.

Es gefällt mir, wie J. M. Barrie in seinem Roman *Peter Pan* beschreibt, dass Mrs. Darling ins Kinderzimmer schlich und „in den Köpfen ihrer Kinder aufräumte". Oft komme ich mir selbst vor wie Mrs. Darling, wenn ich in meinen Beziehungen aufräume, indem ich Einsichten und Klarheit gewinne, um eine ausgewogene, positive Verbindung aufrechterhalten zu können. Als ich zum Beispiel eines nachts nicht einschlafen konnte, sandte ich mein Bewusstsein in mich selbst aus, um nachzusehen, was los war. Sofort hatte ich das Bild einer stirnrunzelnden Freundin vor mir. Mir wurde klar, dass mich ein schwieriges Telefongespräch, das wir an jenem Tag geführt hatten, immer noch beschäftigte, daher rief ich sie an und klärte unser Missverständnis. Danach konnte ich einschlafen.

In dem Kurs über das Einstimmen auf eine Person in der Ferne schreibe ich den Namen eines bestimmten Menschen auf ein Blatt Papier und lege dieses in die Mitte des Raumes. Der Name steht für die Person. Während die Kursteilnehmer Licht visualisieren und es dieser Person schicken, senden sie ihr Bewusstsein zu dem Blatt Papier aus und wiederholen dabei ständig den Namen, um sich mit den Eigenschaften des oder der Betreffenden zu verbinden. Der Einstimmungsprozess auf jemanden, der sich in der Ferne befindet, erfordert im Allgemeinen eine tiefere Konzentration als das Aussenden des Bewusstseins zu einer Person, die man sehen kann. Am Ende entdecken meine Schülerinnen und Schüler, die mit dieser Übung gearbeitet haben, jedoch selbst, dass das Bewusstsein elastisch ist und durch die allgemein akzeptierten herkömmlichen Vorstellungen von Zeit, Raum oder Richtung nicht eingeschränkt wird.

Die endlosen Anwendungsmöglichkeiten der Einstimmung auf andere

Das Bewusstsein auszusenden und in Menschen hineinzuschauen, ist ein Instrument, das wir nutzen können, um anderen dabei zu helfen, mit dem Geist in Einklang zu kommen. Darüber hinaus ist es eine sehr praktische Fertigkeit mit endlos vielen Anwendungsmöglichkeiten. Meine Schüler haben gelernt, dass sie ihr Bewusstsein in andere hineinsenden können, um in den vielfältigsten Situationen Verständnis und Informationen zu erlangen. Manche senden ihr Bewusstsein vor einer Besprechung zu Kollegen aus, um sich rechtzeitig vorzubereiten und sich von den unterschiedlichen Blickwinkeln, die andere möglicherweise einnehmen, nicht aus dem Gleichgewicht bringen zu lassen. Andere senden ihr Bewusstsein an Freunde aus, um erkennen zu können, warum ihre Beziehung schwierig ist. Wieder andere schauen einfach nur kurz nach, um herauszufinden, ob es gerade günstig ist, einen Angehörigen anzurufen.

Ich für mein Teil sende mein Bewusstsein den ganzen Tag über an andere aus. Ich habe es mir zur Gewohnheit gemacht, diese Fertigkeit in jeden Aspekt meines Lebens einfließen zu lassen. Ich sende es an Klienten aus, bevor sie zur Sitzung kommen, um ein Gefühl dafür zu entwickeln, wie ich vorgehen kann. Wenn ich mit jemandem am Telefon oder von Angesicht zu Angesicht spreche, dann höre ich nicht nur den Worten zu, sondern ich sondiere mein Gegenüber mit meinem Bewusstsein, um zu sehen, was er oder sie empfindet. Bei manchen Menschen muss ich nicht sehr tief gehen, um ein umfassendes Verständnis zu erlangen. Bei anderen entdecke ich Komplexitäten und Unvereinbarkeiten in der Persönlichkeit. Vielleicht haben sie den Kontakt zu sich selbst verloren, oder sie versuchen aus dem einen oder anderen Grund, ihre wahren Gedanken und Gefühle zu verbergen. Auf sie stimme ich mich daher intensiver ein.

Beispiele gibt es unendlich viele: Man kann sich auf einen Rechtsanwalt oder eine Rechtsanwältin einstimmen, um herauszufinden, ob sie in einer Scheidungssache die Richtige ist; man kann die Energie eines Finanzberaters überprüfen, um herauszufinden, ob er ehrlich ist; man kann sich auf eine Jugendliche einstimmen, um herauszufinden, ob sie Drogen nimmt oder warum sie so launisch ist. Geistheiler senden ihr Bewusstsein in den Körper aus, um Informationen über den Gesundheitszustand zu erhalten. Es ist immer dieselbe Fähigkeit, jedes Mal anders angewandt. Früher habe ich sogar einmal einer Freundin geholfen, ein passendes Kindermädchen für ihre Tochter zu finden. Sie gab mir eine Namensliste von einer Agentur, und ich sandte mein Bewusstsein nacheinander an jeden Namen aus, um die Wesenszüge jeder Bewerberin einschätzen und dadurch feststellen zu können, wer am besten zu der Familie passte. Ich nahm wahr, wer aufbrausend und wer geduldig, wer ordentlich und wer unordentlich war … und so weiter. Die Informationen kamen teils über Bilder, teils über Gefühle zu mir. Am Ende gelang es mir, eine passende Person zu finden.

Können alle Menschen sich auf andere einstimmen?

Kürzlich habe ich den Vortrag eines Forschers besucht, der das Phänomen der Fernwahrnehmung untersucht. Er erwähnte ein Experiment, das er mit einer Gruppe von Menschen durchgeführt hatte, die vorher keinerlei Ausbildung erhalten hatten. Sie wurden angewiesen, ihr Bewusstsein an einen bestimmten Ort auszusenden und ihm dann zu berichten, was sie sahen. Die meisten Teilnehmer waren nicht sehr erfolgreich. Dann lud der Forscher erfahrene Hellsichtige zu demselben Experiment ein, und die Ergebnisse waren bemerkenswert präzise. Ich bleibe dabei: Wenn unsere Gesellschaft als Ganzes die Fernwahrnehmung als natürliche Fähigkeit anerkennen und ihre Entwicklung fördern würde, wäre sie deutlich häufiger zu erlangen. So wie die Dinge heute liegen, ist die Vorstellung vom Aussenden des Bewusstseins und von Einblicken in Menschen weit entfernt von allem, was als normal und möglich gilt. Deshalb kann man es nur lernen, wenn man es probiert. Ich wusste selbst nicht, dass ich diese Fähigkeit besitze, bis ich anfing, damit zu experimentieren. Heute weiß ich durch meine Kurse, dass jeder die Fähigkeit entwickeln kann, sein Bewusstsein auszusenden – der eine in größerem, der andere in kleinerem Umfang.

Unser Bewusstsein zu anderen Menschen auszusenden und ihre Sicht der Dinge zu erleben, hilft uns im Allgemeinen zu begreifen, warum sie bestimmte Dinge tun, und wie wir in unseren verschiedenen Beziehungen Klarheit und Gelassenheit wahren können. Meine Schüler staunen, wie gut ihnen dies mit der Zeit und etwas Durchhaltevermögen gelingt. Übung ist die beste Methode zur Entwicklung jeder Fähigkeit. Schon mit der Vorstellung, dass das Bewusstsein wie ein Gummiband ist, das sich in alle Richtungen dehnen lässt, und mit der Akzeptanz dieser Möglichkeit ist ein Anfang gemacht. Je mehr wir uns darüber hinaus unserer Vernetzung und der Einheit von allem bewusst werden, desto schlüssiger erscheint es auch, dass wir uns miteinander verbinden und Wissen übereinander erlangen können, ohne uns von Zeit und Raum einschränken zu lassen.

KAPITEL SECHS

Positivität

Positivität ist unser größter Schutz.

Stelle dir vor, du betrittst einen Raum voller erleuchteter Menschen – emotional ausgeglichene, aufrichtig mitfühlende, liebevolle und weise Leute, die nur das Beste für dich und füreinander wollen. Wäre es nicht wunderbar, in eine so positive Umgebung einzutauchen? Kannst du innerlich vor dir sehen, wie dein Lächeln im Umgang mit dieser einfühlsamen, unterstützenden Gruppe immer breiter wird?

Nun stelle dir das Gegenteil vor: Du kommst in einen Raum voller verwirrter, miteinander konkurrierender Menschen, die sich in emotionalem Aufruhr befinden. Könntest du dich hier entspannen? Spürst du, wie sich deine Gesichtsmuskeln straffen, wie dein Denken urteilend und deine Gefühle aufgewühlt werden?

Selten kommt es vor, dass wir uns in einer Situation befinden, die am einen oder anderen Ende des Spektrums liegt. Meistens weisen die Menschen, mit denen wir es, individuell oder in Gruppen, zu tun haben, eine Mischung aus positiven und negativen Eigenschaften und Beweggründen auf. Leider neigt unsere kulturelle Umgebung heute offenbar stark zu Angst und Verwirrung, Konkurrenzdenken und Unhöflichkeit, Wut und Misstrauen; und weil wir alle für die Gedanken, Gefühle und das Verhalten unserer Umwelt empfänglich sind, müssen wir oft gegen den Bewusstseinsstrom anschwimmen, um die Verbindung zum Geist im Inneren und seinen Eigenschaften aufrechtzuerhalten.

Ein Geistführer sagte einmal: „Die Gedanken derer, die du kennst, und derer, die du nicht kennst, beeinflussen deine Einstellung und deine Entscheidungen. Es ist wichtig, dass du deine Schwingung stärkst und erweiterst, um die Negativität rings um dich herum abzuwehren." Damit wir uns davor schützen können, die Angst, den Zynismus und die Verwirrung, auf die wir stoßen, in uns aufzunehmen und uns allzu stark davon beeinflussen zu lassen, müssen wir Positivität entwickeln, erklärte er. Damit ist mehr verbunden als bloß alles mit Zuckerguss zu übergießen, wie ich immer sage – also zum Beispiel zu behaupten, es ginge uns hervorragend, wenn uns tatsächlich ganz anders zumute ist, oder intellektuell zwar zuzugeben, dass wir lernen und unsere Gefühle weiterentwickeln müssen, dabei aber einfach weiterzumachen wie bisher und keinerlei wirklich disziplinierte Anstrengung zu unternehmen. Ebenso wenig reicht es aus, Herausforderungen oder Problemen einfach aus dem Weg zu gehen oder uns vorzunehmen, dass wir uns davon nicht aus der Ruhe bringen lassen. Dies ist im besten Falle eine neutrale Haltung, und wie meine Geistführer sagen: „Neutral ist nicht genug."

Welche Weisheit hinter dieser Beobachtung steckt, wurde mir durch meine eigenen Erfahrungen mit den Auswirkungen positiver und negativer Einstellungen klar. So gibt es zum Beispiel in der Nähe meiner Wohnung zwei Baumärkte, die zur selben Kette gehören, einen in Sommerville und einen im South Bay Center. Wie unterschiedlich die Atmosphäre in den beiden Märkten ist, macht sich schon gleich beim Hineinkommen bemerkbar. Die Angestellten in dem Markt in South Bay sind nicht nur immer sehr hilfsbereit, sondern darüber hinaus überraschend freundlich und fröhlich. Immer steht jemand zur Verfügung, der Fragen beantworten und praktische Tipps geben kann. Nicht selten sieht man lächelnde Verkäufer und Kunden, die in ein herzliches und angenehmes Gespräch vertieft sind.

Um nur ein ganz einfaches Beispiel zu nennen: Eines Tages erwähnte mein Gefährte gegenüber der Verkäuferin, die ihm zeigte, wo er Dichtungsschaum für unsere Fenster und Türen findet, auch das Regengebiet, das gerade über unsere Gegend hinweg zog. Statt zu jammern, lobte sie den Regen in den höchsten Tönen und erzählte, sie habe in ihrem Garten gerade Auberginen gepflanzt. Solche Anzeichen für Positivität sind dort üblich, und oft gehe ich innerlich strahlend und mit einem Lächeln wieder nach Hause – für mich der Beweis, dass Positivität mehr Positivität erzeugt.

Meine Erfahrungen in dem anderen Markt sind völlig gegenteilig. Oft hat es den Anschein, als lehnten die Angestellten es ab, dort zu arbeiten und Kunden zu bedienen. Es kann schwierig sein, Hilfe zu finden, wenn man welche braucht, und häufig bin ich beim Gehen verärgert und fühle mich ausgelaugt. Die Besuche in diesem Markt führen mir immer wieder deutlich vor Augen, weshalb meine Geistführer so viel Wert darauf legen, dass wir lernen, wie wir uns davor schützen können, uns von einer negativen Atmosphäre mitreißen zu lassen, und wie wir uns stattdessen Möglichkeiten suchen, Positivität zu fördern – was nicht nur unser eigenes Leben schöner macht, sondern uns die Chance bietet, zum positiven Einfluss für unsere Umgebung zu werden.

Positivität zu entwickeln, bedeutet, einen Blickwinkel einzuüben, der anerkennt, dass wir zwar alle an der Kraft und dem Potenzial des Geistes Anteil haben, uns aber auch in den Herausforderungen der Komplexität zurechtfinden müssen, die das Menschsein mit sich bringt. Dies schließt das bewusste Bemühen ein, geistige Prinzipien – wie Weisheit, Akzeptanz, Neugierde, Kreativität, Liebe und Wahrheit – in die alltäglichen Aspekte unseres Lebens einzubauen. Meine Geistführer haben schon sehr häufig gesagt, dass zur Positivität auch dazugehört, eine Situation so anzuerkennen, wie sie ist, selbst wenn sie „keinen schönen Anblick bietet". Dies ist ein wichtiger Aspekt, denn sehr oft haben wir Angst, ein schwieriges Thema ehrlich anzusprechen, weil wir befürchten, negativ zu klingen. Daher haben mir meine Geistführer zum Beispiel beigebracht, dass zum liebevollen Umgang mit einem anderen sowohl Lob als auch Kritik gehören, damit Stärken anerkannt und gefördert werden, aber auch auf Schwächen hingewiesen wird, und dies in der reinen Absicht, Wachstum und Entwicklung zu unterstützen. Eltern oder Lehrer, die etwas bewirken wollen, müssen beides tun, so sagen sie.

Im Laufe der Jahre haben meine Geistführer mir verschiedene Ansätze gezeigt, wie man eine positive Einstellung fördern und aufrechterhalten kann. Drei sehr leicht zugängliche Methoden sind Inspiration, Affirmation und Neuheit.

Inspiration

Eine dramatische Demonstration, wie mächtig Inspiration ist, konnte ich vor einigen Jahren beobachten. Ich war eingeladen, bei den Dreharbeiten zu einem Lehrvideo dabei zu sein, und als der Hauptredner mit seinem Vortrag begann, konnte ich mich des Eindrucks nicht erwehren, dass das Publikum im Studio unruhig wurde; auch ich selbst wurde ein wenig zappelig. Tonfall und Präsentation des Redners wirkten allzu einstudiert und langweilig. Dann erzählte er – ob nun absichtlich, weil es zu seinen vorbereiteten Ausführungen dazugehörte, oder spontan, weil er spürte, dass er die Aufmerksamkeit seiner Zuhörerinnen und Zuhörer verlor – eine höchst persönliche Geschichte von einem Kampf, den er durchzustehen gehabt und in dem er am Ende über alle Widrigkeiten gesiegt hatte. Es steht mir nicht zu, die Einzelheiten wiederzugeben, doch als er schilderte, was er durchgemacht hatte, beobachtete ich eine spürbare Veränderung im Publikum. Im Studio wurde es mucksmäuschenstill, und der Gesichtsausdruck der Leute wandelte sich von trotziger Gelangweiltheit zu aktiver Konzentration; einige fingen sogar an zu weinen. Am Ende der Dreharbeiten lobten die Zuschauer nicht nur den Redner, sondern beteiligten sich auch aktiv an einer Diskussion über die zentralen Ideen seines Vortrags. Dieses Ereignis bestätigte mir, dass Inspiration als ein unglaublich mächtiges Instrument genutzt werden kann, um Menschen zu bewegen und zu einen, sowie außerdem Aufgeschlossenheit für neue Ideen zu wecken.

Viele glauben, dass Inspiration von selbst geschieht. Wie oft hört man jemanden sagen, eine Inspiration habe ihn „wie ein Blitz aus heiterem Himmel getroffen“ oder plötzlich „überkommen“. Und wie oft haben wir das auch selbst schon behauptet!

Natürlich kann Inspiration plötzlich und überraschend eintreffen, aber wir müssen nicht darauf warten. Inspiration ist immer verfügbar und kann jederzeit und überall gefördert werden. Unser Leben wird ebenso sehr von der Anhäufung kleiner, manchmal kaum wahrnehmbarer Details geprägt wie von Ereignissen, die einen klaren Wendepunkt darstellen. Indem wir uns bewusst auf etwas konzentrieren, das uns inspiriert, spüren wir nach und nach, dass wir sehr wohl in der Lage sind, unser inneres Leben selbst zu beeinflussen, auch wenn wir mitten in Schwierigkeiten stecken.

Ein Blick auf die historische Herkunft des Wortes zeigt uns, dass *Inspiration* von einem lateinischen Verb abgeleitet ist, das „einatmen" bedeutet. Im Laufe seiner weiteren Entwicklung hat der Begriff unterschiedliche Bedeutungsnuancen erhalten, bis er heute im Allgemeinen als Bezeichnung für eine belebende oder erhebende Erfahrung oder eine Form der Offenbarung verstanden wird. Wenn wir die Geschichte des Wortes betrachten, beginnen wir zu verstehen, dass uns Inspiration so leicht und natürlich zugänglich ist wie unser Atem.

So war ich zum Beispiel vor einigen Jahren unterwegs zu einem Essen mit Freunden in einem Restaurant, das ein Stück von meinem Wohnort entfernt lag. Ich war bereits ein wenig zu spät dran, und da wir uns noch in der Zeit vor der Erfindung des Mobiltelefons befanden, hatte ich keine Möglichkeit, meine Freunde zu erreichen. Dennoch machte ich mir keine größeren Sorgen – bis ich das Flapp, Flapp, Flapp eines platten Reifens hörte. In dem Moment, das gebe ich zu, wurde ich nervös und sauer. Doch als ich aus dem Auto stieg, um den Reifen zu wechseln, fiel mein Blick auf den Abendhimmel. Das herrliche Farbenspiel der Abenddämmerung war so erstaunlich schön, dass meine Sorgen und mein Frust einfach verflogen. Dadurch, dass ich mich auf den Himmel konzentrierte und seine erhebende Schönheit in mich aufnahm, konnte ich den Reifen ruhig und zügig wechseln, und als ich mich dem Gefühl der Inspiration, das mich überkam, vollkommen hingab, wurde mir auch klar, dass eine kleine Verspätung und ein platter Reifen im übergeordneten Plan des Lebens keine große Sache sind. Als ich schließlich zu meinen Freunden stieß, hatten wir nicht nur ein wunderbares Abendessen miteinander, sondern als ich ihnen von meinem Abenteuer auf der Straße erzählte, konnte ich spüren, dass ein wenig von der Macht der Inspiration auch auf sie überging.

Die Quelle der Inspiration ist unerschöpflich und häufig recht individuell. Was den einen inspiriert, muss den anderen noch lange nicht beflügeln. Manche Menschen inspiriert die Natur in ihren unterschiedlichen Aspekten, andere bestimmte Arten von Musik – Klassik, Jazz, Country, Rock, Volksmusik oder sakrale Musik. Manche ziehen Inspiration aus dem Kochen oder aus Gesprächen; andere aus der Ausgelassenheit spielender Kinder oder Tiere. Einen Bekannten inspirieren Flugzeuge in der Luft.

Bestimmt hast du, wie die meisten Leserinnen und Leser, einen persönlichen Katalog der Menschen, Orte, Dinge und Ideen, die dir Inspiration schenken; doch wenn du einmal tiefer über ganz gewöhnliche Alltagserlebnisse nachdenkst, entdeckst du bestimmt einen noch viel größeren Schatz an Inspirationsquellen. Wenn wir uns zum Beispiel die Zeit nehmen, das Essen auf unserem Teller zu betrachten und wirklich darüber nachzudenken, welche Faktoren dazu beigetragen haben, dass es zu uns kommt – die Samen, die gelegt wurden, damit Gemüse, Obst oder Hülsenfrüchte wachsen konnten; die Verbindung aus Sonne, Wasser und Bodennährstoffen sowie die wundersame Energie, die den Wachstumsprozess am Laufen hält; die Lebenskraft eines Rindes oder eines Huhns; Zeit und Arbeit von Bauern, Lieferanten und den Menschen, die auf Märkten und in Läden arbeiten und diese leiten – dann erfüllt uns dies mit Inspiration.

Nimm dir nun ein paar Minuten Zeit und erstelle eine Liste der Dinge, die dich inspirieren. Lege sie an einen Ort, an dem du sie schnell zur Hand hast. Jetzt kannst du in aufwühlenden oder belastenden Momenten deine Aufmerksamkeit der einen oder anderen Ressource auf deiner Liste zuwenden und dich von deiner Auswahl mit neuer Kraft oder neuem Lebensgeist erfüllen lassen. Ich persönlich habe festgestellt, dass man sich unmöglich zugleich inspiriert und entmutigt fühlen kann. Das Tolle ist aber vor allem, dass Inspiration nicht schwierig zu erreichen ist – sie ist nur einen Gedanken weit weg.

Wenn Inspiration so leicht zugänglich ist, warum führen dann nicht mehr Menschen ein inspiriertes Leben? Offenbar können eine persönliche Situation oder die beunruhigende Weltlage einen nur allzu leicht entmutigen. Ich kenne Menschen, die die Fähigkeit, sich inspirieren zu lassen, nach mehreren aufeinanderfolgenden Wellen von Frustration und Enttäuschung vollkommen verloren haben. Doch selbst diese „Treibholz-Menschen" können lernen, die Inspiration als Gegenmittel zur Verzweiflung wieder aufleben zu lassen, indem sie sich bewusst vornehmen, sich immer, wenn düstere Stimmungen sie zu überwältigen drohen, als „Sofortmaßnahme" auf einen inspirierenden Gedanken oder ein inspirierendes Bild zu konzentrieren. Mit der Zeit und etwas Aufmerksamkeit entdecken sie, dass negative Einstellungen, die einst zementiert schienen, sich eben doch verändern können. Es wird ihnen möglich, Maßnahmen zu ergreifen – etwa spazieren zu gehen oder Musik zu hören – die den Transformationsprozess beschleunigen. Schließlich merken sie, dass frühere Erfahrungen keine bindende Kraft besitzen und ein veränderter Fokus wirksam dazu beitragen kann, eine erfüllendere Lebenseinstellung zu entwickeln.

In meiner Zeit als Alleinerziehende war es unschätzbar wertvoll, dass ich mir als Unterstützung im Alltag bewusst Inspiration suchen konnte. Manchmal machte ich nach einem langen Tag zur Erholung Feuer im Kamin oder stellte einen Strauß frisch geschnittener Blumen auf den Esstisch, um die Gespräche beim Essen zu beflügeln und zu beleben. Außerdem schaltete ich Musik an, wenn ich putzte oder meine Kinder zu ihren diversen Aktivitäten kutschierte.

Darüber hinaus habe ich erlebt, wie sehr Inspiration Menschen, die extreme Herausforderungen zu bewältigen haben, das Leben erleichtern kann. Ein Freund, der vor Kurzem in die geistige Welt hinübergegangen ist, hatte einen Großteil seines Lebens im Rollstuhl verbracht, weil er an Multipler Sklerose erkrankt war. Eines Tages sagte er mir beim Frühstück: „Ich kann nicht mehr so viel machen wie früher, deshalb muss ich jetzt alles tiefer tun." Dann nahm er einen Biss von dem Marmeladentoast, den sein Assistent ihm angereicht hatte, kaute energisch und sehr bewusst, und rief dann aus: „Wow, wie wunderbar köstlich!" Mein Freund trainierte seinen „Positivitäts-Muskel", indem er sich in jedem Moment auf das konzentrierte, was ihm Dankbarkeit und Genuss schenkte.

Auch wenn Inspiration ein wirkungsvolles Instrument ist, erfordert sie doch einige mahnende Worte. Inspiration lässt sich als Vermeidungsstrategie missbrauchen. Eine meiner Klientinnen ist eine Frau, die Inspiration aus der Schönheit materieller Dinge schöpft – großartige Kunstwerke, kunstvoll gefertigte Kleidung und Schmuck. Sie verbringt sehr viel Zeit in Galerien und Boutiquen oder einfach beim Schaufensterbummel – alles Tätigkeiten, die sie aufmuntern. Zwar hängt ihr Streben nach Schönheit zum Teil mit ihrer geistigen Natur zusammen, doch sie betreibt es im Extrem, getrieben von dem Wunsch, dem Unglück in ihrer Ehe zu entfliehen. Ihre extreme Fokussierung auf schöne materielle Dinge bietet ihr Ablenkung von Problemen, die ungelöst bleiben. Ein anderer Klient, der in leitender Stellung in einem Unternehmen tätig ist, wird beflügelt von dem Wissen, dass er finanziell erfolgreich ist und gut für seine Familie sorgen kann. Was er aber nicht sehen will, ist, dass das Betätigungsfeld seiner Firma der Umwelt schadet und das großzügige Gehalt, das er verdient, nur möglich ist, weil Angestellte auf den unteren Ebenen kaum den Mindestlohn erhalten.

Das Problem ist in beiden Fällen, dass die Inspiration nicht mit anderen geistigen Prinzipien wie Weisheit und Mitgefühl verbunden ist, die wiederum für den Aufbau echter Positivität ausschlaggebend sind. Inspiration ruft zwar Gefühle der Freude und Ausgelassenheit hervor, doch wenn sie nicht mit Klarheit einhergeht, kann sie zu einer Art „Droge" werden, die eine innere Weite auslöst, ein „Hochgefühl", mit dem man unangenehmen Wahrheiten aus dem Weg gehen kann. Ungelöste Probleme gären allerdings weiter und treten schließlich auf eine Art und Weise zutage, die alle Erleichterung oder Aufheiterung, die Inspiration zu bieten hat, zunichtemachen kann.

Klarheit ist besonders dann entscheidend, wenn wir Inspiration im Umgang mit schwierigen Situationen und Entscheidungen einsetzen. Der erste Schritt besteht darin, die Aufmerksamkeit ausreichend lange von deinen Sorgen abzuziehen, so dass du dich einer Inspirationsquelle auf deiner Liste oder etwas Neuem zuwenden kannst, das dich inspiriert. Gönne dir ein paar Minuten Zeit, damit die Inspiration dein Denken erfüllen und jeglicher Angst oder Anspannung, die du vielleicht empfindest, entgegenwirken kann. Lenke dann aus diesem Zustand innerer Weite heraus deine Aufmerksamkeit auf dein Drittes Auge. Dadurch kannst du die Situation aus einer Perspektive der Weisheit sehen. Wenn du das Fokussieren mit dem Dritten Auge mit der Aufmunterung durch die Inspiration verbindest, wird die Situation klarer, und es stellen sich Erkenntnisse ein – auch wenn die Lösung, die sich zeigt, im Moment nur der nächste Schritt in einem längeren Prozess ist.

Zum Abschluss sei daran erinnert, dass Inspiration der Schlüssel zur Öffnung des Kronen-Chakras, der Brücke zwischen der materiellen und der geistigen Dimension, und daher eine wichtige Voraussetzung für eine tiefe und sinnvolle Meditation ist. Wenn man zu meditieren versucht, ohne zuerst dieses Chakra zu öffnen, stellt sich zwar vielleicht ein angenehmes Gefühl der Entspannung ein, aber sehr wahrscheinlich erlebt man keine direkte spirituelle Erfahrung. Inspiration ist eine einfache und effektive Methode, sowohl in der Reflextion als auch im Alltag die Verbindung zwischen der geistigen und der menschlichen Welt zu spüren.

Affirmation

Wie Inspiration ist auch Affirmation ein leicht zugängliches und doch tiefgreifendes Instrument zur Aufnahme geistigen Gewahrseins in den Alltag. In meinen Kursen veranschauliche ich den Teilnehmenden die praktische Kraft der Affirmation anhand eines Muskeltests, der zeigt, welch großen Einfluss unser Denken auf unseren Körper hat. Ich bitte vier Freiwillige, sich vor der Klasse in einer Reihe aufzustellen – einer hinter dem anderen, wie Waggons an einem Zug – und sage dreien, sie sollen die rechte Hand auf die Schulter der Person vor ihnen legen. Dann bitte ich die erste Person in der Reihe, den Arm gerade auszustrecken, damit ich die Muskelkraft testen kann. Dazu drücke ich den Arm herunter, wobei die betreffende Person sich diesem Druck widersetzt. In diesem Teil der Übung bleibt der Arm des Ersten in der Reihe die ganze Zeit stark und gibt dem Druck, den ich ausübe, nicht nach.

Dann begebe ich mich zum Letzten in der Reihe und flüstere ihm einen negativen Satz zu. Danach gehe ich wieder zu der Person an der Spitze und teste ihren Arm noch einmal. Jetzt wird er merklich schwächer. Daraufhin gehe ich erneut ans Ende der Reihe, flüstere aber dieses Mal etwas Nettes und Liebevolles; wenn ich danach den Arm des Ersten in der Reihe teste, ist er wieder stark.

In der nächsten Phase der Demonstration bitte ich die beiden Personen in der Mitte, innerlich affirmative Sätze zu wiederholen – etwa „Ich bin gut"; „Ich bin herzlich" oder „Ich bin Geist" – während die Person an der Spitze neutral bleiben soll. Der Person am Ende der Reihe flüstere ich dann erneut einen negativen Gedanken ins Ohr. Wenn ich nun bei dem Menschen an der Spitze den Muskeltest mache, bleibt sein Arm stark und widersteht jeglichem Druck, den ich ausübe. Die Positivität, die die beiden Personen in der Mitte der Reihe erzeugen, durchbricht die Kette der Negativität. Ich habe diese Übung hunderte Male durchgeführt. Das Ergebnis ist immer dasselbe und zeigt Folgendes: Wenn wir nicht in einer positiven Grundhaltung verankert sind, werden wir anfällig dafür, uns von den Gedanken und Gefühlen der Menschen in unserer Umgebung energetisch auslaugen zu lassen.

Die meisten Menschen haben dies im Alltag bereits einmal erlebt, ob sie sich dessen bewusst sind oder nicht. So stehen wir etwa in einer Bank oder einem Lebensmittelladen in der Schlange und sind völlig mit uns selbst beschäftigt. Ist aber hinter oder neben uns jemand niedergeschlagen oder wütend, so stellen wir beim Verlassen des Ladens womöglich fest, dass wir plötzlich aus unerfindlichen Gründen trübselig oder aufgewühlt sind. Vielleicht sind wir auch müde und wissen nicht, warum. Wenn wir jedoch eine positive Grundhaltung beibehalten können, vermögen wir uns vor Negativität zu schützen, und Affirmationen helfen uns dabei.

Die Kraft der Affirmation können wir einschätzen, wenn wir die klassische Definition des Begriffs im Wörterbuch nachschlagen und sehen, dass es sich dabei um eine Bejahung oder Versicherung handelt. Wenn wir eine Idee bejahen, setzt sie sich in unserem Denken fest – zunächst bewusst, dann sinkt sie immer tiefer, bis sie schließlich zu unserer Wahrnehmung und unserem Erleben der Umwelt wie auch unserer selbst dazugehört. Eine Affirmation ist faktisch eine Art Konditionierung, ein Prozess, durch den unsere Einstellung geprägt und trainiert wird; und weil Einstellungen sowohl aus Gedanken als auch aus Gefühlen bestehen, üben sie auf jeden Aspekt unseres Lebens starken Einfluss aus.

Einstellungen können positiv oder negativ sein. Positive Einstellungen fußen auf geistigen Prinzipien, negative Einstellungen nicht. Zu negativen Einstellungen gehören, wie zu erwarten, Gedanken und Gefühle wie Hass, Verwirrung, Passivität, Gier und Schande. Wiederholung verstärkt und vergrößert die Wirkung positiver oder negativer Einstellungen. „Wiederholung verletzt", sagen meine Geistführer, „und Wiederholung heilt".

Wie wahr diese Beobachtung ist, können wir ermessen, wenn wir uns vorstellen, welchen Unterschied es macht, ob man einem Kind nur einmal oder viele tausend Mal sagt, es sei dumm. Wenn ein Kind immer wieder dasselbe zu hören bekommt, dringt dies tief in sein Inneres und kann sich in ihm verwurzeln. Ähnlich ist es, wenn wir eine negative Einstellung verinnerlichen und uns zum Beispiel ständig sagen, wir seien nicht gut genug. Die Wiederholung dieses Gedankens erzeugt einen feststehenden Blickwinkel, aus dem wir uns betrachten und an anderen messen. Dies wiederum führt zu belastenden Verhaltensmustern und Beziehungen. Wenn wir uns hingegen wiederholt einer Einstellung versichern, die auf geistigen Prinzipien beruht, verbessern sich nach und nach unser Blickwinkel und unser Welterleben.

Wiederholung können wir uns aber auch zunutzemachen, indem wir auf Affirmationen als ein Instrument zurückgreifen, das eine konstruktive Einstellung fördern kann. Durch die Wiederholung positiver Aussagen können wir unser Denken neu konditionieren und den negativen Konditionierungen durch Familie, Kultur und Bildungssystem entgegenwirken.

Jeden Tag gehen uns unzählige Gedanken durch den Kopf – bewusste und unbewusste, konstruktive und destruktive. Jeder Gedanke beeinflusst unser Wohlbefinden, die Qualität unserer Beziehungen und unsere gesamte Umgebung – zum Guten oder zum Schlechten. Ich möchte dich ermutigen, ein kleines Experiment zu wagen und selbst zu beobachten, welche Auswirkungen deine Gedanken haben. Stelle dir vor, dass ein kleines „Zweit-Ich“ den ganzen Tag über deiner Schulter schwebt und deine Gedanken und Gefühle beobachtet. Wenn dieses „Zweit-Ich“ eine Waage in der Hand hielte, wie man sie etwa auf Abbildungen der Justitia sieht, und darin deine täglichen Gedanken und Gefühle wöge, welche Waagschale wäre dann schwerer, die negative oder die positive? Dieses Abwägen ergibt ein direktes Bild von der Qualität deines Tages.

„Wenn du sehen könntest, welche Macht deine Gedanken und Einstellungen tatsächlich haben“, sagen meine Geistführer, „dann würdest du sehr sorgfältig und diszipliniert mit ihnen umgehen. Sie können großen Schaden anrichten oder große Heilung bewirken, genau wie ein Messer oder Feuer.“ Wir müssen uns nicht passiv Gedanken und Gefühlen ergeben. Wir haben die Wahl. Mithilfe affirmativer Aussagen können wir das Heft selbst in die Hand nehmen und unsere Einstellungen so gestalten und lenken, dass sie anderen und uns guttun. Das Aufbauen von Positivität stelle ich mir oft wie ein Tischtennisspiel vor. Ein negativer Gedanke kommt auf mich zu, und ich wehre ihn mit einem geeigneten positiven Gedanken ab. Diese Technik trainiert den Geist, negativem Denken nicht nachzugeben, wachsam zu bleiben und destruktive Gedanken bereits im Keim zu ersticken, bevor sie sich zu Gewohnheiten auswachsen können.

Zu Anfang meiner Arbeit mit meinen Geistführern hatte ich große Angst vor Fehlern. Dies hat dazu geführt, dass ich ziemlich zaghaft ans Leben herangegangen bin. Ich bin in einer leistungsorientierten Familie aufgewachsen. Mein Vater hatte als Wissenschaftler eine sehr geringe

Fehlertoleranz, aber hohe Erfolgserwartungen. Seine Einstellung lautete: „Wenn aus dir kein Jascha Heifetz werden kann, brauchst du gar nicht erst anfangen, Geige spielen zu lernen.“ Diese Haltung hatte ich sogar schon als Sechsjährige verinnerlicht. Ich hatte gerade erst angefangen, Klavierunterricht zu nehmen, und bei meinem ersten Vorspielen war gleich die erste Note, die ich spielte, falsch. „Nun gut“, dachte ich, „das ist das Ende meiner Pianistinnen-Karriere.“

Um mir zu helfen, als Erwachsene meine Ängste loszuwerden, gaben mir meine Geistführer folgende Affirmation: „Fehler sind gut. Sie sind notwendig, um zu lernen und zu wachsen.“ Sie rieten mir, diese Worte tagsüber oft zu wiederholen. Ich sagte sie mir unter der Dusche vor, beim Autofahren, beim Spazierengehen und beim Abwaschen. Ich muss sie Tausende Male wiederholt haben. Jetzt kann ich sie spüren, glauben und leben. Ich weiß, dass Fehler zum Lernprozess dazugehören und es ganz natürlich ist, dass wir etwas so lange nicht verstehen, bis wir es wirklich begriffen haben. Die Arbeit mit dieser Affirmation hat mich verändert; sie war das Gegenmittel gegen meine tiefsitzenden Ängste, wodurch ich wiederum freier werden und mich mehr auf das Leben einlassen konnte.

Damit eine Affirmation jedoch tatsächlich wirken kann, muss sie sehr genau sein. Die Formel, die ich meinen Schülern und Klienten beibringe, beginnt mit der Einbeziehung der Klarheit des Dritten Auges, damit erkannt wird, welche Haltungsänderung und Affirmation in der jeweiligen Situation die richtige ist. Dass eine Affirmation die richtige ist, erkennst du daran, dass sie die negativen Gedanken und Gefühle im Zusammenhang mit deiner Geisteshaltung oder Situation transformiert.

Vielleicht möchtest du dich auf einen bestimmten Aspekt deiner Persönlichkeit konzentrieren, den du verändern möchtest. Wenn du zum Beispiel findest, dass du nicht so warmherzig bist, wie du gerne wärst, kann dir die Affirmation „Ich bin herzlich“ helfen. Wenn du diese Affirmation ständig wiederholst, merkst du, wie deine Zurückhaltung dahinschmilzt wie Eis in der Sonne, und nach und nach spürst du, wie in dir ein Gefühl der Wärme aufflammt. Oder nehmen wir einmal an, du glaubst, deine Sensibilität mache dich verwundbar. In diesem Fall kannst du dir mit einer Affirmation versichern, dass du sensibel, aber auch stark bist. Mit der Zeit wird sich ein Gefühl emotionaler Stärke und Selbstsicherheit einstellen, ja sogar ein Gefühl körperlicher Vitalität ist möglich. Es ist wirklich bemerkenswert, welche erheblichen Auswirkungen eine einfache Veränderung unserer Geisteshaltung auf alle Aspekte unseres Lebens haben kann.

Inspiration und Affirmation miteinander kombinieren

Du kannst den Prozess der Neukonditionierung sogar noch weiter vorantreiben, indem du Inspiration und Affirmation miteinander verbindest – eine gewinnende Kombination. Als Erstes lasse dich inspirieren, und wenn du ein Gefühl innerer Weite verspürst, dann wiederhole deine Affirmation entweder laut oder still in Gedanken.

Negative Einstellungen können mit der Zeit tiefe Wurzeln schlagen, ganz ähnlich wie ein kleiner Schnitt an der Hand eitern kann, wenn er nicht behandelt wird. Die Kombination aus Inspiration und Affirmation erzeugt eine Kraft der Positivität, die diesen tief verwurzelten Einstellungen entgegenwirkt wie eine Salbe, die den verletzten Bereich beruhigt und allmählich heilt.

Der zusätzliche Schub, den diese Kombination entfaltet, ist besonders dann hilfreich, wenn man die tiefen Ängste und Fehlwahrnehmungen heilen will, die in unserer Seele sitzen und über viele Leben mitgeschleppt werden. Sie plagen uns in den unpassendsten Momenten und haben uns scheinbar fest im Griff. Dies fühlt sich dann an, als seien wir nicht mehr selbst Herr unserer Gedanken, Gefühle und Verhaltensweisen. Wenn wir die Dynamik spüren, dass Ängste und negative Konditionierungen plötzlich und unbeherrschbar Besitz von uns ergreifen, können wir Zuflucht zu Inspiration und Affirmation nehmen.

Meine Geistführer sagen, Inspiration und Affirmation führen uns vor Augen, dass wir Geist und Mensch zugleich sind. Damit helfen sie uns, das kreative Potenzial und die Chancen in unserem Leben zu erkennen, dabei aber dem Drang zu widerstehen, uns von der Theatralik der alltäglichen Ereignisse mitreißen zu lassen. Mit den Jahren habe ich gelernt, mit mehreren Affirmationen zu arbeiten, die in dieser Hinsicht besonders nützlich sind. „Ich bin Geist, der vorübergehend auf der Erde weilt" hilft mir, mich von Gedanken über den Zustand unserer Welt oder auch nur von einfachen Alltagsereignissen wie einem Verkehrsstau oder dem Einkauf in einem vollen, lauten Ladenzentrum nicht überwältigen zu lassen. „Ich bin sensibel *und* stark" hilft mir, im Gleichgewicht zu bleiben und mich weniger verwundbar zu fühlen. „Der Geist macht die Arbeit, und ich bin die Helferin" sowie „Ich trage die volle Verantwortung für meinen Anteil" verhindern, dass ich mich im Übermaß um die Lösung der Probleme anderer sorge oder versuche, es jedem recht zu machen. Wenn du erst einmal anfängst, deine Einstellungen und Muster zu überprüfen, wirst du unweigerlich Affirmationen entdecken, die für deine individuellen Umstände und Lektionen maßgeschneidert sind. Die Möglichkeiten sind unendlich.

Wenn du mit Affirmation und Inspiration arbeitest, kannst du dich immer wieder an das kleine „Zweit-Ich" auf deiner Schulter wenden und im Laufe des Tages genau auf deine Gedanken und Gefühle achten. Wo ist dein Fokus? Wie oft machst du dir Sorgen? Wie häufig lässt du dich inspirieren? Man kann, wie bereits gesagt, unmöglich zugleich angespannt und inspiriert sein. Wenn du dich sorgfältig beobachtest, erkennst du schon bald sehr genau, in welchen Momenten schädliche Gewohnheiten – die oft im Verborgenen operieren – die Führung übernehmen.

Meine Geistführer sagen: „Die Pause zwischen den Ereignissen ist der Moment, in dem die meisten Menschen in Schwierigkeiten geraten." Im Allgemeinen befassen wir uns erst mit Ereignis A, dann mit Ereignis B und so weiter. Aber wie füllen wir den Raum zwischen den Ereignissen? Welche Gedanken hegen wir? Wo ist unser Fokus? Meist sind wir doch so konditioniert, dass wir uns in der Zeit zwischen den Ereignissen Zukunftssorgen machen oder über die Vergangenheit ärgern. Doch je geübter wir darin werden, Inspiration und Affirmation den ganzen Tag über immer wieder zu nutzen, desto leichter fällt es uns mit der Zeit, in den Fluss zu kommen, der mit einer echten Veränderung zur Positivität einhergeht.

Allerdings müssen wir bei der Arbeit mit Affirmation und Inspiration auch etwas Vorsicht walten lassen. Manchmal ist die Inspiration, die wir suchen, oder die Affirmation, die wir sprechen, unpassend – das heißt, nicht im Einklang mit dem, was in einer bestimmten Situation am notwendigsten oder angemessensten ist. Sagen wir einmal, du hast einen anstrengenden Arbeitstag, verlässt deshalb das Büro, fährst ans Meer und suchst Inspiration. Sehr wahrscheinlich wird dich dies tatsächlich inspirieren, und obwohl du dir wohl aufrichtig Inspiration wünschst und diese auch verdient hast, kann es doch sein, dass du genau an dem Ort bleiben musst, an dem du bist – an deinem Arbeitsplatz. Wenn das der Fall ist, suche dir eine andere Inspirationsquelle aus. Du kannst dich etwa auf eine inspirierende Erinnerung konzentrieren, Musik einschalten (wenn das für dich eine Möglichkeit ist) oder dir ein paar Minuten im Freien die Füße vertreten, um dich kurz zu erholen. Bei der Arbeit mit Inspiration und Affirmation müssen wir immer fragen: „Ist gerade diese Inspirationsquelle oder gerade diese Affirmation im Moment für mich die richtige?"

Präzise und zutreffend einschätzen zu können, was unter den jeweiligen Umständen machbar und passend ist, ist einer von vielen Aspekten der Einstimmung auf den Geist. Nutze die Klarheit und Einsicht, die du durch die Fokussierung mit dem Dritten Auge erlangt hast, und bleibe dabei aufgeschlossen für Erkenntnisse durch Meditation. Denke auch stets daran, Geduld mit dir selbst zu haben, wenn du mit diesen Instrumenten arbeitest. Wie bereits zu Anfang gesagt, Einstimmung ist nichts, was wir irgendwann plötzlich erlangt haben und worauf wir dann aufbauen können. Sie erfordert Übung und kontinuierliche Anpassung an die Situationen in unserem Leben, so wie sie jetzt sind und wie sie sich weiterhin entwickeln.

Neuheit

Das Wesen des Lebens ist Veränderung. Kein Tag gleicht dem anderen. Kein Mensch ist Tag für Tag derselbe. Auch die Natur bietet nie zweimal den exakt gleichen Anblick. Dies ist der Sinn des berühmten Ausspruchs des griechischen Philosophen Heraklit: „Kein Mensch steigt zweimal in denselben Fluss, denn es ist nicht mehr derselbe Fluss, und er ist nicht mehr derselbe Mensch." Auch wenn unsere Konditionierung und unsere Gewohnheiten verhindern, dass wir dies erkennen oder so erleben, können wir uns doch darin üben, die Veränderungen wahrzunehmen, die sich in Nuancen ständig in uns und um uns herum vollziehen. Dadurch können wir als Erwachsene das Staunen und die Neugierde wiedererlangen, die wir als Kinder besaßen, und damit das wiederherstellen, was meine Geistführer als „Neuheit" bezeichnen.

Neuheit ist sowohl eine Art der Wahrnehmung als auch eine Einstellung. Dadurch, dass wir Beziehungen, unsere Umstände, materielle Dinge und uns selbst mit neuen Augen sehen, lassen wir vorgefasste Meinungen los und schauen mit größerer Objektivität und Klarheit. Wir erkennen, dass wir an jedem Punkt neu beginnen und zugleich an jedem Punkt weitermachen. Die Evolution kennt kein Ende.

Neuheit hebt uns über das Gewöhnliche hinaus und ermöglicht Wachstum, Veränderung und Potenzialentfaltung. Viele Klientinnen und Klienten sagen mir, wenn sie über Neuheit meditieren, sind sie nicht mehr niedergeschlagen und haben auch nicht mehr das Gefühl festzustecken. Ihre Kreativität kommt in Fluss, denn egal, was in ihrem Leben gerade geschieht, sie spüren, wie sich in ihnen und um sie herum ein starker Strom neuer Möglichkeiten ergießt.

Eine Haltung der Neuheit zu pflegen, fördert zugleich das Wachstum anderer. Wenn wir einem feststehenden Bild von einem anderen Menschen festhalten, verstärken wir auf der energetischen Ebene Muster, die ihn in seinen Ungleichgewichten erstarren lassen. Meine Geistführer sagen, dass es am Ende jedem gelingen wird, seine geistige Natur zu entfalten; wenn wir aber alte, einschränkende Einstellungen gegenüber anderen aufrechterhalten, fördern wir diese Entwicklung nicht. Dieses Prinzip gilt für alle Beziehungen und ist besonders wichtig im Hinblick auf Kinder. So sagte ein Geistführer einmal: „Der größte Fehler, den Eltern machen, besteht darin, das Potenzial ihres Kindes aus den Augen zu verlieren.“ Als meine Tochter große Schwierigkeiten hatte, lesen zu lernen, versank ich oft in Sorge darüber, dass sie kaum Fortschritte machte. Doch in dieser Phase erhielt ich den Rat, mir statt meiner Sorgen lieber ein Bild von meiner Tochter zu machen, wie sie ganz in die Freude am Bücherlesen vertieft ist.

Wenn wir Angst haben, neigen wir dazu, uns negative Bilder zu machen, was das genaue Gegenteil von Unterstützung ist. Neuheit beseitigt gewohnheitsmäßige Negativität und ermöglicht uns, andere, unsere Umwelt und uns selbst mit neuen Augen zu sehen – wie wenn man mit dem Scheibenwischer den Nebel wegwischt, der sich manchmal auf die Frontscheibe eines Autos legt. Wenn wir uns auf Neuheit ausrichten, öffnen wir uns für die Wahrnehmung des Unerwarteten, die wir uns bisher durch unsere Angewohnheit, nur das zu sehen, was uns nicht gefällt, oder umgekehrt, was wir sehen wollen, verwehrt haben.

Eine Haltung der Neuheit zu entwickeln, ist eine einfache, aber äußerst effektive Methode, Muster zu durchbrechen, die uns nicht mehr dienen

– und uns womöglich nie gedient haben. Sie befreit uns davon, das Leben durch die Brille unserer früheren Erfahrungen zu sehen, so dass wir wahrnehmen können, was wirklich vor sich geht. Eine meiner Klientinnen ist zum Beispiel eine Frau, die sich durch mehrere Männer in ihrem Leben verletzt fühlt – durch ihren Vater, ihren Bruder und ihren früheren Mann. Wenn sie an dieser Sicht ihrer Beziehungen festhält, kommt sie zu dem Schluss, dass *alle* Männer emotional gefährlich für sie sind. Wenn sie diese Beziehungen jedoch aus der Sicht der Neuheit betrachtet, kann sie Männer als Individuen sehen, von denen manche grausam, andere hingegen freundlich sind.

In meinen Kursen biete ich zwei einfache Übungen an, die du auch ganz leicht selbst ausprobieren kannst, wenn du die Vorteile der Neuheit erforschen willst. Bei beiden Übungen geht es darum, einen bekannten Aspekt deines Lebens erst so zu visualisieren, wie du ihn üblicherweise siehst, und ihn dir dann aus der Sicht der Neuheit auszumalen.

Stelle dir für die erste Übung vor, dass du gerade nach Hause kommst. Vielleicht fährst du mit dem Auto, gehst zu Fuß von einer Bus- oder Straßenbahnhaltestelle oder bist sogar mit dem Fahrrad unterwegs. Betrachte dein Zuhause beim Näherkommen so, wie du es immer siehst. Dann stelle dir vor, dass du noch einmal darauf zugehst, und sage dir dieses Mal: „Ich bin erfüllt von Neuheit und sehe mein Zuhause ganz neu." Diese Übung klingt vielleicht viel zu einfach, als dass sie Wirkung haben könnte, aber sie zeigt, dass unsere Wahrnehmung auf unserer Geisteshaltung beruht und sich von einem Augenblick zum anderen verändern kann. Lasse dir Zeit und wiederhole die Affirmation so oft, bis du einen echten Perspektivenwechsel bemerkst. Besteht ein Unterschied zwischen dem, wie du dein Zuhause normalerweise siehst und wie du es jetzt mit der Einstellung der Neuheit betrachtest?

Wenn es dir so geht wie vielen meiner Schülerinnen und Schüler, dann siehst du bei der ersten Visualisierung wahrscheinlich Probleme – Einzelheiten, die falsch erscheinen, geputzt oder repariert werden müssen. Diese Dinge bedrücken oder ärgern dich womöglich. Wenn du dein Zuhause dann beim zweiten Mal mit neuen Augen siehst, erhältst du wahrscheinlich ein vollständigeres Bild. Die Dinge, die angepackt, geputzt oder repariert werden müssen, sind Teil eines größeren Ganzen, zu dem auch Freude und Wertschätzung gehören. Aus dem Blickwinkel der Neuheit siehst du dein Zuhause wahrscheinlich klarer. Du empfindest vielleicht mehr Dankbarkeit, ohne zu leugnen, dass es noch das eine oder andere zu tun gibt. Vielleicht erkennst du aber auch, dass es Zeit zum Umziehen ist!

Bei der zweiten Übung betrachte eine Beziehung zu jemandem: Liebespartner, Familienmitglied, Freundin oder Freund. Schaue dir vor deinem inneren Auge an, wie du die Beziehung üblicherweise betrachtest. Dann betrachte sie mit der Haltung der Neuheit und schaue, ob es einen Unterschied gibt. Wenn es dir so geht wie meinen Schülern, wirst du auch hier wieder eine emotionale Veränderung und einen Perspektivenwechsel wahrnehmen. Wenn meine Kursteilnehmer eine Beziehung durch die gewohnte Brille betrachten, sehen sie tendenziell zunächst Rückschläge und Schwierigkeiten und fixieren sich auf Bereiche, in denen es nicht gut läuft. Neuheit weitet ihren Blick, und sie vermögen Schwierigkeiten als Herausforderungen zu sehen, die zu positiven Veränderungen führen können, wenn sie kreativ gelöst werden. Ihre Sicht erfährt oft gewisse Korrekturen. Jemand mit vielen Unzulänglichkeiten wird nun als ein Mensch gesehen, der Potenziale und Eigenschaften hat, die noch zu entdecken sind. Was geschlossen war, wird offen. Wo einst nur Kritik war, sind nun auch Wertschätzung und größere Klarheit, wie es weitergehen soll – das heißt, ob man weiterhin an der Lösung der Probleme arbeiten oder die Beziehung loslassen und nach vorne schauen will.

Du wirst merken, dass ein Perspektivenwechsel auch dann eintritt, wenn du dich *selbst* mit Neuheit betrachtest. Eine Kursteilnehmerin bemerkte einmal, wenn sie sich so betrachte, wie sie sich normalerweise sieht, dann sähe sie „immer dieselbe, immer dieselbe“ und käme sich „irgendwie dicht und schwergewichtig“ vor. Wenn sie sich aber betrachte, während sie die Affirmation spreche „Ich bin erfüllt von Neuheit und sehe mich ganz neu“, dann fühle sie sich „frei“, als ob sie „Flügel habe“. Tatsächlich verwenden eine ganze Reihe meiner Schülerinnen und Schüler Begriffe, die mit Leichtigkeit zu tun haben, wenn sie beschreiben, welchen Unterschied sie erleben, wenn sie von ihrer üblichen Sicht zur Haltung der Neuheit überwechseln. So berichtete einer meiner Kursteilnehmer: „Wenn ich mein ‚normales‘ Ich betrachtet habe, kam es mir so vor, als hätte ich Gewichte auf Augenlidern und Wangen.“ Wenn er sich jedoch aus der Perspektive der Neuheit sieht, verschwinden diese Gewichte.

Dabei muss man sich unbedingt vor Augen halten, dass die Einstellung der Neuheit die Dinge nicht unbedingt in einem „besseren", sondern vielmehr in einem zutreffenderen Licht erscheinen lässt. Als ich mich zum Beispiel neulich mit normalen Augen im Spiegel betrachtet habe, fühlte ich mich leistungsfähig, voll innerer Weite und produktiv – offenbar alles gute Eigenschaften. Als ich mir jedoch sagte, ich sei erfüllt von Neuheit, fiel mir auf, dass ich nach einer gerade überstandenen Kopfgrippe doch noch nicht wieder ganz auf den Beinen war und daher langsamer machen, für mich sorgen und meine Grenzen akzeptieren musste. Die Sicht aus dem Blickwinkel der Neuheit beseitigt unsere verzerrten Wahrnehmungen, ganz gleich, ob wir durch sie nur unsere Schwächen oder ausschließlich unseren unbegrenzten Geist sehen. Die Perspektive der Neuheit bietet ein vollständigeres Bild.

Neuheit hat viele unkomplizierte, praktische Anwendungsmöglichkeiten. Zum Beispiel habe ich einmal einer Klientin geholfen, ihren vollgestopften Kleiderschrank aufzuräumen. Als wir alles aus dem Schrank herausgeholt und ausgebreitet hatten, stellte sie überrascht fest, wie viel sie doppelt besaß. Schnell wurde ihr klar, dass sie nicht nur Geld verschwendete, wenn sie Kleidung kaufte, die sie gar nicht brauchte, sondern dass hinter ihrem Verhalten der Wunsch nach dem Gefühl der Neuheit steckte. Neue Kleidung kann ein vorübergehendes Gefühl des Neuseins und damit einhergehend ein Hochgefühl fördern. Doch als meine Klientin ihre Kleider aus der Perspektive der Neuheit betrachtete, konnte sie sie gut aussortieren. Sie behielt nur die Teile, die ihr frisch und attraktiv erschienen. Vor meinen Augen stellte sie in einem wahren Ausbruch von Kreativität eine ganze Reihe neuer Outfits zusammen – so konnte sie die Haltung der Neuheit wesentlich durchdachter und anhaltender erleben.

Neuheit kann auch eine ganz gewöhnliche Tätigkeit beleben, zum Beispiel den Lebensmitteleinkauf. Ich für meinen Fall lese gerne Kochbücher, um mich auf eine Haltung der Neuheit einzustimmen und kreative Ideen zu entdecken. Wenn ich dann einkaufen gehe, sehe ich unterschiedliche Möglichkeiten, bekannte Gerichte zuzubereiten, und statt der üblichen Zutaten zeigen sich dem frischen Blick verlockende neue Möglichkeiten: An einem Abend vielleicht Asiatisch, am nächsten Italienisch; oder Prinzessböhnchen im Frühjahr, frische Tomaten in der Sommerhitze und Schmorgemüse im Winter.

Weil Neuheit ziemlich befreiend wirkt, unterstützt die Entwicklung dieser Haltung unseren Mut und unsere Abenteuerlust. So kannst du jederzeit den Beruf wechseln oder etwas Neues erlernen, zum Beispiel ein unbekanntes Instrument spielen oder, wie eine sehr liebe Freundin von mir, mit über siebzig zum ersten Mal als Schauspielerin auf der Bühne stehen. Wenn wir Neuheit akzeptieren, lösen wir uns völlig unabhängig von Alter oder Lebensphase aus einem eingeschränkten Blickwinkel und lassen uns für lebenslanges Lernen und Entwicklung begeistern.

Situationen aus der Sicht der Neuheit zu betrachten, kann uns auch helfen, den Konditionierungen der Konsumgesellschaft und ihren Heilsversprechen zu widerstehen, wonach glücklich wird, wer immer „das Neueste und Tollste" kauft. Viele Menschen verfangen sich in der ständigen Suche nach dem Hochgefühl der Neuheit – eine neue Beziehung, neue Kleidung, ein neues Auto, eine neuer Job und so weiter – doch die Suche nach Neuheit in äußeren Dingen führt oft zu unklugen Entscheidungen. Die Klarheit, die wir gewinnen, wenn wir eine echte Sicht aus der Perspektive der Neuheit entwickeln, kann uns vor dieser Enttäuschung und Unzufriedenheit bewahren. Sie durchtrennt kulturelle Konditionierungen und bietet klare Erkenntnis darüber, ob ein großzügigerer Umgang mit den Situationen und Menschen in unserem Leben unserer Entwicklung am besten dienen würde oder ob wir uns lieber nach neuen oder anderen Umständen umsehen sollten.

Wenn du dich zum Beispiel in einer schwierigen Beziehung befindest und dich auf Neuheit konzentrierst, könnte dir deine erweiterte Wahrnehmung durchaus sagen, dass du bleiben sollst, weil die Beziehung sich verändert. In einer anderen Situation lautet die Botschaft vielleicht, dass eine Veränderung deiner Umstände erforderlich ist. Jede Situation ist anders, und die Wahrnehmung aus der Sicht der Neuheit kann kluge Entscheidungen offenbaren, die dir und allen anderen Beteiligten dienen.

Wichtig ist auch, sich vor Augen zu führen, dass das unmittelbare Erleben von Neuheit uns manchmal in die Irre führen kann. Wenn wir zum Beispiel jemandem zum ersten Mal begegnen, verspüren wir oft einen Schwall der Begeisterung über die potenzielle Chance, uns mit einer neuen Freundin, einem neuen Partner oder Gefährten zu verbinden. Am Anfang einer Beziehung zeigen sich die Menschen normalerweise von ihrer besten Seite, doch mit der Zeit werden persönliche Schwächen deutlich – manchmal auf beiden Seiten – und im weiteren Verlauf entsteht ein Ungleichgewicht, verbunden mit Enttäuschung und Frustration. So können aus Menschen, die sich zunächst sehr gefreut haben, einander kennenzulernen, erbitterte Feinde werden.

Jeder hat Stärken und Schwächen. Meine Geistführer sagen, Klarheit schützt uns vor der Enttäuschung, die sich einstellt, wenn wir merken, dass der andere nicht perfekt ist. Die Haltung der Neuheit löst Erwartungen und vorgefasste Meinungen auf, wodurch es wahrscheinlicher wird, dass wir jeden gegenwärtigen Augenblick mit größerer Klarheit sehen. Diese Klarheit ermöglicht uns, gleich zu Beginn einer Beziehung unsere eigenen Stärken und Schwächen und die unseres Gegenübers zu sehen und anzuerkennen, oder zumindest die Möglichkeit zu akzeptieren, dass sich Schwächen zeigen werden. Dann ist es kein Schock, wenn bestimmte Fehler und Verwundbarkeiten zum Vorschein kommen – und das werden sie mit Sicherheit, denn wir sind alle Menschen, und wir sind alle Lernende.

Schließlich ist Neuheit ein wirkungsvolles Instrument, um unsere eigene Entwicklung voranzutreiben und auch Wachstum und Entwicklung anderer zu fördern. Meine Geistführer sagen: „Wenn du Neuheit bejahst, bejahst du den Schöpfungsprozess. Neuheit ist der Veränderungsprozess. Sie ist der Evolutionsprozess. Die Bejahung der Neuheit bedeutet den Schritt aus der Begrenzung menschlicher Konditionierung hinein in die wahre geistige Identität des Selbst – die Teilhabe am Schöpfungsprozess des Menschen. Dies verhindert, dass die Blockaden dein Wachstum und das anderer bremsen; denn aus dem Blickwinkel der Neuheit rückst du die Lebensumstände in die richtige Perspektive, und allein dies bewirkt Befreiung – Befreiung vom Druck des Unwissens, Befreiung von der Erschöpfung, Befreiung von Urteil und Gericht. Unterschätze nicht die Macht des Bewusstseins, dein Erleben und das der Menschen in deiner Umgebung zu verändern. Neuheit öffnet dich für Kraft und Potenzial. Sie ist eine ganz einfache Idee, welche die Offenbarung auslöst, dass wir im Fluss der unendlichen Schöpferkraft des Lebens sind."

KAPITEL SIEBEN

Fragen und Zuhören

Alles ist bewusst und kommuniziert.

Während meiner gesamten Ausbildung und in den vielen Jahren, in denen ich nun schon zusammen mit meinen Geistführern lehre, haben sie immer betont, dass Geist, der Wesenskern allen Lebens, stets bewusst ist und kommuniziert. Mit dieser Versicherung ging die Botschaft einher, dass es möglich ist, mit dem Geist in vielerlei Form in Dialog zu treten: Mit der Einheit, dem Geist, der alles Leben durchdringt; mit dem Geist im Wesenskern eines bestimmten Menschen; und mit ätherischen Wesen wie Geistführern und Lehrern, die sich in den geistigen Welten aufhalten. Die Kommunikation auf geistiger Ebene kennt zahllose praktische Anwendungsmöglichkeiten.

Zum Beispiel musste ich, als mein Sohn in das Alter kam, in dem er auf eine weiterführende Schule wechseln sollte, entscheiden, ob er die staatliche Mittelschule am Ort oder die private Mittelschule besuchen sollte, an der seine Schwester war. Ich dachte an den Rat meiner Geistführer, vor allen wichtigen elterlichen Entscheidungen den Wesenskern meiner Kinder zu befragen und auf ihn zu hören. Mir kam die Frage eigentlich leicht lösbar vor. Die Privatschule hatte kleinere Klassen und ein schönes, großzügig ausgestattetes Schulgelände; außerdem wäre es für mich auch einfacher, wenn beide Kinder in derselben Schule wären. Rational betrachtet, war die Entscheidung für die Privatschule sinnvoll. Doch mir war beigebracht worden, keine Vermutungen anzustellen, sondern zu fragen und zuzuhören.

Also meditierte ich, fokussierte mit dem Dritten Auge und sandte mein Bewusstsein zu einem Bild meines Sohnes aus. Ich erweiterte meine Wahrnehmung bis in seinen Wesenskern hinein. Als ich ein alles durchdringendes, weit machendes Gefühl des Friedens und der Liebe verspürte, wusste ich, dass ich seinen Geist erreicht hatte. Dann fragte ich: „Welche Schule wäre in deinem besten Interesse, die staatliche oder die private?" Es dauerte nicht lange, bis lautstark die Antwort zu vernehmen war: „Die staatliche Schule!" Ich war so überrascht, dass ich noch einmal fragen musste, und wieder hörte ich: „Die staatliche Schule!" Mit einem Seufzer fand ich mich damit ab, diese Antwort umsetzen zu müssen, weil ich mich ja zur Einstimmung auf den Geist verpflichtet hatte. Aber nachvollziehen konnte ich sie eindeutig nicht.

Damals hatte ich keine Ahnung, warum die staatliche Schule die bessere Wahl sein sollte. Neugierig, wie sich die Dinge entwickeln würden, schickte ich meinen Sohn in die überfüllte, laute Mittelschule. Das Feedback des Lebens ließ auf sich warten. Es sollten ein paar Jahre vergehen, doch dann boten die regionale Junior Highschool, also seine Schule, und die Senior Highschool, an die er später wechseln sollte, Chinesisch-Unterricht an. Mein Sohn belegte das Wahlfach sofort; schon als kleines Kind hatten alle seine Lieblingsbücher in China gespielt. Das Verblüffendste an dieser Geschichte ist, dass wir damals zwar in einer Universitätsstadt mit vielen elitären Privatschulen wohnten, keine einzige aber Chinesisch-Unterricht anbot. Die staatliche Schule in unserer Region war die erste. Wenn mein Sohn dieselbe Privatschule besucht hätte wie seine Schwester, was mein Verstand für die bessere Entscheidung gehalten hatte, hätte er an der Highschool nicht Mandarin lernen können. Die Weisheit seines Geistes verschaffte ihm den Vorteil, früh die Richtung einschlagen zu können, die später für seine berufliche Laufbahn die richtige war – heute arbeitet er in China – und sie ebnete ihm den Weg für ein erfolgreiches Studium.

Manchmal greift das Leben allerdings auch von sich aus ein, um für die richtige Orientierung und die passenden Chancen zu sorgen. Als mein Bruder sich an Universitäten bewarb, suchte er sich nur Hochschulen der elitären Ivy League aus, zum einen, weil er sich die geforderten wissenschaftlichen Leistungen zutraute, zum anderen aber auch, weil er wusste, dass meinem Vater das Prestige wichtig war. Als er eine Absage nach der anderen erhielt, war er schockiert und bestürzt, denn offenbar waren ihm alle Wege versperrt. Daraufhin schlug ein Nachbar seine Alma Mater, das Oberlin College, vor, mein Bruder bewarb sich sofort und wurde angenommen. Das große musikalische Angebot und das Konservatorium am Oberlin haben ihn stark beeinflusst und letztendlich dazu geführt, dass er sich entschloss, Musiker zu werden – eine Entscheidung, die exakt zu seinem geistigen Schwerpunkt passt. Im Falle meines Bruders hat das Leben auf seinen Geist gehört, auch wenn er selbst sich von den Meinungen anderer hatte ablenken lassen.

Die Kommunikation mit dem Geist in deinem Kind, deiner Frau oder deinem Mann, einem Partner oder einer Freundin – und natürlich mit deinem eigenen Geist – kann dir Orientierung geben, wie du eure Beziehung so aufrechterhalten kannst, dass es euch beiden am besten dient. Einmal sagte mir ein Geistführer: „Du versucht so angestrengt, fair zu sein und auf andere zu hören. Lass es bleiben. Sei diejenige, die voll und ganz auf den Geist hört." Dieser profunde Rat ist in der Praxis äußerst sinnvoll. Warum sollten wir uns an der Verwirrung anderer auf der Ebene ihrer Persönlichkeit orientieren, wenn ihr erleuchtetes Selbst sehr viel klüger ist?

Selbstverständlich ist die Fähigkeit, das Geplapper in unserem Hirn zur Ruhe zu bringen, die Voraussetzung dafür, dass wir auf der Ebene des Geistes kommunizieren können. Ich bezeichne diesen Prozess als „Fragen und Zuhören". Wenn wir unsere Gedanken zum Schweigen bringen und dies mit tiefem Fokussieren verbinden können, dann wird es möglich, dass dieser Dialog einsetzen kann.

Eine ungewöhnliche Einführung

Wenn ich Fragen und Zuhören lehre, beginne ich mit einer ungewöhnlichen Übung. Ich lade meine Schülerinnen und Schüler ein, sich in Meditation zu begeben und um ein „gehaltvolles Wort" zu bitten, ein Wort, das einen Charakter oder eine Eigenschaft bezeichnet, etwa *Harmonie*, *Geduld* oder *Mitgefühl*, um nur drei Beispiele zu nennen. Ich lasse sie wissen, dass das Wort, das sie erhalten, einen Monat lang ihr Guru sein wird. Dies ist eine Hinführung zum Fragen und Zuhören, eine Grundlage dafür, unterscheiden zu lernen zwischen dem *Pling* des Exakten und dem *Plopp* des Falschen, wie meine Geistführer sagen. Wenn eine Antwort exakt ist, „läuten“ darin Klarheit und Wahrheit auf: das *Pling*. Ist eine Antwort unrichtig, klingt sie dumpf und eng statt weit: ein *Plopp*.

Bei dieser Übung kommen die Worte in unterschiedlicher Form. Manche vernehmen ein hörbares Wort, andere erhalten ein Wort in Gedanken, wieder andere sehen ein geschriebenes Wort vor ihrem geistigen Auge. Ich bitte die Teilnehmenden, sorgfältig darauf zu achten, ob sie ein gehaltvolles Wort tatsächlich empfangen oder absichtlich suchen. Für diese Übung ist es von ausschlaggebender Bedeutung, dass die Fähigkeit entwickelt wird, zwischen einem Wort, das aus der Fantasie kommt, und einem Wort, das von einer tieferen Erkenntnisquelle geschenkt wird, zu unterscheiden. Unsere Fantasie ist eine großartige Quelle der Kreativität, doch beim Fragen und Zuhören wollen wir eine Antwort empfangen und nicht erfinden oder uns ausdenken.

Um den Unterschied kennenzulernen, versuche es zunächst mit einer anderen Übung. Schließe die Augen und erinnere dich daran, wie dein Schlafzimmer aussieht. Welche Farbe hat die Bettdecke oder Wolldecke? Hängt Kunst an den Wänden? Welche Beleuchtung wird verwendet, Tischlampen oder Bodenlampen? Dann dekoriere um: Verrücke die Möbel und verändere die Farbgebung. Nimm wahr, dass der Einsatz deiner kreativen Vorstellungskraft ein aktiver Prozess ist, genau als ob man sich bewusst ein Wort ausdenkt, wohingegen bloßes Erinnern sich ganz ruhig anfühlt – und gerade so sollte sich das Empfangen eines gehaltvollen Wortes anfühlen.

Als ich die Übung mit der Bitte um ein gehaltvolles Wort einmal in einem Kurs unterrichtet habe, sagte eine Frau, sie sei sich sicher, ihr gehaltvolles Wort sei Geduld, denn davon könnte sie jede Menge gebrauchen. Doch als sie dann tatsächlich meditierte, fragte und zuhörte, vernahm sie ganz deutlich das Wort *Harmonie*. Ihr wurde klar, wenn sie sich selbst das Wort *Geduld* vorsagte, dann versuchte sie, die Erfahrung der Geduld aktiv herbeizuführen, ohne sie aber wirklich spüren zu können. Wenn sie sich hingegen auf das Wort *Harmonie* konzentrierte, verspürte sie auch ohne große Mühe Geduld. Die Antwort, die sie in der Stille erhalten hatte, war hilfreicher als das Wort, das sie vermutet hatte.

Der Geistführer, der mit mir zusammen unterrichtet – der Philosoph, dessen vorangegangene Inkarnation sich im 19. Jahrhundert in England abgespielt hatte – weist stets nachdrücklich darauf hin, welch starken Einfluss Worte ausüben. Oft bittet er meine Kursteilnehmer, vor dem eigentlichen Beginn des Abends über den Sinn eines bestimmten Wortes zu meditieren. Er betont, dass unpräzise Definitionen zu verworrenen Einstellungen und diese wiederum zu unangemessenem Verhalten führen. So definieren meine Geistführer zum Beispiel *Mitgefühl* als eine Kombination aus Liebe und Verständnis, *Mitleid* hingegen als Übernahme und Überidentifikation mit den Gefühlen anderer. Sie plädieren für Mitgefühl statt Mitleid. Mitleid, so erklären sie, zieht uns ins das Mitleiden mit anderen hinein, was letzten Endes weniger hilfreich ist als das objektivere Mitgefühl.

Als ich zum ersten Mal durch Fragen und Zuhören um ein gehaltvolles Wort bat, lautete mein Wort *Weisheit*. Ich wurde angeleitet, tief in mich hineinzuhören und bei jeder anstehenden Entscheidung die *Weisheit* um Erkenntnis zu bitten. Damals war mein Leben ziemlich schwierig, denn ich jonglierte mit den Regelungen im Zuge meiner Scheidung, der Erziehung zweier kleiner Kinder und dem Aufbau meiner beruflichen Zukunft. Da konnte ich die Hilfe der Weisheit ganz sicher gebrauchen. In dem Monat, in dem das Wort *Weisheit* mein Lehrer war, kamen die Antworten auf meine Fragen und Anliegen in unterschiedlicher Form: Eindrücke, Worte und Bilder zeigten mir, wann es Zeit zum Abendessen war, ob ich ans Telefon gehen sollte, ob ich meinen Kindern vor dem Schlafengehen bereits genug vorgelesen hatte – ja sogar, wie ich mit meinem Geld umgehen sollte. Keine Angelegenheit war zu groß oder zu klein, als dass ich *Weisheit* nicht danach hätte befragen können. Ich lernte, den ganzen Tag über immer wieder innezuhalten, um zu fragen und zuzuhören.

Ich bitte immer noch um gehaltvolle Worte. Gerade erst neulich habe ich beim Abwaschen des Frühstücksgeschirrs um ein solches Wort gebeten, das mir im kommenden Monat helfen sollte; und das Wort, das mir von dicht über meiner rechten Schulter aus ins Bewusstsein strömte, lautete *Gelassenheit*. Ich fragte Gelassenheit, was sie mich lehren könne. In Gedanken hörte ich, das Entscheidende sei, dass ich meine Kräfte gut einteilte und es mir zur Priorität machte, meine innere Ruhe zu bewahren, egal, was passiert. Ich hatte nicht damit gerechnet, dass *Gelassenheit* mein Wort werden würde, doch bei näherem Nachdenken war es genau das

Richtige. Angesichts meiner ellenlangen täglichen To-do-Listen war Ruhe bewahren und Kräfte einteilen genau das, was ich nicht vergessen durfte.

Versuche es auch selbst einmal. Bitte in der Meditation um ein gehaltvolles Wort. Gehe nicht analytisch an diese Übung heran und überlege: „Welches Wort könnte zu mir passen?" Bitte vielmehr darum, dass ein Wort zu dir kommen möge, und höre tief in dich hinein. Es ist effektiver, wenn zunächst nichts kommt und du übst, tief in dich hineinzuhören, als dir absichtlich ein Wort auszudenken. Stelle vorgefasste Meinungen zurück. Das Wort, das kommt, birgt Eigenschaften, die für dich in dem Moment, in dem du fragst, besonders wichtig sind, und geht mit einem Gefühl der Weite, Klarheit und Resonanz einher. Es kann sein, dass dein Wort wie ein Vulkan aus dir herausbricht; vielleicht schwebt es aber auch nur sanft in dein Bewusstsein oder erscheint schriftlich vor deinem inneren Auge. Wenn das Wort, das du empfängst, das richtige ist, schwingt es im Einklang mit dem Geist, wie eine Stimmgabel. Ein Wort, das auf den Geist eingestimmt ist, macht *pling*; ein Wort, das nicht auf den Geist eingestimmt ist, macht *plopp*. Höre tief in dich hinein und erkenne den Unterschied zwischen dem *Pling* der Wahrheit und dem *Plopp* des Falschen. Wenn das Wort das Richtige ist, bringt es dir die Schwingung, die du brauchst, um zu heilen und ganz zu werden.

Wenn du dein Wort erhältst, schließe Freundschaft mit ihm; entwickle eine Beziehung und einen fortwährenden Dialog. Du kannst es fragen: „Was kannst du mich lehren?" Eine Zeit lang – das können Tage oder mehrere Wochen sein – kann dir das Wort als eine Art Tutor oder Freund dienen, der immer für dich da ist. Durch Fragen und Zuhören kannst du jederzeit, überall und über jedes Thema mit deinem Wort sprechen. Halte im Laufes des Tages einfach immer einmal wieder inne, frage und höre zu. Lasse dir von deinem Wort Orientierung, Erkenntnis und Trost spenden.

Der Intellekt darf draußen bleiben

Fragen und Zuhören ist kein analytischer oder intellektueller Prozess; es ist eine interaktive Meditation. Die Meditation bringt den Geist zur Ruhe, damit Zuhören überhaupt möglich wird. Den Geist zur Ruhe zu bringen, schafft eine innere Umgebung, die es uns ermöglicht, die gewünschte

Orientierung oder das erbetene Wissen zu erhalten. In meinen Kursen und aus eigener Erfahrung habe ich festgestellt, dass die Menschen, die die größten Schwierigkeiten mit diesem Prozess haben, die mit dem schärfsten analytischen Verstand sind. Deshalb denken sie sehr lange nach, statt eine Wahrnehmung ganz ohne das Geplapper im Hirn zu erleben. Dass man sich aus lauter Gewohnheit auf die analytischen Kräfte des Verstandes verlässt, ist verständlich. Die meisten haben Jahre formeller Bildung hinter sich, in der Wert darauf gelegt wurde, dass Probleme mit Vernunft und Logik gelöst, Tatsache und Meinung auseinandergehalten oder neue Ideen entwickelt werden. Wenn wir uns aber allein auf die Analyse verlassen, betrügen wir uns selbst, weil wir uns von anderen potenziellen Erkenntnis- und Informationsquellen abschneiden. Fragen und Zuhören bieten uns die Chance, vorgefasste Meinungen zu umgehen und Zugang zu einem Wissen zu erlangen, das alle Daten, die mit herkömmlichen Mitteln zu gewinnen sind, übersteigt.

Mein Vater begann ein wissenschaftliches Forschungsprojekt oft, indem er sich ins Bett legte und klassische Musik hörte. Er erklärte mir einmal, er habe aus purem Zufall entdeckt, dass dies ihn für die besten Ideen öffnete. Er war fest davon überzeugt, dass die Gedanken *zu ihm* und nicht *von ihm* kamen, nur über ihren Ursprung war er sich nicht sicher. Nach diesen Sitzungen ging er in die Bibliothek und recherchierte, wie er die Erkenntnisse beweisen konnte, die ihm blitzartig gekommen waren.

Wenn wir in die Geschichte schauen, können wir erkennen, dass viele Erfindungen, kreative Ideen und Erkenntnisse auf völlig anderen Wegen gekommen sind als durch intellektuelle Analyse. Dem Nobelpreisträger Otto Loewi war die Idee zur Entdeckung der chemischen Übertragung der Nervenimpulse in einem Traum gekommen. Auch die Melodie zu dem Beatles-Song „Yesterday" kam Paul McCartney in einem Traum. Mein Bruder, der Musiker, sprach oft über den Unterschied zwischen Stücken, an deren Komposition er bewusst arbeitete, und solchen, die „durch ihn" kamen.

Außerdem wissen wir aus der Alltagserfahrung, dass Menschen aus allen Lebensbereichen sagen, sie hätten eine „Vorahnung" – ein Wissen, das wie aus dem Nichts über sie zu kommen scheint. Wenn wir jedoch die Meditation dazu nutzen, bewusst zu fragen und zuzuhören, müssen wir nicht darauf *hoffen*, dass eine Antwort kommt. Wir können sie anstreben und entwickeln, unsere Gedanken im Zaum halten und dabei zugleich offen und empfänglich für Erkenntnisse bleiben – eine Fähigkeit, die meine Geistführer als „tiefes Zuhören" bezeichnen.

Zuhören und Intuition

Im Allgemeinen wird der Begriff Intuition zur Beschreibung eines tiefen Gefühls oder Wissens verwendet, das von jenseits der Grenzen des rationalen oder analytischen Verstandes kommt. Meine Geistführer haben mir jedoch erklärt, dass dieser Begriff zu weit gefasst ist, denn er gilt für Kenntnisse oder Überzeugungen, die aus vielen verschiedenen Quellen stammen können. Sie betonen, es sei wichtig, dass wir die Quelle unserer erhaltenen Informationen kennen, damit wir feststellen können, wie genau sie sind. Wenn wir uns nicht die Mühe machen, feine, aber wichtige Unterscheidungen zu treffen, können schwerwiegende Missverständnisse entstehen.

Zum Beispiel sagte mir eine Klientin in einer Einzelsitzung einmal, sie habe ganz stark das Gefühl, sie solle die pubertäre Tochter einer Freundin zu sich nehmen. Sie glaubte, dieses Gefühl müsse von ihrer „Intuition" kommen, die ihr damit eine Botschaft geistiger Führung zuteil werden lassen wolle. Im Verlauf der gemeinsamen Arbeit bat ich sie, mithilfe ihres Dritten Auges festzustellen, aus welcher Richtung ihr Gefühl kommt, sowie anschließend frühere Erkenntnisse, die das Leben als zutreffend bestätigt hatte, und das Fazit, zu dem sie hinsichtlich der Tochter ihrer Freundin gekommen war, miteinander zu vergleichen. Nach genauerem Hinsehen wurde ihr ihre Verwirrung klar. Sie hatte keine Botschaft erhalten, die ihr geistige Orientierung bot, sondern vielmehr den Wunsch der jungen Frau aufgeschnappt, die von ihrer emotional schwierigen Mutter weg wollte. Diese Klarheit half meiner Klientin zu erkennen, dass es nicht angemessen war, wenn sie die elterliche Funktion für das Mädchen übernahm.

Die feinsinnige Sprache des Geistes zu erlernen, ist nicht einfach, weshalb ich das Wort *Wahrheit* vermeide. Es kann sehr schwierig sein zu erkennen, was wahr ist. Ich bevorzuge stattdessen das Wort Überzeugung, weil Überzeugungen nicht feststehen, sondern sich mit wachsendem und sich vertiefendem Bewusstsein weiterentwickeln. Als es zum Beispiel an der

Zeit war, mein erstes Haus am Immobilienmarkt zu platzierten, meditierte ich und bat um Hilfe, welche Preisvorstellung ich angeben sollte. Klar und deutlich hörte ich: „Dein Haus wird für sechzig drei weggehen." Ich nahm an, dass damit dreiundsechzigtausend Dollar gemeint waren (eine Summe die zeigt, dass dies wirklich sehr lange her ist!). Daher nannte ich dreiundsechzigtausend Dollar als Listenpreis. Als wir ein Angebot über sechzigtausend Dollar erhielten, ließ ich mich nicht darauf ein. Mein Geistführer hatte sechzig drei gesagt, also mussten es die auch sein! Daraufhin beschloss der Käufer, die Finger davon zu lassen. Schließlich sagte ich mir: „Okay, ich glaube, ich werde nachgeben, um den Verkauf nicht zu gefährden." Am Ende wurde das Haus für sechzigtausenddreihundert Dollar verkauft – sechzig drei. Meine Geistführer hatten mir damit zwei wichtige Dinge beigebracht: Man kann hören, aber nicht zuhören, und eine Überzeugung sollte immer auch mit Offenheit gepaart sein.

Woher wissen wir, dass wir wissen?

Die Übung mit der Bitte um ein gehaltvolles Wort dient, wie bereits gesagt, nicht nur als Einführung in den interaktiven Prozess des Fragens und Zuhörens in einem meditativen Zustand, sondern vor allem auch als Möglichkeit, zwischen Richtigkeit und Unrichtigkeit zu unterscheiden, zwischen *Plings* und *Plopps.*

Dieser Unterschied fiel mir zum ersten Mal vor über vierzig Jahren auf, als mein früherer Mann und ich zu einer Einladung zum Abendessen fuhren und überlegten, wann wir uns kennengelernt hatten. Plötzlich kam mir ganz deutlich der Gedanke: „Du überlegst, weil du bei diesem Abendessen jemandem aus deiner Vergangenheit begegnen wirst." Ich merkte mir den Gedanken, weil ich neugierig war, ob er sich tatsächlich bewahrheiten würde. Als wir ankamen, war niemand da, der zu dieser Beschreibung gepasst hätte, und enttäuscht beschlichen mich erste Zweifel, wie zutreffend diese Botschaft wohl war. Doch nach etwa einer Stunde klopfte es plötzlich an der Tür, und es kam ein Mann herein, den wir vor vielen Jahren kennengelernt hatten. Den ganzen weiteren Abend über unterhielten wir uns über unsere gemeinsame Vergangenheit.

Mir wurde klar, dass diese Bestätigung eine Lernchance war. Wieder zu Hause, rief ich mir deshalb die ganze Episode noch einmal sorgfältig ins Gedächtnis, um meine Fähigkeit, genau zu erkennen, welche Eigenschaften mit Richtigkeit verbunden sind, zu schärfen, damit ich in Zukunft sicherer und zuverlässiger beurteilen konnte, ob etwas richtig ist. Ich entdeckte, dass die Nachricht von einer Stelle über meiner rechten Schulter zu mir gekommen und mit einem warmen Gefühl innerer Weite verbunden gewesen war.

Seit jenem Abend überprüfe ich ähnlich ungewöhnliche Vorfälle sehr genau. Wenn ich mir bei bestimmten Erlebnissen oder Botschaften unsicher bin, lege ich sie gedanklich in ein Regal, und dort bleiben sie, bis sie sich bestätigt haben. Manchmal bleiben Informationen, die ich in einer Vision oder durch eine geistige Kommunikation erhalten habe, jahrelang in meinem Regal liegen, bis sie sich bestätigen. In anderen Fällen hingegen erweisen sie sich schlicht als falsch.

Zwischen Richtigkeit und Unrichtigkeit unterscheiden zu lernen, ist für die Einstimmung auf den Geist von ausschlaggebender Bedeutung. Woher sollen wir sonst wissen, dass wir wissen? Wenn wir anfangen, mit Fragen und Zuhören zu arbeiten, dann stellt sich durchaus nicht immer gleich die erwünschte Klarheit ein. In vieler Hinsicht erinnert mich der Prozess an die russischen Matrjoschka-Holzpuppen. Öffnet man die erste Puppe, so kommt in ihr eine kleinere zum Vorschein und in dieser eine noch kleinere und immer so weiter. Ähnlich erhalten wir auch beim Fragen und Zuhören eine Antwort, aus der sich eine weitere Frage ergibt – was eine Folge von Fragen und Antworten auslöst, die uns zu einem immer tieferen Verständnis führt.

Mit Zeit und Übung werden Empfänglichkeit und Urteilsvermögen besser. Wenn ich heute einem Gespräch zuhöre, kann ich oft schon an der Schwingungsresonanz der Worte des Sprechenden erkennen, ob er klar oder verwirrt ist und ob er ehrlich zu sich selbst ist oder sich etwas vormacht. Zum Beispiel habe ich einmal als Mediatorin zwischen einem Anwalt und seinem Mandanten vermittelt. Bei unserer Sitzung strahlte die Stimme des Anwalts Selbstvertrauen und Sicherheit aus, während sein Mandant zaghaft das Wort ergriff und antwortete. Obwohl der Anwalt selbstsicher klang, stimmte ich seinem Mandanten zu. In der zaghaften Stimme hörte ich *Plings* der Klarheit, wohingegen die selbstsicheren Behauptungen des Anwalts durchfielen. Wäre ich im tiefen Zuhören weniger erfahren gewesen, kann ich mir vorstellen, dass der Anwalt recht überzeugend gewirkt hätte. Unsere kulturelle Voreingenommenheit lässt uns glauben, dass man am überzeugendsten wirkt oder eine Auseinandersetzung am ehesten gewinnt, wenn man seine Ideen mit Selbstvertrauen und im Brustton der Überzeugung vorträgt – selbst wenn diese verworren oder schlichtweg unwahr sind (was man im Allgemeinen bei Politikern gut beobachten kann). Tiefes Zuhören versetzt uns in die Lage, die Absichten und Diskrepanzen hinter der glatten Präsentation herauszuhören, und es verhindert, dass wir übers Ohr gehauen werden.

Deine Fähigkeit, zwischen Richtigkeit und Unrichtigkeit zu unterscheiden, kannst du sehr gut schärfen, indem du Gesprächen zuhörst. Erklingt in den Worten ein *Pling* oder fallen sie mit einem *Plopp* durch? Eine alte Freundin beschreibt den Unterschied mit den Worten: „Ballons hoch oder Ballons runter." Wenn Worte und Gedanken richtig sind, schweben sie: Ballons hoch. Unrichtigkeit sackt ab: Ballons runter.

Meine Geistführer betonen außerdem, dass wir aus einem Irrtum genauso viel lernen können wie wenn wir recht haben. Wenn zum Beispiel das Telefon klingelt und wir denken „ich weiß, wer das ist", aber falsch liegen – dann wissen wir, wie sich ein Plopp anfühlt. Wenn aber das Telefon klingelt und wir denken, „ich weiß, wer das ist" und recht haben – dann wissen wir, wie sich ein Pling anfühlt. Im Laufe des Tages bieten sich uns immer wieder ähnliche Situationen als Gelegenheit, das tiefe Zuhören zu üben, und, wie in einem vorangegangenen Kapitel besprochen, durch Vergleichen die geistige Sprache der feinen Unterschiede zu erlernen.

Woher kommen die Antworten?

Beim Fragen und Zuhören ist wichtig, dass du feststellst, aus welcher Quelle die Informationen stammen – das heißt, ob die Botschaften oder Erkenntnisse, die du erhältst, vom Geist im Inneren, aus der geistigen Einheit, von deinen Geistführern oder durch die Gedanken eines anderen Menschen kommen. Am Anfang kann das viel Klärungsarbeit sein, doch wenn du aufpasst, zeigt sich, dass die Energie der Information aus jeder Quelle in eine eigene Richtung fließt und eine andere Qualität hat.

Wissen aus der geistigen Einheit fühlt sich an, als käme es aus allen Richtungen, und geht mit einem Gefühl ungeheurer Weite sowie der Verbundenheit mit allem einher. Ein Beispiel: Als ich auf dem Land lebte, floss auf der anderen Seite der Straße vor unserem Haus ein Bach. Wenn ich Stille finden wollte, war er einer meiner Lieblingsorte; nur zu gern hörte ich seinem Murmeln zu und beobachtete, wie das Wasser über die Steine strich. An einem Frühlingstag, der Trichterfarn kam gerade zwischen dem trockenen braunen Laub hervor, verspürte ich den Drang, dort zu meditieren. Mich belastete das scheinbare Ende einer guten Freundschaft, daher beschloss ich, am Bach zu meditieren und um Führung zu bitten. Nachdem ich das Geplapper in meinem Hirn zum Schweigen gebracht hatte, bat ich um Erkenntnisse über meine Situation und richtete meine Frage an die Einheit in der Natur rings um mich herum.

Es dauerte nicht lange, und ich ging auf in der Weite und der Verbundenheit mit dem Bach, den Bäumen und dem Himmel. Ich befragte den geistigen Wesenskern im Bach zu dieser Freundschaft und ihrer Zukunft. Wenige Augenblicke später erhielt ich einen Eindruck, begleitet von dem Gedanken, ich solle Geduld wahren. Die Beziehung würde sich wieder festigen, und sowohl meine Freundin als auch ich könnten uns dann auf einer tieferen Ebene wertschätzen und verstehen. Diese Antwort fühlte sich solide an und brachte in meinem Wesenskern etwas zum Klingen. Sie enthielt keinerlei Einzelheiten – ich wurde nicht zu einem bestimmten Handeln angeleitet – doch mit der Zeit wurde sie vom Leben bestätigt. Ein paar Jahre später erfuhr ich bei einem Aufenthalt in San Francisco durch eine gemeinsame Bekannte, dass diese Freundin vor Kurzem ein Gebäude erworben hatte, das nur einen Block von meiner Unterkunft entfernt lag. Ich meldete mich bei ihr, und unsere Freundschaft begann von Neuem, fast fünftausend Kilometer weit weg von dem Bach, der mir geraten hatte, Geduld zu bewahren.

Wissen, das vom Geist in unserem Inneren kommt, fühlt sich an, als stamme es tief aus unserem innersten Kern. Manchmal ist es, als seien wir auf einen Brunnen ohne Grund gestoßen oder als sei es ein Lichtstrahl, der hinaufschießt bis zu unserem bewussten Verstand. Ein derartiges Erlebnis hatte ich sogar noch vor meinem spirituellen Erwachen oder jeglichem Kontakt zu Geistführern. An meinem allerersten Tag an der Uni schaute ich in meinem Zimmer im Studentenwohnheim aus dem

Fenster und sah eine Gruppe junger Männer beim Fußballspielen. Ich deutete auf einen großen, dünnen, lockigen Kerl mit Brille und sagte mir: „Der da. Der wird mein Freund." Kurz danach begegneten wir uns zufällig vor unserem Wohnheim, als wir gerade dem Pizza-Lieferservice hinterherrannten. Wir kamen ins Gespräch – und es dauerte Stunden. Unsere Beziehung hatte begonnen.

Botschaften von einem Geistführer fühlen sich so an, als kämen sie von einer ganz bestimmten Stelle in deiner Nähe, etwa so, als wenn dir jemand ins Ohr flüstert. Selbst wenn ein Geistführer vor deinem inneren Auge oder als äußere Erscheinung eine sichtbare Gestalt annimmt, zeichnet sich das Erlebnis durch ein Gefühl der Nähe aus. Zum Beispiel saß ich eines Montagmorgens an unserem Küchentisch und wartete auf die ersten Klienten. Es war die Zeit, in der mein Sohn kurz vor dem Abschluss der Highschool stand, und wir hatten uns das ganze Wochenende – wie schon an sehr vielen Wochenenden davor – diverse Universitäten angesehen. Ich war erschöpft und ein wenig mürrisch. Da brach es zu meiner eigenen Überraschung plötzlich aus mir heraus: „Jetzt sagt mir doch endlich, in welche Uni er gehen wird!" Zu meinem Erstaunen kam die Antwort prompt. Mein Sohn würde dieselbe Universität besuchen, an der auch meine nächste Klientin gewesen sei. Die Antwort kam von irgendwo in der Nähe meines Kopfes, eher hörbar als nur in Gedanken; völlig anders als die Botschaft, die von dem Bach gekommen war.

Sie war konkret und enthielt den Hinweis auf etwas, was ich tun musste: Wenn ich eine Antwort wollte, musste ich meine nächste Klientin nach ihrer Alma Mater fragen. Ich war so ungeduldig und neugierig, dass ich sie gleich an der Tür mit den Worten begrüßte: „Wo haben Sie studiert?" Später hat sie mir erzählt, sie habe dies für eine sehr merkwürdige Begrüßung gehalten – womit sie natürlich recht hatte – aber sie beantwortete meine Frage. Wie sich herausstellte, war ihre Alma Mater eine Universität, die wir uns bereits angeschaut hatten und die meinem Sohn gefiel. Das Bemerkenswerteste an der Geschichte ist aber, dass meine Klientin die Dekanin kannte, die für die Bewerbungen zuständig war, und anbot, sie anzurufen, und dass außerdem im Moment ihres Anrufs die Bewerbung meines Sohnes der Dekanin gerade vor der Nase lag – zuoberst auf einem sehr hohen Stapel mit weiteren Bewerbungen. Wie groß war die Wahrscheinlichkeit? Die Synchronizität fiel der Entscheiderin ins Auge, was nicht nur dazu beitrug, dass mein Sohn angenommen wurde, sondern mir auch zu verstehen half, warum die geistige Führung gerade auf diese Art und Weise gekommen war. Geistführer erinnern mich oft an kleine Flugzeuge, die dreihundert Meter über Grund dahingleiten: Sie können den verschlungenen Verlauf unseres Lebensweges sehen und helfen, Resultate in die richtigen Bahnen zu lenken.

Wenn du dir der Quelle oder der Klarheit einer Information oder Erkenntnis, die du erhältst, nicht sicher bist, dann versuche es mit einer Technik, die ich vor Jahren von einem amerikanischen Ureinwohner aus der geistigen Welt erhalten habe. Wenn ich Zweifel hätte, so erklärte er mir, sollte ich den Geist des Himmels, den Geist eines Baumes und den Geist des Bachs vor meinem Haus befragen. Bei einer richtigen Antwort oder Erkenntnis wären sich alle diese unterschiedlichen Manifestationen der Einheit darüber einig. Ich habe diese Art, Bestätigung zu suchen, immer als tröstlich und äußerst hilfreich empfunden.

Doch so geübt wir im Zuhören auch werden, so sehr wir auch auf die geistigen Quellen in uns und um uns zurückgreifen – die Verantwortung für die Entscheidungen, die wir treffen, müssen wir immer selbst tragen. „Ganz gleich, was du hörst oder aus welcher Quelle die Information kommt", sagen meine Geistführer, „lege sie zur endgültigen Bestätigung immer deinem eigenen Geist vor. Denn es ist dein Leben, und für unsere Entscheidungen sind wir alle selbst verantwortlich, auch wenn wir Hilfe bekommen."

Tiefes Zuhören und andere Menschen

Die Gedanken, Gefühle und Motive anderer Menschen erkennen und von unseren eigenen Projektionen unterscheiden zu können, erfordert meist viel Übung und Erfahrung. In meinen Kursen zeige ich den Teilnehmerinnen und Teilnehmern anhand einer Übung, in der eine Geschichte erzählt wird, wie Unterströmungen aus Gedanken und Gefühlen unsere Kommunikation beeinflussen. Die Übung setzt auf die Verwendung von Affirmationen, um leichter zu einer vertieften Wahrnehmung zu gelangen.

Zu Anfang bitte ich meine Schüler, sich für die Übung einen Partner zu suchen. Dann schildert einer der Partner ein neueres Ereignis aus seinem Leben, während sein Gegenüber einfach nur sowohl den Worten als auch den darunterliegenden Gefühlen zuhört. Anschließend fordere ich beide auf, über die Gefühle in der Geschichte, die Gefühle unter der Oberfläche und die Energie zu sprechen, die zwischen ihnen floss. Als Nächstes bitte ich sie, kurz die Augen zu schließen und sich dabei ein paarmal zu sagen: „Ich bin Geist, jeder ist Geist." Wenn beide dann ihre Augen wieder geöffnet haben, bitte ich denjenigen, der die Geschichte erzählt hat, sie noch einmal zu erzählen, wobei beide sich stets vor Augen halten und bewusst sind, dass jeder Geist ist.

Man könnte meinen, es sei langweilig, die Geschichte noch einmal erzählen und anhören zu müssen, ganz gleich, wie gut strukturiert die zweite Fassung sein mag. Doch meinen Schülerinnen und Schülern geht es genau umgekehrt. Jetzt ist die Geschichte für Erzähler und Zuhörer interessanter und bedeutungsvoller. Dadurch, dass sie mehrfach die Affirmation gesprochen haben und sie sich weiterhin vergegenwärtigen, erleben beide Partner, dass sich ihre Wahrnehmung und ihre Einstellung verändern und nun eine tiefere und großzügigere Wertschätzung der Einzelheiten der Geschichte sowie der Nuancen der zugrunde liegenden Gedanken und Gefühle möglich wird. Die gegenseitige Anerkennung ihrer geistigen Natur beseitigt darüber hinaus viel Voreingenommenheit, Hemmnisse und vorgefasste Meinungen, die einer klaren Kommunikation oft im Wege stehen.

Meine Schülerinnen und Schüler reagieren prägnant und sehr individuell auf diese Übung. Eine Frau meinte, wenn man die Geschichte zum ersten Mal höre, sei es, als wenn einem ein Babysitter, den man nicht kennt, eine Geschichte erzählt, die man ebenfalls nicht kennt. Sie erklärte: „Man ist die Stimme und die Sprechweise des Babysitters nicht gewöhnt und denkt sich dann beim Einschlafen: ‚Das war jetzt aber nicht besonders spannend.' Die Geschichte ein zweites Mal aus der Perspektive unserer gemeinsamen geistigen Identität zu hören, war so, als wenn einem die Großmutter etwas vorgelesen hat, was man sehr gut kennt. Man ist an ihren Tonfall gewöhnt und liebt ihn sehr, und die Oma hüllt einen sozusagen ein."

Diejenigen, die in der Übung die Geschichte erzählen, berichten von einem ähnlich veränderten Erleben. Beim zweiten Mal verstehen sie die Bedeutung des Ereignisses besser, und es fällt ihnen leichter, die Geschichte zu erzählen; sie kommt klarer in Fluss. Ein Kursteilnehmer meinte: „Als Sie gesagt haben, wir müssten die Geschichte noch einmal erzählen, war meine erste Reaktion: ‚Oh nein, bloß nicht!' Meine Geschichte war ziemlich kompliziert, mit vielen Einzelheiten. Ich wollte sie nicht noch einmal erzählen. Aber beim zweiten Mal floss mir alles einfach ganz anders zu. Ich habe nichts bewusst verändert. Es floss mir einfach so zu."

Nicht weniger bemerkenswert ist, dass die Teilnehmer selbst dann, wenn die Rollen getauscht werden und nun diejenigen ihre Geschichte erzählen, die im ersten Teil der Übung zugehört haben, einen spürbaren Unterschied zwischen erstem und zweitem Erzählen feststellen. Der Perspektivenwechsel, der durch die Affirmation angeregt wird, verändert ihre Einstellung und ihre Wahrnehmung grundlegend.

Was ich an dieser Übung besonders liebe, ist die Einfachheit, mit der sie die tiefe Verbindung zwischen Einstellung, Wahrnehmung und Ausdruck erhellt. Außerdem macht sie darauf aufmerksam, wie negative Einstellungen die inneren und äußeren Erzählungen unseres Lebens prägen können. Wie in Kapitel Zwei besprochen, gehen negative Einstellungen auf anfängliche Ungleichgewichte und Fehlwahrnehmungen zurück, die meine Geistführer als ersten Irrtum bezeichnen. Die ersten Irrtümer und die Muster, die sich aus ihnen entwickeln, sind bei jedem Menschen andere. In der Erzähl-Übung zeigen sich diese Muster bewusst oder unbewusst beim ersten Erzählen der Geschichte. Manche Geschichten spiegeln eine Angst, nicht geliebt zu werden; andere eine Neigung, andere für das eigene Unglück verantwortlich zu machen, und wieder andere eine diffuse Wut oder Verbitterung über empfundene Ungerechtigkeit. Beim zweiten Erzählen wirft die höhere geistige Wahrnehmung ein Licht auf diese Ängste, Ungleichgewichte und Fehlwahrnehmungen, rückt sie ins Bewusstsein und erzeugt eine vorübergehende, mit einem Gefühl der Ganzheit verbundene Lösung.

Ich erinnere mich, dass meine Geistführer mir zu Beginn unserer gemeinsamen Arbeit sagten: „Du bringst das zum Ausdruck, was du aus dir heraus eigentlich nicht sagen willst." Von Anfang an wollten sie meine Aufmerksamkeit darauf lenken, wie uneingestandene Ängste, Zweifel und andere negative Muster die klare Kommunikation verhindern. Wenn unser Denken auf geistige Prinzipien ausgerichtet ist, dann gehen unser inneres Selbst und äußere Manifestationen synchron, das haben sie mir im Laufe der Jahre immer wieder gezeigt. Wenn wir kontinuierlich geistige Prinzipien für uns bejahen, verändert sich unsere Einstellung, was wiederum unsere Wahrnehmung und unsere Fähigkeit zuzuhören auf eine höhere Stufe hebt und verbessert.

Tiefes Zuhören im Alltag

Die Erzähl-Übung bietet eine Grundlage für die Entwicklung der Fähigkeit, im Auf und Ab des Alltags aus einer geistigen Perspektive zuzuhören, und diese Haltung in den unzähligen Tätigkeiten und Erlebnissen, die uns tagtäglich begegnen, beizubehalten. Meine Geistführer sagen: Wenn wir das bejahen, was ist, auch wenn es nicht so scheint, dann wird es spürbar und erlebbar. So verstanden, ist die Affirmation „Ich bin Geist; jeder ist Geist" eine Formel, mit der wir uns vergegenwärtigen können, was wir tief in unserem Wesenskern bereits wussten, noch bevor wir in unserer jetzigen Inkarnation den ersten Atemzug getan haben. Wenn wir uns in dieser Vergegenwärtigung üben, stärken wir uns gegen die zahllosen Unterströmungen aus Gedanken und Gefühlen, die an uns zerren. Wir werden emotional stabiler, klarer und liebevoller in unserer Kommunikation mit anderen. Wenn wir unsere geistige Identität bejahen und uns darauf fokussieren, statt uns auf unser Menschsein zu fixieren, weiten sich alle Aspekte unseres Blickwinkels und umfassen die „unendliche Sicht", wie meine Geistführer sagen. Dies fühlt sich ein wenig wie Verliebtsein an. Egal, wo wir sind, der Mensch, den wir lieben, ist immer in unserem Herzen und in unseren Gedanken. Ganz genauso ist der Geist immer bei uns, egal wo wir sind und was wir tun.

Es ist keine geringe Herausforderung, die unendliche Sicht auch inmitten der unzähligen Ablenkungen und des rasenden Tempos des modernen Lebens beizubehalten. Aber genau deshalb ist es so wichtig, dass wir das Fragen und Zuhören in unseren Alltag einbauen. Wenn wir vorschnell handeln oder uns von Einzelheiten ablenken lassen, werden unsere Erlebnisse und unser Austausch mit anderen oberflächlich, angestrengt und ermüdend. Natürlich haben viele Menschen, denen wir auf unserem Lebensweg begegnen, keinerlei Interesse an oder gar Übung in einer geistigen Sichtweise, aber für unsere eigene geistige Wahrnehmung spielt dies keine Rolle. Geistiges Bewusstsein ist keine Vereinbarungssache. Wenn wir uns Zeit zum tiefen Zuhören nehmen, schenkt uns dies den „Freiraum“, unsere Prioritäten zu setzen und jede Situation mit größerer Einsicht und Klarheit zu würdigen. Wenn wir unsicher, aufgewühlt oder durcheinander sind, können wir auf Wissens- und Erkenntnisquellen zurückgreifen, die uns unterstützen und von denen wir uns in unseren Entscheidungen leiten lassen können.

KAPITEL ACHT

Ängste und Wünsche

Die Menschen fürchten sich am meisten davor,
nicht zu bekommen, was sie sich am
dringendsten wünschen.

Als ich vor über dreißig Jahren anfing, Kurse zu geben, kannte ich viele Instrumente und Ideen, die ich den Teilnehmerinnen und Teilnehmern vorstellte, bereits. Meine Geistführer hatten unablässig mit mir daran gearbeitet, dass ich Ideen und Praktiken aufnahm und in meinen Alltag integrierte – etwa, mich mit dem Geist im Inneren und Äußeren zu verbinden; die Wahrnehmung mit dem Dritten Auge; Fragen und Zuhören und die Macht der Einstellungen zu erforschen – um meine eigene spirituelle Entwicklung zu fördern und die Herausforderungen in meinem Leben besser bewältigen zu können.

Als ich eines Abends in meinen Subaru stieg und mich auf den Weg zum *Synthesis Center* machte, dem kleinen Haus in Amherst, an dem ich damals meine Kurse gab, verkündete mir mein Geistführer und Co-Lehrer, das Thema dieses Abends sei die Beziehung zwischen Ängsten und Wünschen. Diese Mitteilung kam überraschend, denn weder er noch einer meiner anderen Geistführer hatten mir je etwas zu diesem Thema vermittelt. Natürlich war ich neugierig und wollte mehr darüber erfahren. Doch statt mir, wie er dies üblicherweise tat, einen kurzen Überblick über das Thema oder einen Hinweis auf die Übungen zu geben, die ich mit den Kursteilnehmern machen sollte, fügte er dem nichts mehr hinzu. Sein Schweigen beunruhigte mich nicht, und ich bat auch nicht um eine Erklärung. In jener Phase meiner Ausbildung hatte ich bereits genug Erfahrung und Vertrauen, um zu wissen, dass ich den ganzen Kursabend über geführt werden würde. Ja, es ist für mich nichts Ungewöhnliches, dass ich mich ein paar Stunden vor einem Kurs oder Vortrag so fühle, als würden alle Gedanken und Gefühle aus mir schwinden. Unmittelbar bevor ich anfange, hüllt mich dann eine positive Kraft oder ein Licht ein und erfüllt mich mit einem Selbstvertrauen und einer Klarheit, die mein normales Alltagsbewusstsein übersteigen. In diesem Zustand scheinen die Ideen, Erkenntnisse und Worte nur so zu fließen.

Als ich im Center ankam, setzte ich mich vor den rund dreißig Personen, die gekommen waren, auf ein Kissen, und wir begannen wie üblich mit einer Eröffnungsmeditation. Danach gab ich bekannt, über welches Thema wir sprechen würden … und wartete. Vor meinem geistigen Auge konnte ich sehen, dass mein Geistführer in seinem altmodischen Anzug aus dem 19. Jahrhundert über meiner rechten Schulter schwebte. Ich hatte keine Ahnung, worüber ich sprechen sollte oder was wir tun würden, aber Sorgen machte ich mir immer noch nicht. Ich war umhüllt von einem Licht der Positivität, das jeden Anflug von Verlegenheit oder Unsicherheit einfach auflöste. Im weiteren Verlauf des Kursabends übermittelte mir mein Geistführer gedanklich Schritt-für-Schritt-Anleitungen, wie ich die Teilnehmer durch die Entdeckung ihrer tiefsten Ängste und Sehnsüchte führen konnte. Sobald ich seine Anweisungen nicht konkret oder genau genug umsetzte, korrigierte er mich sanft. Die Ideen, die Übungen, die ganze Stunde entwickelten sich von einem Augenblick zum anderen, und in diesem Kurs war ich ebenso Schülerin wie Lehrerin.

Die tiefste Angst

Als Erstes wurde ich angeleitet, alle zu bitten, sich in die Meditation zu begeben und zu fragen: „Was ist meine tiefste Angst?“ Auf dieser Stufe meiner Kurse verfügten die Teilnehmer über genügend Meditationspraxis und Erfahrung mit dem Prozess des Fragens und Zuhörens, so dass diese Anweisung für die meisten keinerlei Schwierigkeit darstellte. Außerdem half der methodische Ansatz meines Geistführers, diese Selbsterforschung, die unter anderen Umständen emotional hoch aufgeladen sein könnte, zu entschärfen. Dadurch, dass wir uns in einen meditativen Zustand versetzen oder mit dem Dritten Auge fokussieren, wird es uns möglich, Situationen oder Aspekte unserer selbst objektiv zu sehen. Dies macht es wesentlich leichter, schwierige Gefühle anzuschauen. Wie bereits gesagt, besteht außerdem der erste Schritt in der Meditation, wie ich sie lehre, in der Öffnung des Kronen-Chakras durch Konzentration auf eine Inspirationsquelle; und wie du erfahren und hoffentlich selbst erlebt hast, kann man sich unmöglich zugleich angespannt und inspiriert fühlen.

Entsprechend den Anweisungen meines Geistführers ermutigte ich die Teilnehmer, dem Drang, bei den Ängsten zu bleiben, die recht schnell aufsteigen, zu widerstehen. Wie bei der Technik, mit der man um ein gehaltvolles Wort bittet, ging es auch bei diesem Prozess darum, vorgefasste Meinungen und den Impuls, eine Antwort zu erzwingen, loszulassen. Ziel der Übung war es, die tiefste Angst zu entdecken, selbst wenn dies bedeutete, bis hinunter in einen Gefühlsbereich vorzudringen, der normalerweise nicht bewusst ist.

Während wir auf eine Antwort warteten, erkannte und erinnerte jeder Ängste, die ihm mehr oder weniger bereits vertraut waren. Doch die Ängste, die in diesem Zuhörensprozess früh ins Bewusstsein rücken, sind nicht unbedingt die *tiefste* Angst. So glaubte zum Beispiel eine Frau, ihre tiefste Angst sei die vor dem Fliegen, doch als sie ruhig in einem meditativen Zustand verweilte und geduldig zuhörte, entdeckte sie eine allem zugrunde liegende, verborgene Furcht vor Kontrollverlust.

Wie mein Geistführer erklärte und ich den Teilnehmern vor Beginn der Übung weitergab, wissen wir, dass wir bei unserer tiefsten Angst angekommen sind, wenn wir einfach nicht mehr tiefer gehen können – wenn wir spüren, dass *diese* Angst die Wurzel ist, aus der alle unsere anderen Ängste hervorgehen. Immer, wenn wir fragen, erhalten wir dieselbe Antwort. Wie bei der Technik des Fragens und Zuhörens gilt auch hier: Wenn die tiefste, die Grundangst, erkannt wird, schwingt das *Pling* von Klarheit und Wahrheit mit.

In diesem ersten Kurs gelang es fast allen, eine Antwort zu erhalten; bei den meisten kam sie durch Zuhören und nicht durch das gezielte Bemühen, eine Antwort zustande zu bringen. Einige wenige Teilnehmer konnten sich nicht tief genug konzentrieren, um über naheliegende oder bekannte Ängste wie etwa die vor dem Verlust des Arbeitsplatzes oder vor Krankheit hinauszugelangen. Eine Künstlerin schilderte ein etwas komplizierteres Problem. Sie kam zu dem Schluss, dass sie drei Grundängste hatte: Nicht sicher zu sein, kein kreatives Leben zu führen, von anderen nicht geschätzt zu werden. Sie konnte nicht sagen, dass eine von ihnen tiefer oder wichtiger gewesen wäre als die anderen. Wie ich erfahren habe, kommt diese Art der Verwirrung fast immer daher, dass überanalysiert und nicht zugehört wird. Als ich mich auf sie einstimmte und an ihrer Stelle zuhörte, erfuhr ich, ihre tiefste Angst sei, dass es ihr nicht gelingen könne, ihre Kreativität zu entfalten. Aus dieser Grundangst entwickelte sich eine Art kreisförmiger Kettenreaktion: Wenn sie ihre Kreativität nicht zum Ausdruck bringen könne, würde sie nicht gemocht oder geschätzt, so glaubte sie; wenn sie nicht geschätzt würde, könnte sie sich nicht sicher und geborgen fühlen; wenn sie nicht sicher wäre, wäre sie nicht in der Lage, sich ihren kreativen Ausdrucksmöglichkeiten zu widmen. Als ich ihr dies erklärte, entspannte sie sich sichtlich, als hätte sich in ihr ein großer Knoten aus Ängsten und Anspannung gelöst.

Tatsächlich war ich sehr dankbar, dass einige Teilnehmer bei dieser Übung nicht von Anfang an Erfolg hatten. Diejenigen, die nicht bis zu ihrer tiefsten Angst vordringen konnten, boten eine Art Grundlinie zum Vergleich; eine Gelegenheit, an der wir üben konnten, zwischen dem *Pling*, das mit der echten Entdeckung einer Grundangst einhergeht, und dem *Plopp*, das anzeigt, dass jemand nicht in der Lage ist, tief zuzuhören oder über oberflächliche Ängste hinauszugelangen, zu unterscheiden.

Als wir in der Gruppe nacheinander sagten, welche Erkenntnisse wir erhalten hatten, staunten wir über die Vielfalt der Grundängste, die durch Fragen und Zuhören ans Licht gekommen waren. Es gab nicht die eine, fundamentale Angst, auf die wir zeigen und sagen konnten: „Aha, die haben alle Menschen." Die Grundangst einiger Teilnehmer war, nicht gut genug zu sein; andere hatten Angst vor Vernichtung. Einige entdeckten eine Angst davor, Fehler zu machen oder Leid auszulösen; andere stießen auf eine Angst vor Ablehnung, Anschuldigungen oder Schuld, die sie auf sich laden könnten. Einige wenige stießen auf die Angst, eine bestimmte Fähigkeit oder Begabung nicht entfalten zu können.

Die bedeutendste Entdeckung, die aus unserem Gespräch hervorging, war jedoch, dass Grundängste durch verworrene Einstellungen entstehen: Denk- und Fühlgewohnheiten, die von grundlegenden geistigen Prinzipien abgekoppelt sind. Zum Beispiel haben wir Angst, nicht geliebt zu werden, wenn wir vergessen, dass wir vom Geist durchdrungen und umgeben sind, und der Geist ist immer liebevoll. Die Angst, nicht sicher zu sein, entsteht dadurch, dass wir vergessen, dass unserer grundlegenden Natur als Geist niemals Schaden zugefügt werden kann. Mit anderen Worten: Angst ist, zu vergessen, wer wir und andere letzten Endes sind.

Der Angst entgegenwirken

Nachdem wir einige Zeit darüber gesprochen hatten, was wir über unsere tiefsten Ängste erfahren hatten, riet mein Geistführer mir, die Teilnehmer zu bitten, sich noch einmal in die Meditation zu begeben. Dieses Mal sollten wir fragen: „Was ist das Gegenmittel gegen meine tiefste Angst?" Wie bei der ersten Übung, widmeten wir dem Prozess des Fragens und Zuhörens etwa zehn Minuten. Als wir danach in der Runde über die Erkenntnisse sprachen, die wir in dieser Phase unserer Untersuchung erhalten hatten, entdeckten wir ein weiteres übereinstimmendes Muster: Grundängste entstehen durch verworrene oder verzerrte Einstellungen, und das Gegenmittel erfordert einen Einstellungswandel, der mit der Zeit unsere Verbindung zur geistigen Realität wiederherstellt – zur tieferen Wahrheit darüber, wer wir sind und warum wir hier sind.

Wenn es zum Beispiel jemandes tiefste Angst ist, nicht geliebt zu sein, besteht das Gegenmittel darin, bewusst Gedanken und Gefühle zuzulassen, die diese Einstellung korrigieren. Oft kann diese Korrektur die Form einer regelmäßig gesprochenen Affirmation annehmen, etwa: „Ich bin Geist, daher bin ich immer geliebt." Wenn es jemandes tiefste Angst ist, nicht sicher zu sein, kann die Affirmation „Ich bin Geist, daher bin ich immer sicher" den Beginn einer tiefgreifenden Transformation auslösen.

Wenn wir Einstellungen entwickeln und aufrechterhalten, die mit unserer geistigen Natur in Einklang stehen, können wir damit die Heilung unserer Ängste und Traumata einleiten. Das Gegenmittel gegen unsere Grundangst mithilfe der Meditation zu finden, erlaubt uns, die notwendige Einstellungsänderung ganz konkret zu benennen. Ähnlich wie bei der Wahl eines homöopathischen Mittels ist die ausgleichende Lösung immer mit exakt demselben geistigen Prinzip verbunden, das anfänglich durcheinandergebracht, vergessen oder verzerrt wurde. Wenn zum Beispiel jemandes tiefste Angst die vor Unzulänglichkeit ist, dann kann das Heilmittel die Affirmation sein: „Ich bin Geist, daher bin ich gut." Für jemanden, dessen tiefste Angst Schuld oder Schande ist, wäre „Ich bin Geist und Mensch, und Fehler sind zum Lernen und Wachsen einfach nötig" eine geeignete Lösung.

Der Angst entgegenzuwirken – ob nun einer Grundangst oder einer Angst, die von dieser abzweigt – beinhaltet sehr oft nicht nur die innere Arbeit an der Einstellungsänderung, sondern auch Schritte, um im Alltag durch diese Angst hindurchzugehen. In manchen Fällen gehören zu solchen Schritten auch Entscheidungen, die Gelegenheit bieten, mit Angst auslösenden Situationen zu arbeiten und sich in sie hineinzubegeben. Als ich Anfang zwanzig war, freundete ich mich mit einer älteren Frau namens Emily an, die jahrelang mit einer extremen Angst vor Vögeln zu kämpfen gehabt hatte. Statt alles Mögliche zu unternehmen, um Vögeln aus dem Weg zu gehen, beschloss sie, sich ihrer Angst geradewegs zu stellen. Dazu kaufte sie Hühner und errichtete in ihrem Garten ein Hühnerhaus. Tag für Tag baute sie ein wenig von ihrer Phobie ab, indem sie mutig ins Hühnerhaus ging, ihr Federvieh fütterte und Eier einsammelte. Ihre Methode zur Heilung ihrer Angst entsprach genau dem Rezept meiner Geistführer: Auf die Angst zugehen, um durch sie hindurchzugehen.

In meinem Fall war es so, dass ich zu Beginn meiner Arbeit mit meinen Geistführern die Tendenz hatte, mich abzuschotten. So wollte ich mich davor schützen, den Gefühlszustand anderer zu übernehmen. Meine Methode zum Umgang mit meiner extremen Sensibilität bestand darin, ganz am Ende eines Feldwegs zu wohnen, der im Wald in einer Sackgasse auslief, und zu Hause zu arbeiten. Zum Glück fanden Klienten zu mir, während ich zugleich in meinem ländlichen Außenposten unter den Bäumen zumeist gut geschützt war (dachte ich zumindest). Sobald ich jedoch in den Lerninhalten und Übungen, die meine Geistführer mir vermittelten, etwas versierter wurde, schickten sie mich „auf Exkursion", damit ich mich meiner Angst stellen konnte.

Einmal wurde ich an einen internationalen Flughafen geführt. Dort sollte ich mich nur aufhalten, um mich im Einsatz meines Dritten Auges zu üben, während ich unter den vielen Reisenden umherschlenderte. Manchmal rieten mir meine Geistführer, nach Boston zu fahren, um Kleidung oder andere Dinge zu kaufen, was mich zwang, die Techniken anzuwenden, die sie mir beigebracht hatten, wenn ich mich unter Menschen unterschiedlichster emotionaler Verfassung befand. Zunächst waren diese Exkursionen für mich schwierig, doch sie stellten einen wichtigen Schritt in meiner Ausbildung dar. Ich lernte, durch die Angst hindurchzugehen, statt mich vor ihr zu verstecken. Meine Geistführer betonten, wenn wir versuchen, die Angst zu ignorieren oder zu meiden, wird sie nur größer und verstetigt die Ungleichgewichte, die in unserer Abkoppelung von unserer geistigen Natur begründet liegen.

Damit will ich nicht sagen, dass aktive Schritte zum Hindurchgehen durch die Angst ein Spaziergang sind. Ganz im Gegenteil, unsere tiefen Ängste sind unserer Seele eingewebt, eingebettet in die Identität, die wir in dieser Inkarnation angenommen und in unseren früheren Leben erfahren haben. Unsere Ängste zu heilen, erfordert eine konzertierte Anstrengung, die wiederum Ehrlichkeit mit uns selbst, die Bereitschaft, unsere Schwächen anzuschauen, und die notwendigen Fähigkeiten sowie die Disziplin verlangt, sich mit geistigen Prinzipien zu verbinden. Alle diese Schritte zielen darauf ab, dass wir uns unserer eigenen geistigen Identität und der anderer sowie der geistigen Kräfte um uns erinnern und dieses Bewusstsein in unseren Alltag integrieren. Wenn wir dies tun, können wir Muster und Gefühle der Einschränkung, der Frustration und der Unzufriedenheit sehr effektiv und auf einer grundlegenden Ebene auflösen.

Eine überraschende Verbindung

Eine Zeit lang besprachen die Kursteilnehmer miteinander, was wir über unsere tiefsten Ängste und ihre Gegenmittel erfahren hatten, dann wies mein Geistführer mich an, alle wieder zu bitten, sich in die Meditation zu begeben. Dieses Mal sollten sie sich die Frage stellen: „Was ist mein tiefster Wunsch?“ Wie bei der Entdeckung der tiefsten Angst, war auch hier bei vielen die Antwort, die als Erstes aufstieg, vorhersehbar: Etwa der Wunsch nach einem neuen Auto oder nach Gesundheit. Doch als die Teilnehmer weiter in sich hineinhorchten, kamen tiefere Wünsche ans

Licht. Einer entdeckte den Wunsch, „voll und ganz ich selbst zu sein“, eine andere den, kreativ zu sein, und wieder ein anderer den Wunsch, sich mächtig zu fühlen.

Danach begaben wir uns erneut in die Meditation. Dieses Mal sollten wir fragen: „Wie kann ich meinen tiefsten Wunsch wahr werden lassen?“ Wie bei den vorangegangenen Schritten, lauschten wir auch jetzt auf die Antwort.

Als es Zeit war zum Austausch, entdeckten wir eine Verbindung: Der tiefste Wunsch und die größte Angst waren ausnahmslos bei allen Teilnehmenden komplementär. Wenn es jemandes tiefste Angst war, ungeliebt zu sein, so war es sein größter Wunsch, geliebt zu werden. War die Grundangst die vor Unsicherheit, so lautete der größte Wunsch, sich sicher fühlen zu können. Mit anderen Worten, das Grundproblem – geliebt oder sicher zu sein – kam sowohl als Negativum (Angst) als auch als Positivum (Wunsch) zum Ausdruck. Das Grundthema war dasselbe. Durch diese grundlegende Verbindung erkannten wir, dass die Einstellungsänderung, die unsere tiefste Angst auflöst, genau dieselbe ist, durch die auch unser größter Wunsch in Erfüllung gehen kann. Das Gegenmittel gegen die Angst ist der Weg zur Erfüllung unseres Wunsches.

Rückblickend betrachtet, ergibt dies absolut Sinn. Meine Geistführer sagen, Einstellung kommt vor Verwirklichung. Wenn wir der Angst das Feld überlassen, behindern wir unsere Fähigkeit, uns unseren Wunsch zu erfüllen. Sowie wir unsere Angst abbauen, lösen wir auch die mentalen und emotionalen Hindernisse auf, die unsere Fähigkeit, unseren größten Wunsch wahr werden zu lassen, beeinträchtigen. Im Wesentlichen gilt: Wenn wir aus der Angst heraus agieren, spiegelt sich dies in unseren Gedanken und Gefühlen wider; bewusst oder unbewusst erhalten wir eine Ängstlichkeit aufrecht, die wiederum unsere Wahrnehmung, unsere Entscheidungen und Möglichkeiten stark beeinflusst. Wir können allerdings gezielt eingreifen, indem wir Veränderungen bei unserer Einstellung und in unserem Verhalten vornehmen und indem wir aus unserer grundlegenden geistigen Identität schöpfen, statt uns weiterhin zum Opfer unserer verworrenen Wahrnehmung und unserer fehlgeleiteten Gewohnheiten zu machen.

Als ich diesen Kurs zum ersten Mal gab, staunte ich, wie universell das Muster ist – und ich staune heute immer noch, obwohl ich den Kurs inzwischen oft gegeben habe. Die Ängste und Wünsche der Menschen sind zwar individuell verschieden, die Beziehung zwischen diesen beiden Gefühlspolen ist jedoch dieselbe. Immer wieder habe ich beobachtet, dass ein Abbau grundlegender Ängste die Erfüllung tiefer Wünsche ermöglicht, wohingegen ein Beibehalten der Angst unsere Fähigkeit zur Verwirklichung unserer Wünsche hemmt.

Ein Kursteilnehmer entdeckte, dass es seine tiefste Angst war, nicht gut genug zu sein. „Ich spüre, dass dieses Urteil in allen Entscheidungen, die ich getroffen habe, und in allen Chancen, die ich nicht ergriffen habe, mitschwingt", sagte er im Kurs, „weil ich Angst habe, es zu vermasseln und dann vor anderen als Versager dazustehen." Diese Angst vergällte ihm jegliche Freude am Leben; fast jeder wache Moment war von Furcht gekennzeichnet. Bei der Arbeit plagten ihn ständige Selbstzweifel, und weil er sehr große Angst davor hatte, Fehler zu machen, brauchte er länger als nötig, bis er seine Projekte abschließen konnte. Er hatte nur wenige Freunde oder Bekannte, denn er meinte mit Grausen, wenn er zu lange mit anderen zusammen wäre, würden die in ihm genau den Verlierer sehen, der er seiner Befürchtung nach war.

Das Gegenmittel, das er durch Fragen und Zuhören entdeckte, lautete, er solle sich darin üben, sich so oft wie möglich bewusst seine wesenhafte Identität als Geist zu vergegenwärtigen. Zunächst konnte er diese Identität nur in der Zeit erleben, die er für die Meditation reserviert hatte und in der er, um seinen Verstand zur Ruhe zu bringen und sich zu fokussieren, die Affirmation sprach: „Ich bin Geist; deshalb bin ich gut." Später sagte er im Kurs, in diesen Momenten sei seine Angst „quasi verdampft und abgedüst", und die Größe des Geistes, über die alle Menschen verfügen, habe sein Bewusstsein erfüllt. Nach und nach unternahm er bewusste Anstrengungen, sich die wunderbare Natur seiner geistigen Identität auch mitten im Alltag zu vergegenwärtigen, insbesondere in Situationen, die seine Angst auslösten – eine Übung, durch die sich seine Selbstwahrnehmung zu verändern begann.

Sein tiefster Wunsch war es, Ekstase zu verspüren, „echte Freude am Leben", wie er sagte. Als er im Kurs über diese Erkenntnis nachdachte, wurde ihm klar, dass er diese Freude nicht im Äußeren durch eine Art magisches Erlebnis oder in einer Beziehung oder durch den Kauf irgendwelcher Dinge, die ihm vorübergehend Zufriedenheit schenkten, erlangen konnte. „Eigentlich ist das ein Gefühl, das von innen kommen muss", erkannte er, „eine Gewissheit, die ich überall und jeden Tag in mir trage."

Gegen Ende des gesamten Kurses schilderte er seine Fortschritte, und es war nicht weiter verwunderlich zu erfahren, dass das Gegenmittel, das er zur Heilung seiner Grundangst eingesetzt hatte, zugleich der Schlüssel zur Erfüllung seines tiefsten Wunsches war; seine Situation zeigte sehr anschaulich die grundlegende Verbindung zwischen Ängsten und Wünschen. Das, was er am tiefsten fürchtete, verhinderte zugleich, dass sein größter Wunsch in Erfüllung gehen konnte. Als er sich gezielt bemühte, durch Meditation und Affirmationen seine Selbstwahrnehmung mit seiner Natur als Geist und Mensch in Einklang zu bringen, löste sich das falsche Selbstbild als „Versager", das ihn so lange gebremst hatte, nach und nach auf. Stattdessen entdeckte er, wie gut und kompetent er eigentlich war, und dies hatte wiederum Auswirkungen auf alle Bereiche seines Lebens. Er wurde selbstsicherer im Beruf, entwickelte mehr Stolz auf seine äußere Erscheinung, wurde lockerer und konnte die Gesellschaft anderer genießen. Kurzum, durch Einstimmung auf den Geist erfuhr er die radikale Verwandlung, von der man paradoxerweise sagen könnte, er wurde voll und ganz er selbst.

Eine andere Kursteilnehmerin entdeckte eine Grundangst davor, körperlich und emotional nicht in Sicherheit zu sein. In der Meditation erkannte sie außerdem, dass sie ihre Angst dadurch zu vermeiden versuchte, dass sie sich angewöhnt hatte, es ständig allen recht zu machen – weil sie glaubte, wenn alle sie mochten, würde ihr niemand etwas zuleide tun. Als Schutzmechanismus entwickelte sie daher eine enorme Fähigkeit, die Bedürfnisse und Wünsche anderer zu antizipieren. So war es nicht weiter verwunderlich, dass sie einen Mann heiratete, der ihr zwar finanzielle Sicherheit bot, aber aufbrausend war und zu Gewaltausbrüchen neigte. Aufgrund ihres angstbasierten Musters, ihr Sicherheitsgefühl von anderen abhängig zu machen, fiel es ihr sehr schwer, ihre schwierige Ehe zu verlassen. Sie befürchtete, wenn sie ihren eigenen Interessen und Wünschen nachginge, würde sie niemand mehr beschützen. Dafür hatte sie jahrelang ihre Verbindung zu ihrem inneren Selbst geopfert.

Ihr tiefster Wunsch war es, so entdeckte sie, sich so sicher zu fühlen, dass sie ihren von Grund auf freundlichen und liebevollen Geist entfalten konnte. In diesem Prozess lernte sie, welche Macht darin liegt, als Gegenmittel gegen ihre Ängste und zugleich zur Erfüllung ihres Wunsches eine auf den Geist ausgerichtete Einstellung zu entwickeln – mithilfe der Affirmationen: „Ich bin Geist; daher bin ich in Sicherheit" und „Ich bin in mir selbst ganz und vollständig". Durch ständiges Beobachten von Menschen und Situationen mit ihrem Dritten Auge erkannte sie, dass wir alle in unserer menschlichen Gestalt verwundbar sind, unsere tiefere geistige Identität aber immer in Sicherheit ist. Schließlich löste sie sich aus ihrer Ehe und begann den Prozess, nach und nach durch ihre Ängste hindurchzugehen. Allmählich verwandelte sie ihre Ängste in Mitgefühl gegenüber allen Menschen, auch gegenüber sich selbst.

Tiefer graben

Eine der wichtigsten Lektionen, die ich aus eigener Erfahrung und durch meine Arbeit mit anderen gelernt habe, ist, dass unsere tiefste Angst eine Spiegelung unseres ersten Irrtums und unser tiefster Wunsch eine Spieglung unseres geistigen Schwerpunkts ist. Wenn wir unseren tiefsten Wunsch kennen, kann uns dies daher den Weg weisen, wie wir die einzigartige individuelle Ausdrucksform unserer geistigen Natur selbst entdecken können. Wenn wir unsere tiefste Angst erforschen, können wir ihre Entstehung bis zu unserem ersten Irrtum zurückverfolgen – bis zu jener Fehlwahrnehmung also, die früh in unserem Inkarnationsprozess eintritt und uns aus der Übereinstimmung mit unserer geistigen Natur bringt. Die Entsprechungen zwischen unserem tiefsten Wunsch und unserem individuellen Schwerpunkt sowie zwischen unserer Grundangst und unserem ersten Irrtum sind nicht immer exakt, liegen in den meisten Fällen jedoch so dicht beieinander, dass sie uns Hinweise geben, die uns zu einem tieferen Verständnis unseres geistigen Schwerpunkts und des allerersten Ungleichgewichts führen können, das über viele Leben hinweg verhindert hat, dass wir unseren Schwerpunkt zum Ausdruck bringen konnten.

Betrachten wir meinen eigenen Fall: Mein geistiger Schwerpunkt ist sanfte Weisheit. Meine erste Trennung vom Geist trat ein, weil ich mit Wut und Enttäuschung auf Menschen reagiert habe, deren Verhalten in meinen Augen verletzend, schädlich und von geistigen Prinzipien abgekoppelt war. Genauer gesagt, ich erkannte die weitreichenden Auswirkungen von Gedanken, Worten und Werken und entwickelte Angst vor den langfristigen zerstörerischen Folgen des Unwissens.

Doch meine Geistführer betonen, wie wichtig es ist zu handeln, statt sich in Reaktionen zu verstricken. Reaktionen, so erklären sie, werden Teil des gesamten Ungleichgewichtsmusters, und wenn unsere Reaktionen uns ins Gefühlschaos stürzen, ist unsere Fähigkeit, aus der Klarheit und der Einstimmung auf den Geist heraus zu reagieren, gestört. Sie haben mir beigebracht, stattdessen emotional zu akzeptieren, dass wir alle den freien Willen haben, dass wir im Laufe unserer Weiterentwicklung und unseres Lernens Fehler machen, und dass diese Fehler zuweilen Leid auslösen. Meine Angst, dass ich durch eigenes Unwissen ebenfalls Fehler machen könnte, die womöglich zum Leid auf der Welt beitragen, hat meinen ersten Irrtum noch verschlimmert.

Durch Meditation habe ich erfahren, dass mein ursprüngliches Ungleichgewicht im Laufe vieler Leben lawinenartig angewachsen ist, was zu vielen Turbulenzen geführt, meine Klarheit getrübt und sich als ein Verhalten manifestiert hat, das zumeist von Frustration und Ungeduld herrührte und nicht im Einklang mit meiner geistigen Natur stand. Im Laufe der Arbeit mit meinen Geistführern konnte ich auf einer tieferen Ebene akzeptieren, dass Unwissenheit unweigerlich zur Entwicklung jedes Menschen dazugehört, auch zu meiner eigenen. Wir können uns nicht auf die Entfaltung unseres geistigen Schwerpunkts zubewegen, ohne Fehler zu machen und aus ihnen zu lernen, selbst wenn unser Lernen Leid verursacht, denn manchmal spielt Leid eine notwendige Rolle.

So halten mir meine Geistführer oft vor Augen: „Wir können erst wissen, wenn wir wissen." In dem Prozess, mit dem ich auf die Heilung meiner Angst vor Fehlern hinarbeite, musste ich mich immer tiefer in die Weisheit versenken, regelmäßig und sorgfältig fragen und zuhören, Klarheit mit meinem Dritten Auge zu gewinnen suchen sowie meinen Gedanken, meinen Gefühlen und meinem Verhalten gründlich auf den Zahn fühlen. Noch tieferes Vertrauen zu meinem geistigen Schwerpunkt ist der Schlüssel zur Auflösung meines ersten Irrtums. Allein dies ist bereits eine wichtige Lektion: Je besser wir unseren geistigen Schwerpunkt umsetzen und verstehen, desto näher kommen wir der Aufhebung des Ungleichgewichts, das durch unseren ersten Irrtum entstanden ist.

Manche konnten herausfinden, was ihr erster Irrtum war, indem sie in Gedanken den Bogen ihrer gegenwärtigen Inkarnation zurückverfolgt und in verschiedenen Situationen eine Neigung zu ganz bestimmten Reaktionen beobachtet haben. Als zum Beispiel eine Frau durch Fragen und Zuhören ihrer tiefsten Angst auf die Spur kommen wollte, wurde ihr sofort eine Erinnerung an die Zeit gezeigt, als sie fünf Jahre alt war. Sie nahm gerade einen Schluck aus einem Trinkbrunnen im Flur ihres Kindergartens, da kam ein älterer Junge und drückte ihr Gesicht in den Brunnen. Im Zuge dieser Erinnerung erlebte sie auch recht deutlich, wie sie damals emotional auf den Vorfall reagierte. Sie glaubte, das Verhalten des Jungen sei irgendwie ihre Schuld; sie müsse etwas sehr Schlimmes getan haben, was ihn wiederum dazu gebracht hatte, ihr weh zu tun. Sie hörte weiter zu, und vor ihrem geistigen Auge lief eine ganze Reihe ähnlicher Situationen ab: Wie sie in der Highschool von einer Gruppe junger Mädchen verspottet wurde; wie sie von einer Ferienlager-Liebe plötzlich und aus unerfindlichen Gründen verlassen wurde; wie ein Vorgesetzter wegen eines Fehlers in einem Teamprojekt einzig und allein sie kritisierte. Als die Bilder schließlich aufhörten, erkannte sie darin einen durchgehenden roten Faden. Ihre tiefste Angst – immer abgelehnt zu werden – war unentwirrbar mit ihrem ersten Irrtum verbunden, nämlich der Überzeugung, dass mit ihr grundsätzlich etwas nicht stimmte.

Ein weiterer Kursteilnehmer durchlief einen ähnlichen Prozess, als er seine tiefste Angst entdeckte, nicht geliebt zu werden. In der Stille der Meditation erkannte er, dass er sich immer Partnerinnen gesucht hatte, die emotional unzugänglich waren, wodurch er sich stets ungeliebt fühlte – genau wie er es befürchtet hatte. Zugleich wurde er darauf hingewiesen, er solle sich einmal anschauen, welche enorm hohen Ansprüche er an sein Verhalten, seine Lebensqualität und seine kreativen Tätigkeiten stellte. Wenn er seinen eigenen Anforderungen nicht genügte, konnte er sich selbst nicht akzeptierten und lieben, woraus er wiederum schloss, dass auch niemand anderer ihn lieben könne. Die Überzeugung, dass er grundsätzlich nicht liebenswert sei, wenn er die hohen Ansprüche, die er an sich stellte, nicht erfüllte, war sein erster Irrtum, aus dem wiederum seine Grundangst hervorging.

Wie viele andere, entdeckte auch er im Laufe weiteren Fragens und Zuhörens, dass sein tiefster Wunsch eine Parallele zu seiner Grundangst darstellte. Voller Angst, nicht geliebt zu werden, erkannte er, dass es sein größter Wunsch war, geliebt zu werden, und dass die Einstellungsänderung, die notwendig war, um seine Angst zu heilen, dieselbe war, die dazu führen würde, dass sein Wunsch in Erfüllung ginge. Im Laufe seiner Arbeit mit der Affirmation „Ich bin Geist; daher bin ich geliebt" erlebte er nach und nach eine tiefgreifende Veränderung seiner Selbstwahrnehmung. Er erkannte, dass er als Geist nicht nur geliebt wird, sondern Liebe *ist*. Liebe war sein persönlicher geistiger Schwerpunkt. Er hatte eine Blockade entwickelt, durch die er die Liebe, die in ihm war, nicht mehr spüren und erleben konnte, wenn sie nicht erwidert wurde. Als er dies erkannte, veränderte er seinen Fokus: Statt sich nach Liebe zu sehnen, konzentrierte er sich nun darauf, anderen gegenüber Liebe zum Ausdruck zu bringen.

Die Entdeckung unserer tiefsten Angst und unseres tiefsten Wunsches kann uns also der Erkenntnis unseres ersten Irrtums und unseres geistigen Schwerpunkts näherbringen, was uns wiederum hilft, die Fragen „Wer bin ich?" und „Warum bin ich hier?" zu beantworten. Sinn und Ziel unserer Inkarnation ist es unter anderem, unsere Ängste abzubauen und unsere Wünsche in Erfüllung gehen zu lassen, so dass wir unseren ersten Irrtum auflösen und unsere geistige Natur vollständig zum Ausdruck bringen können. Wenn wir unseren Ängsten und Wünschen nicht nachgehen, können sie sich in Gestalt von Verdrängung, Leugnung und einer Fixierung auf Ziele äußern, die nicht unbedingt im Einklang mit der Motivation unseres Geistes stehen. Wenn wir inkarnieren, werden wir zu einer Umgebung und familiären Umständen hingeführt, die in der einen oder anderen Form unsere tiefsten Ängste und Wünsche auslösen können, damit sie zu Bewusstsein gebracht und bearbeitet werden können. Wir geraten also sozusagen alle in die „Falle", damit wir uns weiterentwickeln.

In diesem Licht betrachtet, bringen bestimmte Situationen in unserem Leben unsere Ängste zum Vorschein, um uns dadurch zu helfen, sie nach und nach abzubauen. Manchmal wecken Situationen Ängste, die wir schon aufgearbeitet glaubten oder bisher noch gar nicht bemerkt haben, was wiederum Ängste offenbaren kann, die auf einer tieferen Ebene sitzen. Der Prozess ähnelt ein wenig dem Schälen einer Zwiebel: Bis wir zum Kern kommen, müssen viele Schichten entfernt werden. Doch bei kontinuierlicher Anwendung des richtigen Gegenmittels überwinden wir unsere Ängste, und unser Geist tritt zutage. Wenn du dir den Geist als die Sonne und deine Ängste als Wolken denkst, dann kann sich dein Geist immer vollständiger zum Ausdruck bringen, je mehr die Wolken sich auflösen.

Selbstständiges Erforschen

Es gibt mehrere Möglichkeiten, die Grundangst, die aufgelöst werden muss, und den tiefen Wunsch, der zum Ausdruck kommen will, damit wir Erfüllung finden, zu erkennen. Die direkteste Methode ist die, die mein Geistführer im ersten Kurs zu diesem Thema vorgestellt hat. Bringe deinen Geist durch Meditation zur Ruhe und frage: „Was ist meine tiefste Angst?" Selbst wenn du bereits Theorien oder Ideen über deine Angst entwickelt hast, stelle sie zum Zwecke dieser Untersuchung eine Zeit lang hintan. In diesem Prozess geht es ums Fragen und Zuhören, nicht um eine Analyse. Höre zu und sei aufgeschlossen für die Antwort, die sich zeigt und die entweder in Form einer Vision oder als Worte oder Gedanken kommen kann.

Wenn du eine Antwort erhalten und den Eindruck hast, dass du nun nicht mehr tiefer gehen kannst, dann frage: „Was ist das Gegenmittel gegen diese Angst?" Sehr häufig besteht die Lösung, die sich dann zeigt, aus einer Aufforderung, dich aus geistiger Sicht zu betrachten. Ein typisches Gegenmittel gegen die Angst vor Unzulänglichkeit oder vor Fehlern ist zum Beispiel die Affirmation, dass du in deinem Wesenskern in jeder Hinsicht gut und ganz bist. Positive Aussagen, die einen derartigen Perspektivenwechsel fördern, mögen stark vereinfachend klingen, sind tatsächlich jedoch äußerst wirkungsvoll, und die sich daraus ergebende Einstellungsänderung kann tiefgreifende Auswirkungen auf dein ganzes Leben haben. So sagen meine Geistführer: „Eine Einstellungsänderung ist nur einen Dreh- und Angelpunkt weit weg. Doch der verändert völlig, wie du alles siehst und erlebst."

Wenn du dein Gegenmittel erstmals anwendest, wirst du sehr wahrscheinlich ein vorübergehendes Nachlassen der Angst verspüren. Lasse dich nicht beunruhigen, wenn sie wieder auftaucht; bei der Arbeit mit Gewohnheiten, die sich über viele Leben hinweg eingefleischt haben, ist das zu erwarten. Wende einfach immer und immer wieder das Gegenmittel an, sobald die Angst auftaucht. Wie im Abschnitt über Affirmationen bereits gesagt: Wenn neue Einstellungen und Erfahrungen entwickelt werden sollen, ist Wiederholung ausschlaggebend. Meine Geistführer sagen: „Oft finden die Menschen eine Lösung für ihre Probleme; sie wenden sie nur nicht oft genug an."

Eine weitere Methode zur Entdeckung unserer tiefsten Angst ist die Selbstbeobachtung – auf die Angst achten, wenn sie sich meldet. Löse dich nicht energetisch von deinem Körper und lenke dich nicht ab, damit du die Angst nicht spüren musst, sondern entscheide dich bewusst dafür, deine Aufmerksamkeit darauf zu lenken, und lasse zu, dass du sie spürst und genauer verstehst. Denke daran, dass Bewusstsein in alle Richtungen dehnbar ist; du kannst also dein Bewusstsein bis in deine Angst hinein ausdehnen, um mehr über sie zu erfahren. Angst entsteht üblicherweise im Solarplexus, dem Gefühlszentrum, setze also dein Drittes Auge ein, um dein Bewusstsein in dieses Chakra zu senden. Du kannst die Technik des Fragens und Zuhörens anwenden, um mit deiner Angst in einen Dialog zu treten und tiefere Erkenntnisse zu erhalten. Frage: „Was ist diese Angst?" oder „Was hat das ausgelöst?" Versuche nicht, eine Antwort zu formulieren, sondern warte ab und höre zu.

Im Laufe meiner jahrelangen Arbeit mit Menschen habe ich entdeckt, dass Situationen, die bei den einen Angst auslösen, andere völlig kalt lassen. Durch Beobachtung deines Alltags werden dir bestimmte Umstände oder Ereignisse auffallen, die bei dir Angst auslösen. Nutze dein Drittes Auge, um die Situation zu untersuchen und zu verstehen, warum sie eine Angstreaktion hervorruft.

Mit denselben Instrumenten kannst du auch deinen tiefsten Wunsch entdecken. Die direkteste Methode ist bei vielen Menschen, sich in die Meditation zu begeben und zu fragen: „Was ist mein tiefster Wunsch?" Wenn du, sobald mögliche Antworten aufsteigen, bei einem Wunsch angekommen bist, dann schaue, ob du noch tiefer gehen kannst. Wenn du so tief gegangen bist, wie du nur kannst, dann frage: „Wie kann ich diesen Wunsch erfüllen?" Die Antwort kann in Form einer Affirmation kommen. Wenn dem so ist, dann wiederhole sie kontinuierlich laut oder in Gedanken und achte darauf, wie du dich bei diesem Perspektivenwechsel fühlst. Wenn der Meditationsprozess abgeschlossen ist, vergleiche das, was du über deine tiefste Angst erfahren hast, mit dem, was du über deinen tiefsten Wunsch entdeckt hast. Kannst du eine Verbindung zwischen beiden erkennen? Kannst du sehen, inwiefern die Einstellung, die gegen deine Angst wirkt, mit der Einstellung verbunden ist, die dir bei der Erfüllung deines Wunsches hilft.

Achte im Laufe deines Lebens auf deine Einstellungen und Gefühle. Spiegeln sie deine Ängste oder deine Wünsche wider? Nutze die Einstellungen und das Verhalten, die die Erfüllung deiner Wünsche fördern und deine Ängste abbauen, als Affirmation. Viele Menschen sind eher von ihrer tiefsten Angst getrieben als von dem Wunsch, der von ihrem Geist kommt. Es ist nicht ungewöhnlich, dass jemand mit Angst vor Unzulänglichkeit andere dominieren, Macht über sie ausüben will, um die Angst, die ihn verfolgt, zu kompensieren. Wer befürchtet, nicht liebenswert zu sein, könnte manipulativ und kontrollierend werden und auf diese Weise versuchen, die Liebe zu bekommen, nach der er sich sehnt, die er aber nicht verdient zu haben glaubt. Von Angst getriebene Erfolgsmenschen können den Anschein erwecken, sie hätten Erfüllung gefunden, doch im Laufe meiner Arbeit habe ich festgestellt, dass dies in sehr vielen Fällen nicht so ist: Universitätsprofessoren, die von dem Bedürfnis nach Anerkennung getrieben werden; wohlhabende Geschäftsleute, die glauben, nicht genug zu haben; Frauen, die aus Gründen der finanziellen Absicherung heiraten und dafür Einsamkeit oder Missbrauch erdulden. Meine Geistführer betonen immer wieder: „Erfüllung ist die Entfaltung unserer geistigen Natur. Triff deshalb deine Entscheidungen aus Klarheit und nicht aus Angst.“

KAPITEL NEUN

Schicksal und Entscheidungsfreiheit

Ablehnung ist die Schranke, die verhindert, dass du den falschen Weg einschlägst.

Nach einem bestürzenden Vorfall am zehnten Geburtstag meiner Tochter wollte ich die Beziehung zwischen Schicksal und freiem Willen – oder, wie ich zu sagen gelernt habe, „kreativer Entscheidungsfreiheit“ – genauer untersuchen und verstehen.

An jenem Morgen war ich mit beiden Kindern in die Stadt gefahren, um Zubehör für die Geburtstagsparty meiner Tochter zu kaufen: Luftballons, Eis, fröhliche Kopfbedeckungen und kleine Geschenke für die Gäste. Ich wollte schnell wieder nach Hause, da die Freundinnen meiner Tochter schon am Nachmittag kommen sollten. Wir waren gerade auf dem Rückweg durch die Hauptstraße des Städtchens, da sagte mir ein Geistführer von einer Stelle über meiner rechten Schulter aus ganz direkt mit vernehmbarer Stimme: „Bleib stehen und iss in diesem Café zu Mittag.“ Ich war nicht begeistert, denn wir waren bereits spät dran, und ich musste für die Party noch viel vorbereiten. Weil mein Geistführer aber per Stimme statt in der etwas subtileren Form einer Gedankennachricht kommuniziert hatte, war mir klar, dass es sich hier eher um eine Anweisung als um einen Vorschlag handelte. Obwohl ich nicht wusste, was mein Geistführer vorhatte, blieb ich stehen. Ich ging mit meinen Kindern in das Café, und nachdem wir unser Mittagessen bestellt hatten, ging ich zur Toilette, um mich etwas frisch zu machen. An der Wand neben dem Waschbecken hing ein Plakat, das zeigte, wie man den Heimlich-Handgriff durchführt. Beim Händewaschen betrachtete ich das Plakat und ging dann zurück an den Tisch. Wir aßen schnell und verließen danach das Lokal wieder.

Am Nachmittag hatten sich die Kinder um unseren Esstisch versammelt. Sie lachten, schwatzten und aßen Kuchen und Eis. Derweil stand ich an der Küchenspüle und wusch das Geschirr ab. Plötzlich spürte ich, dass mich jemand von hinten sachte an der Schulter antippte. Ich drehte mich um und sah meine Tochter dort stehen – sie war blau angelaufen und konnte weder einen Laut von sich geben noch Luft holen. Weil ich gerade erst das Plakat über den Heimlich-Handgriff gelesen hatte, konnte ich sie von hinten umfassen und, ohne in Panik zu geraten oder erst nachdenken zu müssen, die Oberbauchkompression korrekt ausführen und damit die Flüssigkeit, die ihre Luftröhre verstopft hatte, hinausbefördern. Hätte ich nicht am Mittag das Plakat studiert, wäre ich nicht in der Lage gewesen, so schnell und ohne den geringsten Anflug von Angst zu reagieren, dessen bin ich mir sicher.

Mein Geistführer hatte dafür gesorgt, dass ich zur rechten Zeit über das richtige Instrumentarium verfügte, um meiner Tochter das Leben zu retten. Doch als ich im späteren Verlauf des Abends darüber nachdachte, stellten sich mir einige Fragen: Woher wusste mein Geistführer, dass in dem Café ein Plakat über den Heimlich-Handgriff hing? Woher wusste er, dass ich diese Information am Nachmittag brauchen würde? War der Unfall meiner Tochter Schicksal oder Zufall? Wie konnte er Zufall sein, wenn mein Geistführer wusste, dass er geschehen würde? Ich fragte mich: Inwieweit ist unser Leben vorbestimmt, und wie viel Entscheidungsfreiheit haben wir eigentlich? Die ganze Episode war das Vorspiel zu einer langen Phase tiefen Nachdenkens – über meine eigene Vergangenheit und, philosophisch betrachtet, über das Leben im Allgemeinen. Und sie lieferte den Stoff zu vielen Gesprächen mit meinen Geistführern.

Mir kam der Gedanke, wenn das Leben völlig vorherbestimmt wäre, dann könnten wir uns ja einfach treiben lassen. Alle unsere Erlebnisse stünden bereits fest, und unsere einzige Freiheit läge in unserer emotionalen Reaktion darauf. Wenn wir andererseits unsere Realität selbst wählen und erschaffen – wie eine Reihe spirituell orientierter Leute behaupten – dann liegen die Ereignisse und Erfahrungen in unserem Leben vollständig in unserer Hand (auch wenn wir sie nicht immer bewusst steuern). Als ich meine Geistführer um Klärung bat, meinten sie, im Leben jedes Menschen verbänden sich schicksalhafte und frei wählbare Elemente. Bei manchen spielt das Schicksal in einem bestimmten Leben eine größere Rolle, was ich dann als „Leben an der kurzen Leine“ bezeichne. Andere haben reichlich Gelegenheit zu kreativer Entscheidungsfreiheit, was ich „Leben an der langen Leine“ nenne.

Ein stärker vom Schicksal geprägtes Leben ist weder besser noch schlechter als ein Leben voller kreativer Entscheidungsmöglichkeiten; jedes dient einem anderen Zweck und hat seinen Schwerpunkt auf anderen Lektionen. Meinen Geistführern zufolge ist unser Schicksal im jeweiligen Leben die Blaupause für unsere Lerninhalte und den Beitrag, den wir auf unserem Weg zur Entfaltung unserer geistigen Natur auf Erden leisten. Unser Schicksal wurde schon festgelegt, noch bevor wir den ersten Atemzug taten, und ist mit vielen verschiedenen Faktoren verbunden. Manche Menschen inkarnieren aus einem ganz bestimmten Grund, etwa um den PC zu erfinden oder Musik zu komponieren, die eine ganze Generation inspiriert; andere kommen auf die Erde, um einen eher allgemeineren Zweck zu erfüllen, etwa um etwas über Mitgefühl, Kreativität oder Selbstvertrauen zu lernen. Manchmal inkarnieren wir, um Fertigkeiten, die wir in früheren Leben erlernt haben, umzusetzen oder weiterzuentwickeln, oder um Lektionen zu lernen, die wir bisher vermieden oder ignoriert haben. Durch Einblicke in frühere Leben von Klientinnen und Kursteilnehmern habe ich außerdem erfahren, dass das Verhältnis zwischen Schicksal und Entscheidungsfreiheit von Leben zu Leben schwankt. Nur weil das Schicksal in einem Leben eine große Rolle spielt, bedeutet dies nicht, dass ihm auch im nächsten ebenso viel Gewicht zukommt. Wir erforschen immer wieder andere Rollen und lernen andere Lektionen.

Schicksal: Feedback vom Leben

Überwiegend führe ich ein Leben an der kurzen Leine, nur in Fragen der Inneneinrichtung ganz bestimmt nicht. Ich bin es gewohnt, in sehr vielen Bereichen meines Lebens genaue Anweisungen zu erhalten; wenn ich aber entscheiden soll, wie ich meine Wohnung einrichte, erhalte ich kaum einmal Erkenntnisse oder Bestätigung für einzelne Details. Lange habe ich angespannt mit Fragen gerungen wie: „Möchte ich das in Blau oder in Grün?“ Eine Freundin witzelte einmal, ich müsse wohl in einem früheren Leben geköpft worden sein, weil ich den falschen Stoff ausgesucht hatte. Ich habe eine ganze Weile gebraucht, bis ich mich mit künstlerischer Entscheidungsfreiheit wohlfühlen und den kreativen Prozess genießen konnte, statt mich von den Entscheidungsmöglichkeiten überfordert zu fühlen.

Das Schicksal hingegen zeigt sich am deutlichsten in dem Feedback, das wir vom Leben erhalten. Im Allgemeinen drückt sich dieses Feedback auf zweierlei Art und Weise aus: Entweder als Schranke oder Ablehnung oder als unerklärliche Veränderung der Umstände, durch die sich deutlich ein Weg abzeichnet.

In Kursen und Workshops weise ich oft auf Beispiele aus meinem eigenen Leben hin, um zu veranschaulichen, wie sich dieses Feedback zeigt. Als es für mich an der Zeit war, mich um einen Studienplatz zu bewerben, wollte ich unbedingt an das damals neu eingerichtete Hampshire College in Amherst, wo ich aufgewachsen war und immer noch lebte. Hampshire war im Verbund mit vier weiteren Bildungseinrichtungen in der Region – Amherst College, Smith College, Mount Holyoke College und der University of Massachusetts zu Amherst – als alternatives Bildungsexperiment gegründet worden. Hampshire legte Wert auf die Förderung von Neugier und Motivation bei den Studentinnen und Studenten, ein breit gefächertes, interdisziplinäres Studienangebot sowie enge Mentoringbeziehungen zu den Lehrkräften. Da ich mich für Erziehung und insbesondere alternative Erziehungsmethoden interessierte, wollte ich unbedingt dorthin.

Doch mein Vater wehrte sich gegen die hohen Studiengebühren und bestand darauf, dass ich mich nur an staatlichen Hochschulen bewarb. Einer meiner Brüder besuchte bereits die State University of New York (SUNY) in Stony Brook auf Long Island. Ich besuchte ihn dort immer gerne, und allein aufgrund dieser oberflächlichen Erfahrung beschloss ich, mich an einigen SUNY-Einrichtungen zu bewerben. Allerdings bewarb ich mich auch am Hampshire College, trotz der Einwände meines Vaters. Meine Highschool-Noten waren nicht berauschend, und auch beim sogenannten Scholastic Assessment Test, den alle Studienplatzbewerber ablegen mussten, hatte ich nicht besonders gut abgeschnitten. Aber ich hatte einen

Bewerbungsaufsatz geschrieben, der in einer Art Bewusstseinsstrom nur so aus mir heraus über die Tastatur aufs Papier geflossen war, und bei meinem Vorstellungsgespräch sagte mir die Zulassungsdirektorin in Stony Brook, dies sei der berührendste College-Aufsatz gewesen, den sie je gelesen habe.

Ich war schon drauf und dran, mich mit einer staatlichen Universität abzufinden, da trafen zwei bemerkenswerte Ereignisse zusammen. Erstens wurde ich trotz meiner Noten am Hampshire College angenommen – ein echter Coup, denn Hampshire nahm nur sehr wenige Studentinnen und Studenten auf, und 1971 war das College extrem beliebt, so dass es zu den Einrichtungen in den Vereinigten Staaten gehörte, in die man am schwersten hineinkam. Zugleich beschloss der Zulassungsausschuss an der SUNY plötzlich, Zulassungen für Studierende von außerhalb des Bundesstaates auszusetzen. Aufgrund dieser einzigartigen Situation lenkte mein Vater schließlich ein – wenige Tage bevor ich dem Hampshire College Nachricht geben musste, ob ich ihr Angebot annähme oder nicht. Kurz danach wurde der Aufnahmestopp an der SUNY wieder aufgehoben. Ich wurde an allen staatlichen Colleges, an denen ich mich beworben hatte, angenommen, und meines Wissens hat die SUNY nie wieder ähnliche Maßnahmen ergriffen.

Auch wenn ich nur ein Jahr am Hampshire College war, hatte ich dort doch bedeutende Erlebnisse, bis ich beschloss, mir eine Auszeit zu nehmen, um meinem vertieften Interesse an spirituellen Fragen nachzugehen. Zu den wichtigsten Erfahrungen gehörte die Freundschaft zu einer anderen jungen Frau an der Hochschule. Nach meinem Weggang haben wir uns eine Zeit lang aus den Augen verloren, doch fünfzehn Jahre später kreuzten sich unsere Wege wieder, als ich in San Francisco war und wir uns in der Praxis einer Energieheilerin begegneten, bei der sie eine Ausbildung machte. War das Schicksal? Zufall? Kurz danach trafen wir uns erneut bei ihren Eltern, wo ich meine Bekanntschaft mit ihrer Familie erneuerte. Danach nahmen ihre Eltern und eine ihrer Schwestern an den Kursen teil, die ich zu der Zeit erstmalig in Boston anbot, und als schließlich die Mutter meiner Freundin erkrankte und in die geistige Welt hinüberging, stand ich der Familie mit spiritueller Unterstützung bei. Tatsächlich erschien sie mir kurz nach ihrem Tod, als ich gerade auf einer Stadtautobahn in Los Angeles im Stau steckte, um mir aus der geistigen Welt eine Botschaft über das Leben mitzugeben: „Es geht immer nur um Liebe."

Außerdem wohnte meine Tochter etliche Jahre später, als sie für ihr Graduiertenstudium nach San Francisco gezogen war, im Gästehaus meiner Freundin, so dass sie sich in Ruhe in der unbekannten Stadt zurechtfinden konnte. Aus dem Band, das ich mit dieser Frau geknüpft hatte, sind sehr viele persönliche Verbindungen hervorgegangen. Im Nachhinein hat es ganz so den Anschein, als seien unser erneutes Kennenlernen nach fünfzehn Jahren und die darauffolgenden Ereignisse ein wichtiger Grund gewesen, warum sich das Leben geradezu verschworen hatte, damit ich aufs Hampshire College konnte.

Es gab auch andere Gelegenheiten, bei denen sich die Umstände zunächst scheinbar nicht zu meinen Gunsten entwickelten, nur um dann mit Fortschreiten der Ereignisse zu offenbaren, dass ein größerer Zweck dahinterstand. Zum Beispiel kam mir nach der Rückkehr von meinem Aufenthalt in Cuernavaca der Gedanke, dass ich meine Ausbildung in New York fortsetzen sollte, da ich mich dort einer spirituellen Perspektive geöffnet hatte. Ich wusste zwar, wo ich wohnen konnte, aber mir war auch klar, dass ich Arbeit brauchte. Daher meldete ich mich bei einer Arbeitsvermittlung an und machte einen Test im Schreibmaschinenschreiben. Den bestand ich nicht gerade mit Glanz und Gloria, aber die Agentur schickte mich trotzdem zu einem Vorstellungsgespräch als Sekretärin bei einem sehr großen Spirituosenunternehmen.

Dann geschah etwas äußerst Merkwürdiges. Der Herr, der das Gespräch mit mir führte, sagte, sein Chef wolle mit mir sprechen. Ich ging in sein Büro, führte das Bewerbungsgespräch und erfuhr nach kurzer Zeit, dass wiederum *sein* Chef mit mir sprechen wollte. Im weiteren Verlauf des Tages bis in den Nachmittag hinein wurde ich in der Managementkette immer weiter nach oben durchgereicht, bis ich schließlich, schon fast am Ende des Tages, zum Vorstellungsgespräch ins Büro des Vorstandschefs des Unternehmens geführt wurde. Ich konnte es kaum glauben: Eine neunzehnjährige, bestenfalls passable Schreibkraft wurde zum Vorstellungsgespräch zum Vorstandsvorsitzenden eines riesigen Unternehmens in New York City gebeten!

Er blätterte in meinen Bewerbungsunterlagen und erwähnte dabei, er sei Zulassungsdekan an einer Ivy-League-Universität gewesen. „Ich sehe hier, dass Sie am Hampshire College waren“, sagte er. „Das ist die Hochschule, in die man im ganzen Land am schwersten hineinkommt. Warum wollen Sie diese Stelle?“

Ich berichtete ihm von meinem spirituellen Erwachen durch meine Mutter und den Auswirkungen, die dies auf mich gehabt hatte, und er meinte, ich erinnerte ihn an seine Tochter. Wir unterhielten uns stundenlang über den Sinn des Lebens, bis irgendwann das ganze Gebäude leer war. Gegen Ende unseres Gesprächs fragte ich ihn: „Und was ist nun mit der Stelle? Kann ich sie haben?"

„Ja, natürlich, kein Problem", erwiderte er. „Die Stelle können Sie haben."

Als ich jedoch am nächsten Tag in der Agentur anrief, erfuhr ich, dass ich die Stelle nicht bekommen hatte.

„Moment mal", erwiderte ich. „Das ist unmöglich. Ich habe mit dem Vorstandsvorsitzenden gesprochen, und er hat mir die Stelle zugesagt."

Der Sachbearbeiter in der Agentur sagte mir sehr bestimmt, die Stelle, auf die ich mich beworben hätte, sei an eine Verwandte eines Mitarbeiters in der Firma vergeben worden. Nachdem ich aufgelegt hatte, ließ ich mir das außergewöhnliche Erlebnis noch einmal durch den Kopf gehen. Ich war durch alle Management-Ebenen aufgestiegen, bis ich schließlich im Büro des Vorstandsvorsitzenden saß und ein tiefes und bedeutungsvolles Gespräch führte – aber am Ende hatte ich die Stelle nicht bekommen. In New York sollte ich wohl offensichtlich nicht sein. Was immer meine Lebensaufgabe war, hier war sie nicht. Wie meine Geistführer hin und wieder sagen: „Ablehnung ist die Schranke, die verhindert, dass du den falschen Weg einschlägst."

Ich ging zurück nach Amherst und machte mich an die Stellensuche. Beim Durchblättern einer Zeitung entdeckte ich eine Stellenanzeige für eine Schwesternhelferin in einem Altersheim. Das war lange, bevor es E-Mail und Online-Bewerbungen gab, daher fuhr ich also zu dem Altersheim und wurde ans Büro der Leiterin verwiesen. Ich stellte mich vor und sagte, ich hätte die Stellenanzeige für eine Schwesternhelferin gesehen und würde mich gerne für die Stelle bewerben.

„Oh", erwiderte sie, „diese Stelle wurde schon vor einiger Zeit besetzt." (Als ich später wieder zu Hause war und mir die Zeitung noch einmal ansah, stellte ich tatsächlich fest, dass sie bereits zwei Wochen alt war; ich hatte nicht einmal aufs Datum geschaut!)

Allerdings konnte ich den fünfzehn Zentimeter hohen Stapel mit Bewerbungen auf dem Schreibtisch der Leiterin gar nicht übersehen, was mich zu der Frage veranlasste: „Wenn diese Stelle besetzt ist, warum sehen Sie sich dann diese Bewerbungen an?“

„Nun ja“, sagte sie, „es gibt noch eine andere Stelle für eine besondere Schwesternhelferin – diese Hilfe ist nur für eine einzige Bewohnerin zuständig. Ich wollte mir gerade den Bewerbungsstapel ansehen, um jemanden dafür zu finden.“

Ich sagte, die Stelle könnte ich bestimmt übernehmen.

Sie betrachtete mich eingehend und nach einer Weile nickte sie: „In Ordnung, Sie können sie haben.“ Dabei sah ich, wie sie die Bewerbungen weglegte.

Da las ich also zufällig eine veraltete Zeitung und war gerade dadurch zur rechten Zeit am rechten Ort. Meine Aufgabe war es, mich um eine zweiundneunzigjährige alte Dame namens Narcissa zu kümmern, deren Familie so wohlhabend war, dass sie ihr eine eigene Gesellschafterin zur Seite stellen konnten. Meine Pflichten waren leicht: Ich las ihr vor, unterhielt mich mit ihr, wenn sie in der Stimmung dazu war, half ihr ins Badezimmer und bereitete sie fürs Bett vor.

Die Tage vergingen, und Narcissa wuchs mir ans Herz. Sie hatte etwas von einer Südstaatenschönheit und ein faszinierendes Leben geführt, zu dem auch viele Reisen in alle Welt gehörten. Sie hatte ebenso viel Spaß daran, mir ihre Geschichten zu erzählen, wie ich, ihr zuzuhören. Ihr Verhältnis zu vielen anderen Angestellten war eher konfliktreich; sie empfanden sie als anstrengend, und Narcissa fand sie unzugänglich. Weil mir aber aufrichtig an ihr lag, erwiderte sie meine Aufmerksamkeit mit großer Liebenswürdigkeit und Zuneigung.

Durch Meditation begriff ich, dass der wichtigste Aspekt meiner Arbeit – und der Grund hinter den ungewöhnlichen Umständen, unter denen ich angestellt worden war – darin bestand, Narcissa über ihre Angst vor dem Tod hinwegzuhelfen. Wir mochten beide Emily Dickinsons Gedichte, daher beschloss ich, ihr einige ihrer Verse über den Tod vorzulesen, um das Thema möglichst sanft zu streifen. Wir hatten schon häufig über Gedichte gesprochen, und in diesen Gesprächen gab Narcissa nach und nach zu, wie oft sie an den Tod dachte und wie sehr die Vorstellung vom Sterben sie erschreckte. Als wir uns nähergekommen waren, fragte ich sie ganz direkt, wie sie sich den Tod vorstellte. Sie erwiderte, sie wisse es einfach nicht, und nichts fache ihre Angst so sehr an wie Unsicherheit. In dem

Versuch, sie zu beruhigen, erzählte ich ihr, was ich aus meinem Erlebnis mit meiner Mutter gelernt hatte. Der Tod, so erklärte ich, sei einfach eine andere Lebensphase, und wenn sie ihren Körper verlassen habe, werde sie nicht allein sein; Geistführer und Helfer würden für sie da sein und sie mit Liebe umgeben.

Allmählich vertiefte sich ihr Vertrauen zu mir, und sie hatte bedeutsame Träume. Eines Nachmittags rief sie nach einem kurzen Schläfchen aus: „Ellen, Ellen! Deine Mutter ist zu mir gekommen, und wir haben miteinander Tee getrunken!“ Beim Tee hatte meine Mutter mit ihr über den Tod und darüber gesprochen, wie der Übergang vonstatten geht. Ich fragte sie, ob sie noch wisse, wie meine Mutter in ihrem Traum ausgesehen habe.

„Ach“, erwiderte sie, „sie hatte schwarzes, lockiges Haar und blaue Augen.“

Das traf zu, und da meine eigene Haarfarbe der meiner Mutter nicht ähnlich ist und ich Narcissa gegenüber nie erwähnt hatte, wie meine Mutter aussah, war ich mir sicher, dass die Begegnung echt gewesen war.

Mit strahlenden Augen nahm Narcissa meine Hand und vertraute mir an: „Sie hat mir gesagt, deine Religion sei die Religion von Licht und Liebe.“

Das war 1972, und ich hatte diese Wendung noch nie im Zusammenhang mit Religion gehört. Tatsächlich betrachtete ich mich eigentlich überhaupt nicht als Anhängerin irgendeiner Religion. Aber ihre Beschreibung berührte mich, weil sie so zutreffend war, und ich erkannte, dass ich durch meinen Dienst an Narcissa ein tieferes Verständnis meiner Arbeit auf der Welt erhielt.

Als ich über dieses Gespräch nachdachte, fiel mir auf, dass ich die Stelle als Narcissas Assistentin am Geburtstag meiner Mutter bekommen hatte – ein Element der Synchronizität, das zusätzlich bestätigte, dass unsere Beziehung einen tieferen Sinn und Zweck hatte. Nicht lange nach diesem Austausch hatte ich einen Autounfall und konnte nicht mehr ins Altersheim kommen. Ich hatte jedoch eine Vision von Narcissa als strahlend glückliche und von Licht umhüllte Frau, als sie starb – an meinem Geburtstag. Für mich war dies eine Bestätigung, dass ich meinen Auftrag erfüllt hatte.

Der lange Arm des Schicksals

Sobald wir anerkennen und akzeptieren können, dass sich Ordnung und Sinn durch unser Leben ziehen, erkennen wir Muster in unseren Erfahrungen und Erlebnissen, die offenbar miteinander in Zusammenhang stehen, aber keine erkennbare ursächliche Verbindung haben. Der Schweizer Psychoanalytiker Carl Gustav Jung bezeichnete dies als „Synchronizität" – eine Anordnung „sinnvoller Zufälle". Aus meiner Sicht jedoch und den Lehren meiner Geistführer gemäß, ist das, was oberflächlich betrachtet wie eine Verkettung von Zufällen aussieht, in Wirklichkeit die Manifestation einer tieferen, orchestrierenden Ordnung des Geistes.

Zum Beispiel endete der Schicksalsbogen, der mich zu Narcissa geführt hatte, nicht mit ihrem Tod. Als mein Sohn viele Jahre später ins College ging, bekam er seinen Zimmergenossen von einem Computer zugewiesen. Sie wurden gute Freunde, und als mein Sohn zu einer Gesellschaft eingeladen wurde, die seine Mutter gab, brachte er mich mit. Unsere Gastgeberin stellte mich ihrer besten Freundin vor, die, wie sich herausstellte, Narcissas Enkeltochter war. Die familien- und generationenübergreifenden Verbindungen bestätigten für mich das Gefühl, dass eine kosmische Ordnung am Werk war. Die Lektüre einer zwei Wochen alten Zeitung hatte mir einen Vorsprung vor einem fünfzehn Zentimeter hohen Bewerbungsstapel verschafft, so dass ich mich um die Frau kümmern konnte, der ich über ihre Angst vor dem Tod hinweghelfen sollte.

Manchmal nimmt der Ruf des Schicksals die Form eines dramatischen Eingriffs an. Bei mir war dies vor vielen Jahren der Fall, als ich ein paar Jahre nach meiner Scheidung einen sehr netten Mann kennenlernte. Eines Tages hörte ich bei meinem morgendlichen Spaziergang, wie mein Geistführer zu mir sagte: „Du kannst zwei Jahre mit ihm zusammenbleiben." Nach zwei guten und stärkenden gemeinsamen Jahren beschloss ich, die Beziehung aufrechtzuerhalten. Doch kurz nach diesem Entschluss, ich lag abends im Bett und las, spürte ich, wie ich plötzlich aus meinem Körper in die ätherische Welt gehoben wurde. Dort sah ich zwei Männer. An ihr Aussehen kann ich mich nur noch vage erinnern, aber sie wirkten alt und weise, und ich vertraute ihnen. „Du bist drauf und dran zu vergessen, weshalb du auf die Erde gekommen bist", sagten sie mir. Dann wurde ich rasch in meinen Körper zurückversetzt. Sie waren zwar nicht konkret geworden, aber ich hatte verstanden: Es war Zeit loszulassen und mein Schicksal zu erfüllen. Mit der Zeit wurde deutlich, dass ich meinen Weg mit jemand anderem gehen sollte.

Das Schicksal kann sich manchmal anfühlen, als schwimme man in einem Fluss mit sehr starker Strömung. Es ist sehr schwer – und manchmal unmöglich – gegen den Strom zu schwimmen. Diejenigen, deren „Leine" in diesem Leben kurz ist, müssen die Bereitschaft entwickeln, das Ruder aus der Hand zu geben und darauf vertrauen lernen, dass den Ereignissen des Lebens Ordnung und Gerechtigkeit zugrunde liegen. Wir müssen gut fokussieren und tief zuhören, um die Einstimmung auf das Geistige zu erreichen, damit wir uns nicht durch oberflächliche Ziele und Wünsche durcheinanderbringen lassen, die durch kulturelle Normen und Gewohnheiten aus früheren Leben geprägt sind, sondern stattdessen Entscheidungen treffen, die klar im Einklang mit unserer Lebensaufgabe stehen.

Die Herausforderung der Entscheidungsfreiheit

Ein Leben an der langen Leine stellt einen vor andere Herausforderungen. Wenn man überwiegend Entscheidungsfreiheit hat, verschiebt sich der Schwerpunkt dahingehend, dass kreative Ideen in greifbare Resultate umgesetzt und das Leben proaktiver angegangen werden soll. Außerdem muss man lernen, überall, wo Potenzial ist, Chancen zu schaffen.

Eine meiner Klientinnen ist zum Beispiel geradezu besessen von ihrer Suche nach ihrer Bestimmung. Wegen ihrer Angst vor Fehlern verstrickt sie sich im Überanalysieren der Botschaften und Erkenntnisse, die sie beim Fragen und Zuhören erhält. Sie versucht, auf Fragen zu ihrem Beruf, ihren Beziehungen und so weiter die exakt passende Antwort zu erhalten, damit sie die richtige Entscheidung treffen kann. Da sie jedoch ein Leben an der langen Leine führt, gibt es auf viele Situationen, vor die sie gestellt wird, keine exakt richtige Antwort. Das heißt nicht, dass manche Entscheidungen nicht besser sind als andere, etwa sich ausgewogen zu ernähren, statt stark zuckerhaltige Speisen und Getränke zu sich zu nehmen. In ihrem Leben kann sie schreiben oder lehren oder beides; diese oder jene Arbeitsstelle annehmen und wohnen, wo sie möchte. Wie viele andere Menschen mit einem Leben an der langen Leine muss auch sie das Selbstvertrauen entwickeln, Entscheidungen zu treffen, ohne zu wissen, was dabei herauskommt. Doch stattdessen verschwendet sie sehr viel Zeit auf der Suche nach Zeichen und Hinweisen, die ihr Orientierung geben. Ich ermutige sie immer wieder, weniger zögerlich, sondern proaktiver und selbstbestimmter zu sein.

Eine andere Klientin führt ein eigenes Unternehmen und hatte beschlossen, sich mit einem Partner zusammen zu tun, um das Unternehmen auf einen zweiten Standort zu erweitern. Ich gab ihr indirekt zu verstehen, dass ich diesen Mann für keine gute Wahl hielt. Doch meine Klientin beharrte darauf, dass er äußerst begabt und kreativ sei und ausgezeichnet zu ihrem Unternehmen passe. Vor Kurzem bin ich ihr zufällig wiederbegegnet, und sie erzählte mir voller Reue, die Partnerschaft sei eine finanzielle Katastrophe gewesen. Sie musste am eigenen Leib erfahren, dass kreative Entscheidungsfreiheit auch die Freiheit schenkt, schlechte Entscheidungen zu treffen. An Positivem habe sie aus der Erfahrung mitgenommen, so betonte sie, dass sie auf Einzelheiten achten müsse und sich nicht von Inspiration und Potenzial hinreißen lassen dürfe.

Das Wechselspiel von Schicksal und Entscheidungsfreiheit

Kein Leben ist ausschließlich vom Schicksal bestimmt oder völlig offen für kreative Entscheidungsfreiheit. Die Geschichte meiner Freundin Sue veranschaulicht dies in dramatischer Weise. Sue und ich lernten uns kennen, als wir beide neunzehn waren und uns eben erst dem Hellsehen und Hellhören geöffnet hatten, eine Entwicklung, die ein starkes Band zwischen uns schmiedete. Ihr spirituelles Erwachen war durch eine Nahtod-Erfahrung eingetreten, die durch eine Drogenüberdosis ausgelöst worden war. Als sie sich außerhalb ihres Körpers in der geistigen Welt befunden hatte, hatte man ihr gesagt, es sei für sie noch nicht an der Zeit zu sterben, und sie müssen wieder zurück. Nach der Rückkehr in ihre körperliche Gestalt merkte Sue, dass ihre Weisheit und ihre Wahrnehmung stark erweitert worden waren. Schon bald danach widmete sie ihre Begabungen dem Einsatz für die Menschenrechte mit Diplomatie und gewaltlosem Aktivismus. Vor allem beteiligte sich Sue an der Bewegung, die Colleges und Universitäten aufforderte, sich von ihren finanziellen Interessen in Südafrika zu trennen, was wesentlich zum Ende der Apartheid und zur Freilassung von Nelson Mandela beigetragen hat.

Fast dreißig Jahre nach Sues erster Nahtod-Erfahrung hatte sie eine zweite, ausgelöst durch einen Herzinfarkt. Dieses Mal, so erzählte sie mir, ließen ihr die Wesen in der geistigen Welt die Wahl: Sie konnte in der ätherischen Welt bleiben und ihre Entwicklung dort fortsetzen oder in ihren Körper zurückkehren. Sie zeigten ihr Bilder, was sie tun würde, wenn sie sich entschlösse, wieder in ihre menschliche Gestalt zurückzukehren, insbesondere im Zusammenhang damit, dass sie ihren Patensohn in einem Rechtsstreit unterstützen würde, durch den er am Ende finanziell abgesichert wäre. Motiviert durch die Liebe zu ihrem Patensohn kehrte Sue auf die Erde zurück, und wie vorhergesagt, half sie ihm.

Bei ihrer ersten Nahtod-Erfahrung hatte Sue keine Wahl. Beim zweiten Mal hatte sie die Wahl, aber die Möglichkeit der Rückkehr in ihren Körper war mit der Erfüllung einer bestimmten Aufgabe verbunden. Schicksal und Entscheidungsfreiheit waren unverkennbar miteinander verflochten.

Natürlich müssen wir nicht erst eine Nahtod-Erfahrung haben, um Hinweise auf unser Schicksal oder die Rolle der kreativen Entscheidungsfreiheit in unserem Leben zu entdecken. Die Gelegenheit, tiefsitzende Muster zu erkennen, liegt immer direkt vor unserer Nase.

Die Schule des Lebens

Das Leben auf der Erde ist unsere Schule. Meine Geistführer haben mir beigebracht, dass jede Situation uns Lektionen bietet, die uns auf dem Weg zur Entfaltung unseres geistigen Wesenskerns weiterbringen. Dies ist allein schon eine starke Lektion, denn wenn wir unsere Erlebnisse aus der Perspektive betrachten, dass jede Situation die Chance bietet, zu lernen, zu wachsen und zu heilen, dann ist alles, was geschieht – so schmerzlich, trostlos, verwirrend oder ungewöhnlich es auch sei – sowohl sinnvoll als auch zu unserem Besten. Aus diesem erweiterten Blickwinkel heraus können wir hinter Situationen und Ereignissen eine Ordnung und einen Sinn erkennen – eine einzigartige Klarheit, die uns befähigt, geschickter und kreativer auf alles zu reagieren, was das Leben uns vorsetzt, und zwar auf eine Art und Weise, die unsere Entwicklung fördert und uns zugleich ermöglicht, uns positiv in die Welt um uns herum einzubringen.

Dieses Prinzip wurde mir neulich während meines morgendlichen Spaziergangs entlang dem Charles River anschaulich bestätigt, als ein Mann mit Beinprothesen an mir vorbeijoggte. Ich sah ihm zu und fragte mich: *Nun gut, was ist seine Lektion? Was hat er für eine Geschichte?* Ich sandte mein Bewusstsein in seine Seele und in seine früheren Leben aus und fragte mich, ob es in früheren Inkarnationen ein Muster der Grausamkeit oder Ungleichgewichte gab, die zu seiner jetzigen Lage beigetragen hatten. Zu meiner Überraschung sah ich ein früheres Leben, in dem dieser Mann Soldat gewesen war und in der Schlacht beide Beine verloren hatte. Danach hatte er seinen Lebenswillen aufgegeben. Ich weiß nicht, wie er seine Beine in diesem Leben verloren hat, doch jetzt joggte er fit und lächelnd an einem schönen Sommermorgen mit seinen Prothesen am Fluss entlang. Es war vollkommen klar, dass seine Lektion lautete, aus einer äußerst schwierigen Situation das Beste zu machen, und dass er in diesem Leben die Chance ergriffen hatte, der Herausforderung, die sich ihm in seinem früheren Leben gestellt hatte, mit einer anderen Einstellung noch einmal zu begegnen. Den Gesichtern der übrigen Menschen, die am Fluss entlanggingen oder -liefen, war deutlich abzulesen, dass sein Mut und die reine Lebensfreude, die er ausstrahlte, alle in seiner Umgebung inspirierten.

Fast unmittelbar danach joggte ein weiterer Mann vorbei, und ich bekam mit, dass er nur einen Arm hatte. Ich gebe zu, das kam etwas überraschend: Jahrelang war ich am Fluss entlanggegangen, und nie hatte ich einen der beiden Männer gesehen, geschweige denn kurz hintereinander zwei Menschen mit fehlenden Gliedmaßen erlebt. Neugierig sandte ich mein Bewusstsein in den zweiten Mann aus und sah, dass auch er in einem früheren Leben Soldat gewesen war und ein Körperglied verloren hatte. Genau wie ich es beim ersten Jogger gesehen hatte, nahm ich auch bei diesem Mann dasselbe Lernmuster wahr, diese Herausforderung in seinem jetzigen Leben anders anzugehen – dem Gefühl, er habe seine Identität verloren, zu widerstehen und zu akzeptieren, dass er noch sehr viel zu bieten hatte und erleben konnte. Als ich mich auf ihn einstimmte, konnte ich sehen, dass er nicht verzweifelt war; er lernte, Einschränkungen anzuerkennen und damit zu arbeiten, so gut er konnte.

Das Erlebnis, mich auf diese beiden Männer einzustimmen, erinnerte mich an etwas, was mir ein Geistführer vor vielen Jahren gesagt hatte: Obwohl wir alle in der einen oder anderen Form Einschränkungen erfahren, und obwohl die Lebensumstände sich von Mensch zu Mensch stark unterscheiden, ist doch der Geist in jedem Menschen unbegrenzt. Der entscheidende Punkt ist, dass wir unser Potenzial auch mit unseren Begrenzungen entfalten können. Manchmal kommen mehrere Umstände zusammen, um so dazu beizutragen, dass tief sitzende Ängste oder andere Ungleichgewichte durch eine natürliche Weiterentwicklung geheilt werden können. Aber wir müssen nicht erst darauf warten, dass unsere Ausbildung gleichsam von außen fortgesetzt wird. Wir können selbst die Initiative ergreifen und mithilfe der in den vorangegangenen Kapiteln vorgestellten Techniken hinter die Erscheinungen blicken, um zu erkennen, was unsere Erlebnisse uns lehren wollen.

Zuhören um zu lernen

Wenn wir herausfinden wollen, welche Lektionen das Leben uns lehren will, dann sind tiefes Fokussieren sowie Fragen und Zuhören, ganz praktisch angewandt, der direkteste Weg dazu. Suche dir eine Situation in deinem Leben aus, die du gerne besser verstehen würdest: Eine bestimmte Beziehung vielleicht oder warum deine Stellenbewerbung abgelehnt wurde.

Beginne wie bei der Suche nach einem gehaltvollen Wort oder bei der Erforschung von Ängsten und Wünschen, indem du dich in Meditation begibst. Meditation erzeugt den Zustand innerer Ruhe, der notwendig ist, damit du tief in dich hineinhören kannst. Dies ist besonders dann wichtig, wenn die Umstände, in die du eintauchst, beunruhigend sind. Sobald du innerlich zur Ruhe gekommen bist, fokussiere mit dem Dritten Auge und frage: „Welche Lektion ist in dieser Situation für mich enthalten?“ Dann höre zu. Wenn du eine Antwort erhältst, dann denke darüber nach, wie sie deine Wahrnehmung und dein Verständnis der Situation verändert. Möglicherweise stellst du auch fest, dass die Antwort ganz anders lautet, als du es dir vorgestellt hast.

Zum Beispiel nahm ich eines Abends in einem Kurs zusammen mit meinen Schülerinnen und Schülern an einer Übung im Fragen und Zuhören teil. Die Aufgabe lautete, eine beunruhigende Kindheitserinnerung zu benennen und dann mithilfe des Dritten Auges sowie des tiefen Zuhörens Erkenntnisse über die Lektionen und den Sinn hinter diesem Ereignis zu gewinnen. Die Erinnerung, die ich mir aussuchte, drehte sich um einen Vorfall, der geschah, als ich erst vier Jahre alt war. Ich spielte draußen mit einem meiner Brüder, als wir plötzlich zwei Kröten entdeckten und auf die Idee kamen, dass es bestimmt lustig wäre, mit ihnen ein Rennen zu veranstalten. Jeder hob eine Kröte auf, mein Bruder zog eine Linie im Boden, dann hielten wir sie hinter der Markierung fest und sagten: „Eins, zwei, drei, lauf!" Bei „lauf" ließen wir die Kröten los und gingen ihnen nach. Wir trieben sie an, indem wir mit dem Fuß aufstampften und schrien „Los, Kröte, los!" Vor lauter Aufregung trat ich meiner Kröte versehentlich auf ein Bein und zerquetschte es buchstäblich. Es tat mir fürchterlich leid, und ich hatte schreckliche Schuldgefühle, weil ich dem kleinen Geschöpf so etwas angetan hatte. Ich wusste, dass ich das Leben der Kröte zerstört hatte, und die Reue, die ich damals empfand, kehrte jetzt, Jahre später, mit ungeminderter Kraft zurück.

Die Erinnerung an dieses Ereignis lebhaft vor Augen, fragte ich, was meine Lektion war. Die Antwort, die ich erhielt, lautete, dass wir manchmal Leiden verursachen, weil wir nicht wissen, was wir tun oder welche Folgen unser Handeln hat. In diesem Fall war es ganz sicher so. Als Vierjährige wusste ich nicht, dass es zu Verletzungen kommen kann, wenn man aufgeregt hinter einer Kröte herspringt; danach wusste ich es besser und achtete daher wesentlich genauer darauf, wie ich mich in der Umgebung kleinerer Geschöpfe verhielt.

Als ich weiter fokussiert und innerlich ruhig zuhörte, erkannte ich, inwiefern diese Lektion mit der wesentlich größeren Lektion verbunden war, in der es darum geht, meine Angst aufgrund meines ersten Irrtums aufzulösen. Mir fiel wieder ein, wie oft mich meine Geistführer daran erinnerten, dass wir etwas erst dann wissen, wenn wir es wissen. Im Laufe unserer Entwicklung und unseres Lernens machen wir alle Fehler, und manchmal sind schmerzhafte Konsequenzen unvermeidlich. Diese Realität anzuerkennen und zu akzeptieren, war schon immer und ist bis heute ein wichtiger Teil meiner Entwicklung.

Ein erweiterter Blickwinkel

Weil wir alle lernen, machen wir wahrscheinlich alle Fehler oder sagen oder tun Dinge, die mit der Natur unseres Geistes nicht im Einklang stehen. Ebenso wahrscheinlich bekommen wir es gelegentlich zu spüren, wenn andere taktlos, unpassend oder sogar gemein reden oder handeln. Dies ist ein unvermeidlicher Aspekt des Menschseins. Man tritt uns auf die Füße; an der Kasse im Supermarkt drängen sich andere vor; Freunde oder Kollegen haben den Kopf voller eigener Sorgen und können daher grob oder unsensibel sein; bei uns selbst können Frustration oder innere Unruhe dazu führen, dass wir Dinge sagen oder tun, die wir später am liebsten ungeschehen machen würden. Und natürlich gibt es extreme Beispiele, etwa die Invasion eines Landes, die Verschmutzung von Trinkwasser oder die bewusste Ausbeutung von Beschäftigten. Aus einem breiteren, geistigen Blickwinkel betrachtet, lösen sich die Reaktionen, die normalerweise in uns aufwallen, wenn andere egoistisch, unbewusst negativ oder destruktiv sind – oder wenn wir selber merken, dass wir uns achtlos oder selbstsüchtig verhalten haben – allmählich auf. Statt mit Wut, Vorwürfen, Hilflosigkeit oder Schuldgefühlen können wir auf derartige Erfahrungen mit Akzeptanz, Mitgefühl und klarem Handeln reagieren.

Meine Geistführer betonen immer wieder: Akzeptanz ist weder Selbstgefälligkeit noch Unterwerfung; sie ist kein „einfacher Ausweg", keine Taktik zur Vermeidung von Unbehagen, Unannehmlichkeiten oder Verantwortung. Vielmehr ist Akzeptanz die unvoreingenommene Anerkennung dessen, was ist, einfach deshalb, weil es ist. Sie ist ein universelles geistiges Prinzip, das uns innere Ruhe schenkt, kulturell geprägte Gegensatzpaare wie gut und schlecht oder richtig und falsch durchbricht und uns erlaubt, uns selbst, andere Menschen und Situationen klar zu erkennen. Wenn sich jemand unangemessen verhält, weil er es nicht besser weiß, wie können wir ihm dann seine Unwissenheit vorwerfen? Hätte er es besser gewusst, hätte er sich anders verhalten.

Die innere Ruhe und Klarheit, die durch Akzeptanz entsteht, lässt uns erkennen, dass die Menschen noch nicht erleuchtet sind und daher auf eine Art und Weise handeln und reden, die nicht im Einklang mit spirituellen

Prinzipien steht. Dieser erweiterte Blickwinkel ist die Grundlage echten Mitgefühls, das, wie meine Geistführer sagen, eine Kombination aus Verständnis und Liebe ist. Durch Verständnis erkennen wir an, dass wir alle Menschen sind, und akzeptieren, dass wir Fehler machen – oft aus Unwissenheit, aber auch aus Angst, Verwirrung, innerem Aufruhr oder anderen Ungleichgewichten. Liebe ist der Wunsch nach dem Besten für jedermann. Sie ist ein Antrieb, der die Gelegenheit sucht, andere zu trösten, ihr Leiden zu lindern, ihnen zu helfen, Verwirrung und inneren Aufruhr zu überwinden sowie die Herrlichkeit des Geistes zu entfalten. Wenn wir uns anderen gegenüber in Akzeptanz und Mitgefühl üben, müssen wir zugleich dasselbe auch uns entgegenbringen.

Die Klarheit, die uns zu Akzeptanz und Mitgefühl führt, erwirbt man nicht unbedingt über Nacht. Unsere Sicht der Dinge ändert sich nicht sofort und komplett, sobald es uns zum ersten Mal gelingt, in eine erweiterte Wahrnehmungsweise zu wechseln. Wie bei der Arbeit mit Affirmationen spielt auch beim Lernen Wiederholung eine entscheidende Rolle. Wir müssen unsere Lektionen sehr oft durchnehmen, bevor wir die Fähigkeit erlangen, einen geistigen Blickwinkel beizubehalten, den man mit Recht als „unendliche Sicht" bezeichnen könnte.

Lernebenen

Nicht alle Lektionen sind tiefgründig. Wenn du die Treppe hinunterstolperst, lautet die Lektion wahrscheinlich: „Passe auf deinen Körper auf" oder schlicht „Sei bei der Sache". Wenn uns im Straßenverkehr die Vorfahrt genommen wird oder wir ein geliebtes Schmuckstück verlieren, lautet die Lektion womöglich schlicht: „Lass es los." Eine Klientin war wochenlang mit extremen Koliken bei ihrem Neugeborenen beschäftigt. Als sie fragte, was ihre Lektion sei, erhielt sie lediglich zur Antwort: „Durchhaltevermögen." Wenn sie in späteren Jahren andere herausfordernde Situationen zu bestehen hatte, erinnerte sie sich an diese erste Lektion und entdeckte, dass sie dafür ebenso galt.

Eine Lektion kann sachlich und tröstlich zugleich sein, etwa: „Du wirst geführt und bist zur rechten Zeit am rechten Ort." Tatsächlich erhielt ich eine solche Botschaft, als ich an einer großen, vom *Marion Institute* veranstalteten Konferenz teilnahm und ständig einer Klientin über den Weg lief – in der Schlange in der Cafeteria, vor der Damentoilette und, ohne dass dies geplant oder so vereinbart gewesen wäre, auf dem Platz neben mir in einem der großen Hörsäle des Konferenzzentrums. Nach so vielen „zufälligen" Begegnungen beschlossen wir, uns Zeit für ein Gespräch zu nehmen. Dieses Gespräch führte schließlich dazu, dass sie mich einem Freund vorstellte, einem Verleger, der später eines meiner Bücher veröffentlichte.

Manche Lektionen haben weitreichende Auswirkungen. In einem meiner Kurse schilderte ein Mann ein erschütterndes Ereignis, bei dem sein Haus von einem Blitz getroffen wurde. Niemand in der Familie wurde verletzt, aber das Dach war beschädigt, und die elektronischen Geräte waren zum größten Teil zerstört. Der Vorfall als solcher und die Reaktionen der Familie darauf – zunächst Aufregung und Schrecken, dann allmähliche Beruhigung, auf die schließlich eine gemeinsame Begehung des Hauses folgte, um das Ausmaß des Schadens festzustellen – hatten etwas Abenteuerliches. Als der Mann nach der Lektion in dem Erlebnis fragte, hieß es: Die Familie wieder zusammenzubringen. Er erklärte den Kursteilnehmern, eine Zeit lang seien alle so beschäftigt gewesen, dass sie kaum noch Zeit füreinander gehabt hätten. Statt sich nur um den physischen Schaden zu kümmern, nahm der Mann sich die Lektion zu Herzen und sorgte dafür, dass seine Familie zusammenarbeitete, um zu ersetzen, was ersetzt werden musste, und damit zugleich die Verbindungen wiederherzustellen, die sie zu einer Familie machten. Der Blitzschlag brachte alle zur Besinnung. Er hatte für sie etwas Klärendes und zeigte neue Prioritäten – eine Wahrnehmung, die sich auf das Leben jedes Einzelnen, aber auch auf ihr Familienleben auswirkte.

Wenn wir aus eigenen Erfahrungen lernen, kann uns dies auch darauf vorbereiten, aus dem Weltgeschehen oder aus Naturkatastrophen zu lernen, die sich Tausende Kilometer weit weg ereignen und scheinbar keine direkte Beziehung zu unserem Leben haben. Wenn ich zum Beispiel darüber meditiere, was ich aus den weltweiten ökologischen oder finanziellen Herausforderungen lernen muss, dann sehe ich, dass die meisten Probleme von der verbreiteten Fixierung auf rein persönliche Ziele und Wünsche herrühren, die uns blind macht für die langfristigen Auswirkungen auf alles und jeden auf dieser Welt. Meine Lektion lautet, immer an die grundlegende Verbundenheit allen Lebens zu denken und so zu handeln, dass positive statt negative Ausdrucksformen dieser unvermeidlichen Tatsache gefördert werden.

Wir alle, die wir diesen Planeten miteinander teilen, bilden einen einzigen großen, komplexen Organismus; wir können nicht einen Teil dieses Organismus‘ schädigen, ohne damit zugleich auch das Ganze zu verletzen. Wenn wir zum Leid in einem Teil der Welt beitragen, werden wir an anderer Stelle verwundbar. Denke etwa daran, wie sehr eine Raucherin ihren Lungen schadet und wie negativ sich dies insgesamt auf ihre Gesundheit auswirkt. Jetzt wende dieses Prinzip im größeren Rahmen an. Die Luftverschmutzung durch die Kohleverfeuerung in Fabriken im Ohio-Tal führt zu saurem Regen in Neuengland und Kanada. Das Blei im Spielzeug, das im einen Land hergestellt wird, vergiftet Kinder im anderen. Durch Gier, Kriege und Blindheit für den Klimawandel haben fast eine Milliarde Menschen auf der Erde keinen Zugang zu angemessener Ernährung; alle drei Sekunden verhungert ein Mensch – meist ein Kind unter fünf Jahren.

Durch Nachrichtensendungen rund um die Uhr und die sozialen Medien werden wir mit mehr Problemen konfrontiert, als wir lösen können, was uns ratlos machen, entmutigen oder, schlimmer noch, abstumpfen lassen kann. Indem wir nach Lektionen fragen und zuhören, vermögen wir allmählich zu erkennen, wie, wann und wo wir aktiv eigene Anstrengungen unternehmen oder, etwas diskreter, Licht und positive Gedanken senden können – jedoch immer in dem Bewusstsein, dass unsere Gedanken, Worte und Werke weitreichende Konsequenzen haben. Wenn wir uns darauf konzentrieren, dass wir Lernende sind, erlangen wir Handlungsfähigkeit, kommen zu kreativen Lösungen und erfahren unseren Platz im großen Plan. Aus dieser Perspektive können wir ein Gefühl der Zufriedenheit und der Zuversicht verspüren.

Lernen im Moment

Wenn wir uns in der Fähigkeit üben, bewusst aus früheren Erfahrungen oder globalen Herausforderungen zu lernen, erarbeiten wir uns zugleich die Fertigkeit, nach der Lektion zu fragen, die ein beliebiger Moment für uns bereithält. Immer wenn uns ein aktuelles Erlebnis oder eine Situation beunruhigt, können wir fragen: „Was ist in dieser Situation meine Lektion?“ Durch Zuhören erfahren wir die Antwort. Wenn wir sie haben, müssen wir natürlich danach handeln, doch das Schöne am Fragen im jeweiligen Augenblick ist, dass die Antwort sofort an Ort und Stelle umgesetzt werden kann.

Wenn ich zum Beispiel bei mir in der Gegend spazieren gehe, komme ich oft an Leuten vorbei, die um Geld bitten. Mit dieser Situation gehe ich so um, dass ich frage: „Was ist meine Lektion? Was soll ich tun angesichts dessen, was ist?“ Die Antwort, die ich erhalte – oft in Form von Gedanken, manchmal aber auch über Bilder oder Worte – ist jedes Mal eine andere und richtet sich nach den jeweiligen Umständen. Manchmal lautet die Lektion: „Es ist nicht deine Aufgabe, alle Bedürfnisse zu erfüllen“, dann gehe ich weiter. Andere Male heißt es: „Sei großzügig und teile“, was mich motiviert, in meiner Handtasche nach dem Geldbeutel zu wühlen, um Geld und Trost zu spenden.

Fragen und Zuhören, um eine Lektion zu erhalten, können wir so häufig und so oft hintereinander wie wir wollen. Dieses Instrument ist immer anwendbar. Nach der Lektion im jeweiligen Moment zu fragen, schärft letztendlich unsere Fähigkeit, uns auf den Geist einzustimmen.

Wenn eine Situation mit einer Krise oder einem Schock verbunden ist, kann es schwierig sein, nach der Lektion im Moment zu fragen. Vor Jahren war ich in einer solchen Lage, als ich nach einigen Veränderungen in unserem Krankenversicherungsschutz meinen kleinen Sohn zu einem neuen Kinderarzt brachte. Nach der Untersuchung unterrichtete mich der Arzt darüber, dass mein Sohn ein Herzgeräusch habe. Sein früherer Kinderarzt hatte dies nie erwähnt; als ich ihn anrief, um über diese Entdeckung zu sprechen, sagte er, er habe mich nicht beunruhigen wollen. Herzgeräusche werden bei vielen kleinen Kindern festgestellt, erklärte er. Normalerweise verschwinden sie nach ein paar Jahren, ohne dass das Kind gesundheitlichen Schaden nimmt.

Der neue Kinderarzt ordnete jedoch eine Röntgenuntersuchung an, durch die sich herausstellte, dass mein Sohn einen Kammerscheidewanddefekt hatte – ein Loch in der Herzwand, durch das Blut in seine Lungen statt in den Körperkreislauf gepumpt und sein Herz daher deutlich stärker belastet wurde. Weil ich vor Angst wie gelähmt war, als ich die Diagnose hörte, fragte ich nicht sofort nach der Lektion. Mithilfe von Meditation kam ich nach ein paar Tagen wieder zu mir, und als ich dann fragte, was die Lektion sei, erfuhr ich, dass die Diagnose meines Sohnes und die Panik, die ich verspürte, als ich sie erfuhr, in Wirklichkeit eine Chance waren, mich Heilweisen zu öffnen, die über kulturell geprägte Vorstellungen dessen, was möglich ist, hinausgehen.

Nicht lange danach hatte ich die Freude, Tom Bartlett kennenzulernen, einen ungewöhnlich erfolgreichen Heiler aus Neuseeland. Mit achtundvierzig Jahren hatte Tom entdeckt, dass er ein Hodgkin-Lymphom im fortgeschrittenen Stadium hatte. Im Laufe seiner Suche nach Behandlungsmöglichkeiten wurde er schließlich von einer Frau geheilt, die eine Ausbildung in Radionik hatte, einem Diagnose- und Behandlungsverfahren, das eine Radiowellen ähnliche Energieart verwendet, um energetische Ungleichgewichte, die sich als Krankheit manifestieren, zu korrigieren. Überglücklich und begeistert beschäftigte sich Tom eingehender mit dieser Art der Heilung. Als ich ihn kennenlernte, war er Anfang sechzig und bereits ein außergewöhnlich fähiger Radioniker. Drei Jahre lang war er bei mir zu Hause häufiger Gast, und in dieser Zeit habe ich mitangesehen, wie er viele Menschen diagnostiziert und behandelt hat. Dabei vollbrachte er an meinem Küchentisch ein Wunder nach dem anderen – darunter auch die Heilung des Lochs im Herzen meines Sohnes, eine Verwandlung, die durch Röntgenaufnahmen bestätigt wurde.

Es ist nicht ungewöhnlich, dass ein emotionaler Schock unsere Fokussierung stört und unsere Fähigkeit zum Zuhören beeinträchtigt, was wiederum leichte Panik und Verwirrung darüber auslöst, wohin wir uns wenden sollen. In einem meiner Kurse erzählte eine Teilnehmerin, vor vielen Jahren sei sie mit einem Mann, in den sie damals sehr verliebt war, übers Wochenende zum Skifahren gewesen. „So eine Liebe, für die man sterben möchte", erklärte sie. Während dieses Wochenendes hatte der Mann eine Nacht fast ausschließlich bei einer anderen Frau verbracht. Als meine Schülerin dies herausfand, war sie völlig darauf fokussiert, was sie tun könne, um die Beziehung zu retten. Immer wieder fragte sie sich: „Wie kann ich dafür sorgen, dass das besser wird?"

Als wir in dem Kurs die Übung machten, durch die man erfahren kann, welche Lektion hinter etwas steckt, suchte sie sich diesen Vorfall aus, um herauszufinden, welche Lektion für sie darin lag. Ironischerweise erkannte sie, dass ihre Lektion zum Teil auch darin bestand, dass sie nach der Lektion fragen sollte. Sie aber hatte in diesem Moment nur die äußere Situation gesehen und nach Möglichkeiten gesucht, ein Ende der Beziehung zu verhindern. Es war, als habe sie an der Situation gar keinen Anteil. Wäre sie emotional so frei gewesen, dass sie in diesem Moment nach der Lektion hätte fragen können, so hätte sie dieses Fragen wieder zu sich selbst und zu dem Wissen in ihrem Inneren gebracht. Sie hätte gelernt, dass sie aufhören kann, über ihre eigenen Gefühle nachzudenken.

Lernen im Laufe der Zeit

Natürlich können wir viele Lektionen, die das Leben uns lehren will, nicht lernen, wenn wir erst drei oder vier oder acht – oder vielleicht sogar achtzehn – Jahre alt sind. Oft ergibt sich aus unseren frühen Erfahrungen eine Art Lehrplan mit den Lektionen, die später im Erwachsenenalter aufgenommen und verstanden werden sollen. Doch selbst dann lernen wir unsere Lektionen nicht immer sofort. Deshalb wird eine Lektion so lange wiederholt, bis wir sie wirklich gelernt haben. Wenn wir auf Erfahrungen in Kindheit, Pubertät und Erwachsenenleben zurückblicken, erkennen wir in unseren Erlebnissen und in der Art und Weise, wie wir lernen, wahrscheinlich ein Muster – vielleicht auch mehr als eines – das sich in jeder Lebensphase in unterschiedlicher Form wiederholt.

Zum Beispiel schämte sich eine meiner Klientinnen, wenn sie etwas nicht gut machte. Ihr Umgang mit diesem Muster bestand in Rückzug und Vermeidung. Sie sagte dann, sie würde etwas zu einer bestimmten Zeit tun – zum Beispiel mir eine E-Mail schreiben, damit wir einen Gesprächstermin vereinbaren konnten – hielt sich aber nicht daran. Wenn sie an einem Gruppenprojekt mitarbeitete, schob sie ihre Aufgaben vor sich her und kommunizierte nicht mit den anderen Beteiligten, weil sie sich wegen ihres Rückstands schämte. So schloss sie ihre Arbeit nicht nur nicht rechtzeitig ab, sondern verärgerte durch ihre mangelnde Kommunikation auch noch ihre Kollegen.

Als sie über ihr Verhalten meditierte und nach ihrer Lektion fragte, tauchten blitzartig Erinnerungen an ihre Kindheit und Jugend auf. Auf Kritik reagierte sie damals, indem sie sich in ihr Zimmer zurückzog und las, um den Austausch mit anderen aus der Familie zu vermeiden. Sie entdeckte, dass ihr Vermeidungsmuster sich ständig wiederholte. Zugleich erfuhr sie in der Meditation, dass sie auf die Klarheit ihres Geistes zurückgreifen konnte. Sie erfuhr, dass ihre Vermeidungstaktik die Probleme nur verschlimmerte, wodurch sie sich immer noch mehr schämte. Stattdessen konnte sie die Probleme im Keim ersticken, indem sie in Kommunikation blieb, wenn sie zu kämpfen hatte, statt den Schwierigkeiten auszuweichen.

Meine Geistführer sagen immer: „Du wirst sehr geliebt, deshalb tauchen deine Lektionen immer wieder auf." Ich ermutige meine Schülerinnen und Schüler, die Wiederholung zu begrüßen – so wie auch ich dazu ermutigt wurde. Sage nicht: „Oh nein, nicht schon wieder!", sondern: „Oh ja: Ich werde so sehr geliebt, dass mir diese Lektion so lange vorgesetzt wird, bis ich sie gelernt habe." Dabei müssen wir uns unbedingt stets vor Augen halten, dass unsere Lektionen grundsätzlich in direktem Bezug zur Heilung unserer Seele und zur Entfaltung unseres Geistes stehen.

Manchmal denke ich, unser Leben ist wie eine Retardkapsel: Der Zeitraum, über den Lektionen aufgelöst oder uns präsentiert werden, ist bei jedem Menschen anders. Dann wieder denke ich, der Lernprozess ist, als würde ein Wasserglas mit unseren Erfahrungen gefüllt: Mit jeder Erfahrung kommt ein wenig mehr Wasser ins Glas, doch erst wenn das Wasser den oberen Rand erreicht hat und viele Wiederholungen eingetreten sind, haben wir unsere Lektionen verstanden. Wir lernen durch Wiederholung, und wenn in unserer Wahrnehmung eine Veränderung eintritt, erkennen wir allmählich eine tiefere Ordnung und einen Sinn hinter den Ereignissen in unserem Leben.

Um ein Beispiel zu nennen: Als mein Gefährte und ich vor etlichen Jahren unser Haus auf dem Land verkauften, wollten wir das Geld in Immobilien in Boston investieren. Zusammen mit einem Immobilienmakler besichtigten wir verschiedene Objekte, doch jedes Mal fühlte es sich energetisch so an, als liefen wir gegen eine unsichtbare Wand. Kein Objekt vermittelte mir ein Gefühl von Weite und Offenheit, wie das Geräusch einer zweiflügeligen Sprossentür, die man zu einem Innenhof öffnet, in den goldenes Licht fällt. Innerlich war ich hin- und hergerissen. Obwohl mich kein Objekt, das wir gesehen hatten, inspirierte, verspürte ich auch den Wunsch, es meinem Partner recht zu machen und mit ihm zusammen

Grundstücke anzuschauen. Außerdem wollte ich auch nicht, dass das Geld auf der Bank schlief, sondern es sollte für uns arbeiten.

Als ich über die Situation meditierte, nach der Lektion fragte und zuhörte, erfuhr ich: „Warte bis zum Herbst." Ein Gedanke, der in mir etwas zum Klingen brachte und mir ein Gefühl von Wärme und Weite vermittelte. Wenn ich mir aber vorstellte, bald in einem Immobiliengeschäft zu einem Abschluss zu kommen, zog sich in mir alles zusammen, und ich verspürte fehlende Harmonie mit dem Geist in meinem Inneren.

Wie sich herausstellte, erhielten wir im Herbst einen Anruf wegen einer Eigentumswohnung – ein tolles Geschäft, weil sie erheblich im Preis reduziert worden war. Die Wohnung lag in einer schönen Straße im Bostoner Stadtteil Back Bay und war so geschnitten, dass wir sie in zwei Wohneinheiten teilen konnten, was sie für uns zu einer ausgezeichneten Geldanlage machte. Auch weitere ungewöhnliche Anzeichen deuteten darauf hin, dass es richtig gewesen war abzuwarten. Die frühere Besitzerin hatte eine erstaunliche Anzahl kleiner Engel-Statuetten sowie große Gemälde von Engeln zurückgelassen; außerdem fiel uns auf, dass in den gemeinschaftlich genutzten Räumen des Gebäudes mehrere Drucke des französischen Malers Michel Delacroix hingen. Wir hatten Delacroix vor Kurzem kennengelernt, und uns gefielen seine Arbeiten sehr. Wir hatten sogar einen Druck gekauft.

Dieses Erlebnis war für mich die Bestätigung, dass uns das Leben, wenn wir auf den Geist eingestimmt sind, durch Feedback bestätigt, wenn eine Entscheidung oder Handlung – eben auf den Geist eingestimmt ist. Das bedeutet nicht, dass wir von vornherein alle Informationen bekommen, die wir für unsere Entscheidung brauchen. Vor einiger Zeit sagte mir ein Geistführer: „Wenn du deinen Lebensweg gehst und siehst, dass du an eine Weggabelung kommst, dann bedeutet das, dass du dich entscheiden musst: rechts oder links." Oft kann die Ungewissheit vor einer Entscheidung Angst auslösen, etwa wenn man sich fragt: *Soll ich rechts oder links gehen? Was soll ich tun?* Mein Geistführer sagte: „Der Pfad, der zur Weggabelung hingeführt hat, gibt dir weitere Informationen – die Informationen, die du brauchst, um zu wissen, was du tun sollst." Geh einfach weiter …

KAPITEL ZEHN

Zur Ganzheit finden

Wenn die Zeiten schwierig werden,
besinne dich auf die Grundlagen.

Nach meiner Scheidung hat eine Zeit lang eine gute Freundin bei uns gewohnt. Sie liebte meine Kinder, es war schön, sie um sich zu haben, und oft bot sie mir intellektuelle Anregung. Wir haben einander auch in praktischer Hinsicht unterstützt, haben jeden Tag miteinander Sport gemacht und meditiert und uns beim Kochen guter Mahlzeiten abgewechselt. Dennoch war ihr Verhalten recht sprunghaft, und mehr als einmal erinnerte sie mich an Longfellows Gedicht von der kleinen Dirn mit der Locke über der Stirn: „Wenn sie artig war, war sie ganz reizend, aber wenn sie böse war, war sie entsetzlich." Es konnte vorkommen, dass sie im einen Moment sang und fröhlich mit meinen Kindern spielte und schon im nächsten völlig außer sich zur Haustür hinausfegte, aufgewühlt von etwas, das sie nicht in Worte fassen konnte.

Als ich mein Bewusstsein in sie aussandte, fragte und zuhörte, um Erkenntnisse über ihre unberechenbaren Stimmungsumschwünge zu gewinnen, sah ich, dass sie nicht glücklich damit war, wie ihr Leben sich entwickelte. Deshalb war sie unzufrieden mit sich und reagierte empfindlich, wenn die Dinge nicht so liefen, wie sie es wollte. Mir lag an ihr, und ich genoss unsere Freundschaft. Manchmal wollte ich ihr verzweifelt helfen. Eines Nachmittags schließlich, ich saß gerade am Küchentisch, bat ich meine Geistführer, mir zu helfen, damit ich verstehen konnte, wie Gefühle der Unzulänglichkeit geheilt werden können. Das Wort, das ich zur Antwort erhielt, überraschte mich.

Demut: Ein unerwartetes Gegenmittel

Nach jenem Nachmittag in meiner Küche fiel mir auf, dass viele meiner Klientinnen und Schüler an Unzulänglichkeitsgefühlen litten. Ich fragte den Geistführer, der zugleich mein Co-Lehrer war, warum dieses Leiden so verbreitet sei. Er sagte mir, Unzulänglichkeitsgefühle seien in Kulturen, die Konkurrenz über Verbundenheit stellten, die „Krankheit" Nummer Eins. Unzulänglichkeit, das Gefühl, weniger zu sein als andere, ist fast immer der Ausdruck eines großen Wunsches nach Akzeptanz und Zugehörigkeit, erklärte er. Um diesen Wunsch wirklich erfüllen zu können, sagte mein Geistführer, müssen wir mit dem geistigen Prinzip der Demut in Kontakt kommen.

Zunächst scheint es, als liefe diese Anweisung jeglicher Intuition zuwider. Aber mir war in meiner Ausbildung schon sehr früh beigebracht worden, über Worte und Ideen zu meditieren, statt mich allein auf Wörterbuch-Definitionen zu verlassen. So sollte ich Erfahrungswissen über ihre Bedeutung gewinnen und einen darauf eingestimmten Sprachgebrauch entwickeln. Nachdem ich der Erklärung meines Geistführers zugehört hatte, meditierte ich daher mit der Affirmation „Ich bin erfüllt von Demut", die ich mehrfach wiederholte. Dabei machte ich die Erfahrung, ein kleiner, wichtiger Teil eines Ganzen zu sein, wie ein Kieselstein am Strand oder ein Blatt an einem Baum – ein einzelner Tropfen im weiten Meer der Menschheit. Als ich mich tiefer auf diese Erfahrung einließ, sah ich, dass jede Facette des Ganzen genauso wichtig ist wie die andere. In der Demut gibt es kein Größer oder Geringer, keine Herabsetzung oder Selbstauslöschung. Es gibt nur die Anerkennung und Wertschätzung unserer jeweiligen Rolle in der Einheit allen Lebens, was tiefe Gefühle von Selbstakzeptanz, innerem Frieden und Zugehörigkeit auslöst.

Ich habe festgestellt, dass dieses neue Verständnis von Demut leicht anzuwenden, dabei aber außergewöhnlich wirkungsvoll ist. Jahrelang habe ich versucht, meine Unzulänglichkeitsgefühle durch das Streben nach Leistung und Anerkennung zu bekämpfen, doch diese Taktik verschaffte mir keinerlei emotionale Erleichterung. Wenn ich in der Schule zum Beispiel in einer Arbeit eine schlechte Note bekommen hatte, war ich unzufrieden mit mir und fühlte mich meinen Mitschülern unterlegen. Wenn ich fleißig war und eine gute Note bekam, fühlte ich mich eine Zeit lang besser als andere, aber selbst dann war mein Selbstwertgefühl nie stabil. Es gab ja immer die nächste Arbeit, die nächste Note, die nächste Situation, über die man sich Sorgen machen konnte. Auch als Erwachsene war mein Leben voller Höhen und Tiefen: Finanzielle Prüfungen, Beziehungsprobleme sowie die Leiden und Freuden des Elternseins.

Doch als ich lernte, mich durch Wiederholung der Wendung „Ich bin erfüllt von Demut" innerlich auf das geistige Prinzip der Demut zu fokussieren – erst in der Meditation und dann regelmäßiger den ganzen Tag über – verspürte ich wachsende innere Ruhe und die Gewissheit, dass ich gut genug war, ungeachtet der Umstände. Ich verspürte nicht mehr das Bedürfnis, mich zu beweisen, damit ich mich akzeptieren konnte. Ich hatte immer noch den Antrieb, zu wachsen und besser zu werden, doch jetzt war ich nicht mehr von Angst getrieben, sondern beseelt davon, meine jeweilige Rolle nach besten Kräften zu erfüllen.

Außerdem erkannte ich, dass ich mit meinem Leistungsstreben zur Bekämpfung meiner Unzulänglichkeitsgefühle den Regeln der modernen westlichen Kultur Folge leistete. Wenn wir unsicher sind, ermutigt man uns, fleißiger zu sein und uns entweder durch „positives Denken" selbst aufzubauen oder von anderen aufbauen zu lassen – die uns dann faktisch sagen: „Hey, du bist toll!"

Wenn wir aber nicht wirklich mit uns zufrieden sind, erreichen solche Bemühungen und Ermutigungen unser Innerstes normalerweise nicht. Wie ineffektiv diese Vorgehensweise ist, haben wir wahrscheinlich alle schon einmal im Umgang mit Freunden, Kollegen oder Partnern erlebt, die sich unzulänglich fühlen. Wenn wir ihnen ein Kompliment machen, können sie es oft nicht annehmen. Und wenn eine solche Geste uns selber gilt, dann bekommt unser Selbstwertgefühl zumeist nur einen vorübergehenden Schub. Wenn Unzulänglichkeit unsere Selbstwahrnehmung beherrscht, dann müssen wir nur eines, und zwar anerkennen, dass wir „Teil von" sind. Das Gefühl der Zugehörigkeit, des Vereintseins mit anderen, entschärft die Unsicherheit, weil es das Gefühl der Isolierung, das sie auslöst, durchtrennt.

Diese Anerkennung können wir auf unterschiedliche Art und Weise fördern. Meine Kinder haben zum Beispiel immer gern Geschichten über meine eigenen Missgeschicke und Katastrophen in der Kindheit gehört. Bei Kindern von Freunden habe ich ähnliche Reaktionen beobachtet. Durch solche Geschichten können sie erkennen, dass sie nicht die einzigen sind, die Dummheiten machen. Es ist sozusagen die humorvolle Kehrseite der Redensart „Geteiltes Leid ist halbes Leid", eine Bestätigung, dass wir nicht unzufrieden mit uns sein müssen, weil wir nicht die einzigen sind, denen es so geht.

Manchmal hilft es auch, aktiv Schritte zu unternehmen. Vor Jahren erzählte mir eine Klientin, sie mache sich Sorgen um ihre pubertierende Tochter, die sehr wenig Selbstvertrauen habe und daher „emotional wackelig auf den Beinen" sei. Etliche Monate später berichtete meine Klientin, sie nehme in der Einstellung und im Verhalten ihrer Tochter markante Veränderungen wahr, seit sie ehrenamtlich in einer Suppenküche arbeite. Ihrer Mutter hatte sie erklärt, die Erfahrung in der Suppenküche zeige ihr, dass sie nicht die einzige sei, die zu kämpfen habe. Mir war klar, dass sie angefangen hatte, wahre Demut zu verinnerlichen. Das Zusammengehörigkeitsgefühl mit anderen, die ebenso vor den Herausforderungen des Menschseins standen, gab ihr mehr innere Ruhe sowie das Selbstvertrauen, sich eine sinnvolle Rolle im Leben zu suchen.

Sich mit der Größe verbinden

Wie unsere Kultur auf Egoismus reagiert, ist ebenso unangebracht wie unser Umgang mit Unzulänglichkeitsgefühlen. Wenn Menschen sich für etwas Besseres erachten und sich auch entsprechend verhalten – zum Beispiel ihre Umgebung herabsetzen oder andere ständig unterbrechen, um ihre eigene Meinung durchzusetzen – sind wir aufgerufen, ihnen „einen Dämpfer zu verpassen". Meinen Geistführern zufolge ringen jedoch Menschen, die nach Überlegenheit streben, mit einem tiefen inneren Konflikt. Auf der bewussten Ebene von der wahren Größe ihres Geistes abgekoppelt, haben sie sich doch eine unbewusste Erinnerung an ihre angeborene Würde bewahrt. In ihrer Sehnsucht, das Potenzial, das sie in sich spüren, zu entfalten, und zugleich verwirrt, weil sie sich nur mit dem Ego, wie es für gewöhnlich bezeichnet wird, also mit dem begrenzten menschlichen Aspekt ihres Wesens, identifizieren, glauben sie, dass sie sich nur dann mächtig und wichtig fühlen können, wenn sie andere unterdrücken oder übertreffen.

Dieser Irrglaube, so erklären meine Geistführer, ist der Grund, warum manche Menschen so aggressiv nach Anerkennung und Leistung streben. Ihr Wunsch, bedeutend zu sein, treibt sie zu Höchstleistungen, doch Erfolg auf der Ebene des Egos allein kann ihre tiefere, unterschwellige Sehnsucht nicht stillen, und diese Frustration treibt sie immer weiter an.

Was sie wirklich brauchen, ist die bewusste Verbindung mit der Größe ihrer geistigen Identität. Wenn sie Zugang zur reinen Quelle ihres Geistes finden, schwindet der Drang nach Überlegenheit, da die Größe des Geistes das Bedürfnis, sich zu vergleichen oder zu konkurrieren, aufhebt. Wenn Menschen die Größe des Selbst, die in ihrem Geist liegt und mit allen Aspekten des Lebens verbunden ist, bejahen, bejahen sie damit eine eigentliche Wahrheit und kein Zerrbild. In diesem Zustand der Verbundenheit verändert sich ihre Motivation. Nun geht es ihnen nicht mehr um den Erwerb oder die Steigerung persönlicher Macht, sondern darum, ihre Stärken und Fähigkeiten so einzusetzen, dass sie mit geistigen Prinzipien im Einklang stehen. Größe zu bejahen und zu erfahren, weil man Geist ist, wirkt Egoismus entgegen.

Vor einiger Zeit unterhielt ich mich zum Beispiel mit dem Sohn einer Klientin. Der junge Mann, damals ein Teenager, war äußerst intelligent und glänzte in der Schule durchgehend. Seine Mutter machte sich jedoch Sorgen, er könnte zu ehrgeizig und abgehoben sein. Da sie ein Ungleichgewicht spürte, fragte sie sich, ob er nicht ein wenig Orientierung gebrauchen könne. In unserem Gespräch erwähnte er, er fühle sich seinen Klassenkameraden oft überlegen und habe den Ansporn, in allen Fächern und bei allen seinen sportlichen Aktivitäten stets der Beste zu sein. Er glaubte, dies sei die einzige Möglichkeit, sein Potenzial zu entfalten, wenngleich er zugab, dass der emotionale und psychische Druck ihn belastete. Sein Wunsch nach „vergleichsweiser Größe", wie ich es nennen würde, bedeutete, dass er eigentlich nicht zu einer Gruppe gehören wollte; er wollte alleine und über allen stehen. Warum sollte er – seinem Denken zufolge – mit Jugendlichen vereint sein wollen, die nicht so leistungsfähig waren wie er?

Während ich ihm zuhörte, wurde mir klar, dass er möglicherweise zwar unter den Folgen der Isolierung litt, aber wohl keinen Zugang zu Demut finden wollte oder sogar konnte. Stattdessen zeigte ich Anerkennung für seine Begabung und seinen Fleiß und betonte: „Wem viel gegeben ist, bei dem wird man viel suchen.“ (Lukas 12, 48) Ich schlug ihm vor, er könne seine Energie und seinen Schwung darauf verwenden, in positiver und produktiver Weise Einfluss auf unsere Welt zu nehmen und jenen zu helfen, die weniger begabt und begünstigt sind als er. Mein Ansatz war ein zweifacher: Erstens, ihn an seine wahre Größe zu erinnern, sodann, den Unterschied zwischen mitfühlender, mit anderen verbundener Stärke und konkurrierender Macht hervorzuheben. Unser Gespräch zeigte offenbar Wirkung, denn später hörte ich, er habe sich ehrenamtlich in einem Sommerferienprogramm engagiert, bei dem im Ausland Häuser für benachteiligte Menschen gebaut werden.

Demut und Größe: Zwei Seiten derselben Medaille

Als meine Geistführer mich baten, einen Kurs über die Beziehung zwischen Demut und Größe zu geben, sagten sie mir, Demut sei wie die eine Seite einer Medaille, und Größe wie die andere. Wenn wir diese beiden Prinzipien verinnerlichen, so erklärten sie, verspüren wir ein tiefes Gefühl der Ganzheit.

Größe ist ein zentraler Aspekt unseres Wesens, die wohlwollende und liebevolle Macht des Schöpfers und die Essenz allen Lebens. Wenn wir mit unserer fundamentalen Größe als Geist in Kontakt kommen, erlangen wir Zugang zu beträchtlichem Potenzial. Denke an einen Komponisten, der Musik direkt aus einer himmlischen Quelle empfängt; an einen Heiler, dessen Hände chronischen Schmerz nehmen; an unsere Fähigkeit, mithilfe der Fernwahrnehmung Wissen zu erlangen. Wenn wir Demut entwickeln und uns als kleinen, aber bedeutenden Teil des gesamten Lebens erleben, akzeptieren wir unsere menschlichen Grenzen. Beides, sowohl unser ungeheures Potenzial als auch unsere individuellen Grenzen, ist zugleich wahr, und wenn Demut und Größe ausgewogen sind, vertreiben wir Unsicherheit, Isoliertheit und das Gefühl, „weniger als" oder „besser als" zu sein.

Wenn wir Zugang zu unserer geistigen Größe finden, fühlen wir uns leistungsfähig und einflussreich – aufgeschlossen für kreatives Denken und Chancen, die allen in unserer Umgebung zugutekommen und sie stärken, statt unsere Stärken und Fähigkeiten in konkurrierender, herabsetzender oder erniedrigender Weise einzusetzen. Wenn wir uns mit Demut verbinden, fühlen wir uns als Teil eines vernetzten Ganzen, das sich in einem ständigen Lern- und Entwicklungsprozess befindet – was das Gegenmittel für Gefühle der Unzulänglichkeit darstellt. In beiden Situationen ist die auf den Geist eingestimmte Reaktion das Gegenteil der Überzeugung, auf die unsere Kultur uns konditioniert hat.

Wenn ich diesen Punkt in meinen Kursen über Demut und Größe veranschaulichen will, bitte ich die Teilnehmer, über ein früheres Erlebnis nachzudenken, bei dem sie sich unzulänglich gefühlt haben. Wenn sie auf diesen Vorfall fokussiert sind, bitte ich sie, ein paarmal die Affirmation „Ich bin erfüllt von Demut" zu sprechen. Als Nächstes bitte ich sie zu beobachten, wie sich die Qualität der Erinnerung unter der Demuts-Affirmation verändert. Wenn dieser Teil der Übung abgeschlossen ist, fordere ich sie auf, sich dieselbe Erinnerung noch einmal vor Augen zu führen, dieses Mal jedoch die Affirmation „Ich bin erfüllt von Größe. Ich bin eins mit allem Leben, mit dem Schöpfer" zu sprechen. Zum Abschluss bitte ich sie, zu vergleichen, wie sie die beiden Affirmationen erlebt haben.

Wie immer, mache ich die Übung zusammen mit meinen Schülerinnen und Schülern mit. In einem Kurs konzentrierte ich mich auf einen Vorfall, der sich ereignet hatte, als ich in der fünften Klasse war. Ich war nach der Schule zu einer Freundin gegangen und stand eine Zeit lang zusammen mit ihr und ihrer älteren Schwester in ihrem Garten und schaute einem Pony auf einer Koppel zu. An die ältere Schwester gerichtet, fragte ich: „Reitest du das Pony?" Sie sagte: „Nein." Dann sagte ich aus irgendeinem dummen Grund: „Bist du feige?" Sie erwiderte einfach: „Nein, ich bin zu groß." Mannomann kam ich mir blöd vor! Obwohl das Ereignis viele Jahre zurückliegt, war mir die Erinnerung daran immer noch unangenehm, doch als ich die Affirmation „Ich bin erfüllt von Demut" sprach, ließ die Anspannung nach, und ich erkannte, dass wir alle hin und wieder ein Dummkopf sind. Das Gefühl der Peinlichkeit war weg.

Als ich mir die Szene noch einmal vor Augen hielt und dabei die Affirmation „Ich bin erfüllt von Größe“ sprach, entdeckte ich zu meiner Überraschung, dass ich keinerlei Größe oder Weite in mir spürte. Ich kam mir sogar noch dümmer vor. Die Lücke zwischen dem peinlichen und unangenehmen Gefühl, das ich nach meiner gedankenlosen Bemerkung verspürt hatte, und geistiger Größe war unüberbrückbar groß. Der Vergleich zwischen den beiden Erfahrungen war für mich die Bestätigung, dass tatsächlich die Affirmation der Demut das Gegenmittel für Unzulänglichkeitsgefühle ist und nicht die Affirmation der Größe.

Nach der Arbeit mit Erinnerungen, die mit Unzulänglichkeitsgefühlen verbunden sind, wenden wir uns Situationen zu, in denen wir uns überlegen vorgekommen sind. In einem meiner Kurse erinnerte sich ein Mann an eine Zeit in den 1990er Jahren, als er überzeugt war, jeder, der während der Dotcom-Blase nicht reich würde, müsse blöd sein. Er konzentrierte sich auf sein Gefühl egoistischer Arroganz und begab sich mit der Affirmation „Ich bin erfüllt von Demut“ in Meditation. In dem Gespräch nach der Übung erklärte er den anderen Kursteilnehmern, seine Einstellung aus dem Blickwinkel der Demut zu betrachten, habe keinerlei Wirkung gezeigt. Wenn er sie aber unter Bejahung seiner geistigen Größe betrachtete, stellte er fest, dass sich seine Arroganz in ein größeres Verständnis dafür verwandelte, dass nicht jeder die gleiche Wahrnehmung und die gleichen Fähigkeiten besitze. Er spürte, wie sein ganzes Auftreten weicher wurde, wie er von seiner harten, verurteilenden Haltung herunter und zu einer freundlicheren und stärker unterstützenden Einstellung kam. Genau wie die Bejahung meiner Demut mir bei meinem Übungserlebnis geholfen hatte, mit meiner Größe in Kontakt zu kommen, half dem Mann das Erleben seiner Größe, sich mit seiner Demut zu verbinden, „Teil von“ zu sein.

Zum Gleichgewicht finden

Bei der Meditation über die Affirmation „Ich bin erfüllt von Größe“ erlebe ich und auch meine Schüler innere Weite und wohlwollende Macht. Oft fällt es den Teilnehmenden schwer zu begreifen, dass eine solche Stärke und Einflusskraft tatsächlich in ihnen liegen. Die meisten sind darauf konditioniert worden zu glauben, sie seien „nur ein Mensch“, und die große universelle Kraft liege im Äußeren – auf jeden Fall nicht in ihnen. Bis die Idee, dass jeder Mensch eins ist mit dem Schöpfer, voll und ganz angenommen werden kann, sind oft intensive oder langanhaltende Meditation oder eine Form des unmittelbaren Erlebens nötig.

Aus eigener Erfahrung weiß ich jedoch, dass aus geistiger Sicht gesprochene Affirmationen der Größe mit etwas Übung rasche und tief spürbare Auswirkungen zeigen können. Ein Beispiel: Auf der Rückfahrt von einem Urlaub in Maine beschlossen mein Gefährte und ich vor Jahren einmal, bei einer Fast-Food-Kette anzuhalten, deren Restaurants für ihre sauberen Toiletten bekannt sind, weil ich auf die Toilette musste. Als ich das Lokal betrat, merkte ich, wie ich in eine abwertende Haltung gegenüber den Leuten rutschte, die dort aßen. „So einen Mist würde ich nie essen", dachte ich. Weil ich aber gerade erst einen Kurs über die Beziehung zwischen Demut und Größe gegeben hatte und mich ständig selbst beobachte – das macht das „Mini-Ich" über meiner Schulter – erkannte ich schnell die Einstellung „Ich bin besser als die". Ich wusste, das Gegenmittel war der Kontakt zu meiner Größe, und konzentrierte mich daher auf die Affirmation „Ich bin erfüllt von Größe". Nach einigen Wiederholungen veränderte sich meine Wahrnehmung. Ich fühlte mich überhaupt nicht mehr überlegen, sondern vielmehr mit allen Menschen dort und mit der mitfühlenden Kraft meines Geistes verbunden; was in mir die Motivation weckte, Wissen darüber weiterzugeben, wie wichtig die Ernährung ist.

Hätte ich die Affirmation der Demut gesprochen, hätte ich nicht zu Verbundenheit und Mitgefühl gelangen können, weil die Lücke zwischen Überlegenheit und Demut unüberbrückbar groß ist. Sobald ich aber die Qualitäten meines Geistes spürte, konnte ich anerkennen, dass auch ich nur Mensch und Lernende bin wie alle anderen auch. Sobald ich das Gegenmittel, nämlich Größe, anwandte, fand ich Zugang zur Demut und kam so ins Gleichgewicht, was mir wiederum das Gefühl der Ganzheit schenkte.

Am lebendigsten und tiefsten habe ich die Synthese zwischen Demut und Größe wohl vor vierzig Jahren erfahren. Es war spät in der Nacht, ich war auf der Heimfahrt und merkte plötzlich, dass mein Tank fast leer war. Also fuhr ich an eine Tankstelle. In dem Moment, in dem ich den Motor ausschaltete, schaute ich auf und sah eine klare und dramatische äußere Vision. Es war, als hätte sich das Dach meines Toyota-Kombis aufgelöst, und an seiner Stelle befand sich nun ein weiter Himmel mit dem klassischen Bild eines hell strahlenden Mannes in wallendem Gewand sowie mit langem, fließendem weißen Haar und Bart. Er schwebte auf mich zu und sagte immer wieder: „Ich bin das Universum.“ Unablässig wiederholte er diesen Satz, dabei wurde ich von seiner Bedeutung ganz erfüllt, und augenblicklich war auch ich das Universum; ich wusste, ich war der Schöpfer allen Lebens. Genau in diesem Moment trat ein Mann mit öligen Händen und fleckigem Arbeitsoverall an den Wagen und fragte, was ich wollte: „Volltanken bitte, Normalbenzin“, erwiderte ich.

Diese beiden Erlebnisse – ganz verschieden und doch aufs Engste miteinander verbunden – geschahen gleichzeitig. Ich war erfüllt von dem Bewusstsein, dass ich der Schöpfer allen Lebens bin. Ich wusste, dass ich die Berge und die Meere erschaffen hatte – und ich war der Tankwart, der meinen Tank mit Normalbenzin auffüllte. Mir war deutlich bewusst, dass die Grenze zwischen Psychose und Erleuchtung hauchdünn ist, aber ich wusste, dass ich mich auf der richtigen Seite dieser Grenze befand, denn ich konnte mein Geld abzählen und den Tankwart bezahlen. Ich konnte beide Wirklichkeiten zugleich wahrnehmen, sie einordnen und gegeneinander abwägen – und weiterfahren in dem Bewusstsein, dass ich eindeutig als Ellen in menschlicher Gestalt verkörpert und zugleich eins mit allem Leben bin, der Schöpfer des Universums!

Ich glaube, viele Menschen erleben, dass sie in einen Bewusstseinszustand versetzt werden, in dem sie der Schöpfer sind, verlieren dabei aber den Kontakt zu ihrem menschlichen Aspekt. Wenn dies geschieht, gelten sie oft als verrückt, oder es wird bei ihnen ein psychotischer Schub diagnostiziert. Was sie erleben, ist jedoch tatsächlich etwas sehr Wahres und Reales; leider haben sie aber in ihre Erfahrung, der Schöpfer, die allmächtige Einheit zu sein, die Erkenntnis nicht einbezogen, dass sie zugleich eine kleine Schöpfung sind – ein verwundbares und sehr menschliches Individuum.

Wenn es uns gelingt, Demut und Größe in uns zu vereinen, vertiefen wir sowohl das Verständnis unseres Wesenskerns und unseres Potenzials als Geist als auch die Akzeptanz und Anerkennung unseres individuellen Menschseins. Bewusste Wahrnehmung ist der Schlüssel, damit dieses Einbeziehen beider Aspekte gelingt. Wenn ich lehre oder einen Vortrag halte, erkenne ich inzwischen ganz automatisch sehr bewusst an, dass ich Geist und Mensch zugleich bin. Und doch ist es immer wieder neu und überraschend, mich – wie jeden im Publikum – als einzelne, kleine, wichtige Person zu erleben und zugleich zu spüren, dass ich mit der Einheit verbunden bin, durch die ich Zugang zu Wissen erhalte, das mein individuelles menschliches Bewusstsein übersteigt.

Demut und Größe in den Alltag einbeziehen

Die „praktische Anwendung" von Demut oder Größe stelle ich mir manchmal wie ein Tennisspiel vor. Den ganzen Tag über bewegen wir uns in einem Strom des gegenseitigen Austauschs, der Beziehungen und Gefühle. Jedes Erlebnis ist ein Ball auf dem Spielfeld. Sollen wir mit einer Rückhand oder einer Vorhand reagieren? Reagieren wir mit Demut oder mit der Größe des Geistes? Welches Prinzip müssen wir betonen, um Ausgewogenheit, Klarheit und Einstimmung auf den Geist zu erreichen oder aufrechtzuerhalten?

Selbstbeobachtung ist der Schlüssel. An das „Mini-Ich" auf deiner Schulter zu denken, kann hilfreich sein, und natürlich ist die Betrachtung von Situationen mit dem Dritten Auge unabdingbar. Achte im Laufe des Tages darauf, wann du dich „schlechter als" oder „besser als" fühlst. Wenn der „Ball" der Unzulänglichkeit auf dich zukommt, dann schlage ihn weg und denke dabei: „Ich bin erfüllt von Demut." Wenn der Ball des Egoismus in dein Spielfeld fliegt, dann schlage ihn zurück und denke: „Ich bin erfüllt von Größe." Sobald du spürst, dass das Gegenmittel dein Ungleichgewicht ausgleicht, kannst du die Affirmation sprechen: „Ich bin erfüllt von Demut und Größe", um ein tiefes Gefühl der Ganzheit zu verspüren. Wenn du deinen Verstand trainierst, kannst du dich nach und nach an ein Erlebnis erinnern, ohne bewusst auf Affirmationen zurückgreifen zu müssen. Das Gleichgewicht zwischen Demut und Größe sowie das Gefühl der Ganzheit können selbsterhaltend werden.

Leider ist unsere kulturelle Konditionierung, die einseitige Einstellungen begünstigt, recht weit verbreitet und schafft so eine Umgebung, in der es schwierig ist, eine ausgeglichene Lebensweise zu entwickeln. Im Laufe der Jahre haben meine Geistführer durch ihre Weisheit und ihr Mitgefühl ein breites Spektrum an Fertigkeiten und Praktiken zur Verfügung gestellt, die extra dafür entwickelt worden sind, unserer Einstellung und falschen Konditionierung entgegenzuwirken. Eine ganze Reihe davon haben wir bereits kennengelernt, aber ich möchte hier ein weiteres Instrumentarium vorstellen, das ich als äußerst wirkungsvoll erlebt habe, wenn es darum geht, in meinem Leben wieder ein Gefühl der Ganzheit und Ausgewogenheit herzustellen.

Disziplin

In einer frühen Phase meiner geistigen Ausbildung sagten meine Geistführer, wenn ich in praktischen Alltagsdingen nicht organisierter und aufmerksamer würde, würden sie aufhören, mit mir zu arbeiten. In vieler Hinsicht haben sie mir die elterliche Erziehung angedeihen lassen, die mir noch fehlte. Meine biologischen Eltern hatten dies nicht leisten können, weil meine Mutter krank war und mein Vater außer Haus arbeiten musste. Mein jüngerer Bruder und ich galten in der Nachbarschaft als die „wilden Kinder". Diesen Ruf hatten wir nicht ganz unverdient: Wir genossen sehr viel schöpferische Freiheit, aber uns fehlte die enge Überwachung, die andere Eltern ihren Kindern angedeihen ließen. Diese Situation wurde dadurch noch verschlimmert, dass mein Vater ein Selfmademan war. Arm und benachteiligt geboren, hatte er durch eigenen Fleiß Erfolge erzielt und glaubte daher, wir sollten in der Lage sein, genau wie er selber herauszufinden, wie der Hase läuft. Leider brauchte ich mehr Anleitung und Unterstützung, als ich bekam.

Ich weiß noch, dass ein Geistführer mich eines Tages ausschimpfte, ich solle gefälligst hinter mir aufräumen. Er betonte, Ordnung im Alltag sei ausschlaggebend dafür, dass man innere Ruhe bewahren, gute Beziehungen pflegen und seine kreative Entwicklung fördern könne. In drei Bereichen müsse ich Disziplin an den Tag legen – Körper, Denken und Geist – sowie außerdem meine häusliche Umgebung ordnen.

Disziplin auf der Ebene meines Körpers beinhaltete, auf meine Ernährung zu achten, für tägliche Bewegung zu sorgen sowie mir genügend Ruhe, frische Luft und Sonne zu verschaffen, kurzum, mich um jeden Aspekt meines körperlichen Daseins zu kümmern. Bei der Konzentration auf diesen Bereich wurde mir deutlicher bewusst, dass echte Disziplin das sorgfältige Beachten vieler Einzelheiten erfordert. Auf meine Ernährung zu achten, bedeutete zum Beispiel, mir der Eigenschaften der Nahrungsmittel, ihrer Nährstoffqualität, der Umgebung, in der ich aß, und meiner Essenszeiten bewusst zu werden. In mein tägliches Bewegungsprogramm mussten unterschiedliche Aktivitäten aufgenommen werden, etwa Yoga, Spazierengehen und Gewichtheben, wodurch unterschiedliche Regionen meines Körpers beansprucht und gekräftigt wurden. Meinem Denken Disziplin anzugewöhnen, bedeutete, mich mit Lesen, Schreiben, Kontemplation und Kommunikation zu befassen, denn alles trug dazu bei, mein Denken beweglich und aufnahmefähig zu halten, gerade so wie meine abwechslungsreichen körperlichen Aktivitäten dafür sorgten, dass Beweglichkeit, Haltung und Gleichgewicht meines Körpers erhalten blieben. Die spirituellen Disziplinen, zu denen meine Geistführer mich anspornten, umfassten Meditation und das Fokussieren mit dem Dritten Auge, die Entwicklung positiver Einstellungen sowie Fragen und Zuhören – auch hier war Vielfalt wichtig.

Ich baute diese drei Disziplinbereiche in meinen Alltag ein, und mit der Zeit fühlte ich mich weniger zerfahren und emotional stabiler, vorbereitet auf alles, was kommen mag. Zum Beispiel achtete ich, statt nur ein vages Gespür für meine finanzielle Situation zu haben, was lediglich dazu führte, dass ich mir dauernd Sorgen ums Geld machte, verstärkt auf die Einzelheiten. Ich behielt meine Konten sorgfältig im Blick, damit ich Klarheit darüber hatte, wie viel hereinkam und wie viel ich ausgab. Diese Präzision bildete die Grundlage, die ich brauchte, damit ich nicht über meine Verhältnisse lebte. Sonntagabends erstellte ich einen Speiseplan für die Woche, und am Montagmorgen kaufte ich nur die Zutaten für die geplanten Gerichte und achtete dabei darauf, dass ich mein Budget nicht überschritt. Diese disziplinierte Struktur ermöglichte es mir, eine finanziell schwierige Zeit ohne Verschuldung zu überstehen. Tatsächlich sagte mir ein Geistführer eines Tages: „Wenn die Zeiten schwierig werden, besinne dich auf die Grundlagen." Die Grundlagen, so erklärte er, sind die Disziplin für Körper, Denken und Geist sowie die Disziplin, die Ordnung in den Alltag bringt.

Wie wir Disziplin in die verschiedenen Lebensbereiche bringen, ist bei jedem Menschen anders. Meinem Tagesablauf kommt es zum Beispiel eher entgegen, wenn ich morgens Sport mache und abends lese, als morgens zu lesen und abends Sport zu treiben. Anderen hingegen dient es vielleicht eher, wenn sie am Ende eines langen Tages sporteln, um Spannungen abzubauen, oder wenn sie am Morgen etwas Inspirierendes lesen, um sich auf den Tag einzustimmen. Darüber hinaus fällt es vielen in bestimmten Bereichen leichter, Disziplin an den Tag zu legen, als in anderen. Manche empfinden körperliche Disziplin als lohnender als Disziplin im Denken. Anderen hingegen bereiten Lesen, Schreiben und andere Arten mentaler Disziplin weniger Mühe, als Zeit für die Meditation oder andere spirituelle Übungen zu finden. Es ist unwahrscheinlich, dass es jemandem in allen drei Bereichen gleich leicht – oder schwerfällt, Disziplin zu üben. Doch wie sich deine persönlichen Erfahrungen auch entwickeln, das Leitprinzip ist laut meinen Geistführern immer dasselbe: Lasse die Bereiche nicht aus, in denen deine Entschlusskraft schwach ist. Lasse dich tief auf sie ein, dann werden sie deine größten Lehrer.

Dieses Prinzip erwies sich für eine Klientin als besonders hilfreich, die in „selektiver Disziplin“, wie ich es nenne, festgefahren war. Die Struktur, die sie in ihrer Schulzeit genossen hatte, hatte sie gut auf die mentalen Disziplinen Lesen, Schreiben, Kommunikation und Fertigstellung von Projekten vorbereitet, und durch ihre positiven frühkindlichen Erinnerungen an Gottesdienste – unterstützt durch eine stark spirituell ausgerichtete Orientierung in vielen früheren Leben – konnte sie sich leicht in spirituelle Übungen versenken. Wenn es jedoch darum ging, sich um ihren Körper zu kümmern, rebellierte sie.

Ihre Mutter war Yoga-Lehrerin, eine der ersten, die Yoga in Theorie und Praxis in den Vereinigten Staaten bekannt gemacht haben. Allerdings gab es in diesem und in früheren Leben verschiedene Konflikte mit ihrer Mutter, und diese agierte sie aus, indem sie sich ungesund ernährte, jeglichen Sport verweigerte und in gesundheitlich bedenklicher Weise zunahm. Gemeinsam arbeiteten wir daran, ihren Umgang mit Disziplin abzurunden, und im Laufe dessen konnte sie mehrere tief vergrabene emotionale Blockaden entdecken, darunter das Gefühl, von ihrer Mutter nicht akzeptiert zu werden und sich auch selbst nicht akzeptieren zu können. Natürlich hätten diese emotionalen Themen sich auch zeigen können, wenn sie direkter angegangen worden wären. Doch dass sie indirekt ans Licht kamen – nämlich dadurch, dass sie sich mit ihrem Widerstand gegen körperliche Disziplin beschäftigte – war deshalb wichtig, weil sie so nicht nur in der Lage war, zu einem ausgewogeneren Umgang mit Disziplin zu finden, sondern auch Fortschritte bei der Heilung der Beziehung zu ihrer Mutter erzielen konnte.

Manche Menschen wehren sich insgesamt gegen Disziplin und halten sie für eine Art Zwangsjacke. Tatsächlich jedoch habe ich, wie viele meiner Schüler und Klienten auch, festgestellt, dass Disziplin uns eine Struktur gibt, innerhalb derer wir erstaunlich kreativ sein können. Es gibt zahllose Beispiele, etwa, dass jemand vor einer Auslandsreise eine neue Sprache erlernt, Zeichen- oder Malunterricht nimmt oder vielleicht Klavier- oder Gitarrenspielen lernt. Die Ordnung, die die Disziplin schafft, kann außerdem dazu führen, dass wir uns ausgeglichen und in unserer Mitte fühlen. Wenn wir aus dem Gleichgewicht geraten und etwas ratlos sind, was wir tun sollen, können wir Klarheit in unser Leben bringen, indem wir uns auf eine einfache, banale Aufgabe konzentrieren und diese erledigen. Sortiere Wäsche oder fahre mit dem Auto durch die Waschanlage. Mache den langen Spaziergang, den du schon eine Weile vor dir herschiebst, weil du „dazu einfach keine Zeit" hast. Wenn ich innerlich unausgeglichen bin, sagen meine Geistführer: „Putze die Wohnung."

Natürlich verspüren wir alle ab und zu Widerstand gegen bestimmte Disziplinen. Sagen wir einmal, du hast beschlossen, jeden Morgen Sport zu machen. Dann wachst du eines Morgens auf und verspürst einen Widerwillen. „Ich möchte lieber wieder ins Bett", sagst du dir. Oder vielleicht auch: „Heute muss ich das nicht machen." Für mich selbst habe ich festgestellt, dass ich meinen morgendlichen Spaziergang eher mache, wenn ich gleich beim Aufstehen meine Laufschuhe anziehe. Wenn ich bestimmte Handlungen ständig wiederhole, werden sie zu Gewohnheiten und sind dann leichter beizubehalten, weil sie zu meinem Lebensstil gehören. Ich bin auch eine große Fürsprecherin der Verwendung von Requisiten, um uns über unseren Widerstand gegen Aktivitäten, die unser Wohlbefinden fördern, hinwegzuhelfen – modische Sportkleidung, bequeme Büromöbel oder Kerzen zur Meditation und zum Fokussieren.

Doch selbst wenn wir unseren Widerstand minimieren können, müssen wir uns immer vor Augen halten, dass das Erdenleben allein schon Mühe macht. Dies gehört als unausweichliche Tatsache zum Menschsein dazu. Gehen erfordert Anstrengung. Essen erfordert Anstrengung. Sogar Meditation erfordert Anstrengung. In der materiellen Welt Disziplin zu entwickeln, erfordert, dass man sich bewusst und regelmäßig um das kümmert, was zum Erhalt unserer physischen Existenz und zur Erfüllung unserer geistigen Aufgabe hier notwendig ist.

Zur Plackerei werden die Mühen des Lebens in der materiellen Welt jedoch, wenn wir sie nicht mit dem Geist und seinen Qualitäten beleben.

Spontaneität

Wenn wir in der materiellen Welt verkörpert sind, sind wir durch die Gesetze der Physik und die falschen Vorstellungen vom „Menschenmöglichen“ eingeschränkt. In der geistigen Welt erleben wir die Freiheit der Grenzenlosigkeit: Dort können wir zum Beispiel allein durch Gedankenkraft reisen. Spontaneität – die Fähigkeit, Alternativen zu verfolgen oder innerhalb einer vorgegebenen Struktur kreativ zu handeln, Impulsen zu folgen – bringt uns in Kontakt mit der vollkommenen Freiheit, die wir in der geistigen Welt genossen haben und nach der wir uns sehnen. Vielleicht ist dir schon aufgefallen, dass Kinder, die ja aus den fernen Welten gerade wieder neu auf die Erde gekommen sind, völlig spontan sind und Disziplin erst lernen müssen, um im Leben als Mensch bestehen zu können. Leider hält unsere angeborene Spontaneität auf dem Weg ins Erwachsenenleben oft dem Druck, kulturellen Normen und gesellschaftlichen Erwartungen entsprechen zu müssen, nicht stand.

Dies bedeutet aber nicht, dass unsere Fähigkeit zu kreativem und selbstständigem Denken und Handeln nicht wiederbelebt und gefördert werden kann, wenn sie dieselbe Aufmerksamkeit erhält, die wir der Entwicklung von Disziplin widmen. Meine Geistführer betonen, dass Spontaneität ausschlaggebend dafür ist, um den Sinn und Zweck unserer Inkarnation auf der Erde überhaupt erfüllen zu können – der ja darin besteht, zu lernen, uns einzubringen und zu genießen. Wenn die Flamme der Spontaneität am Brennen gehalten wird, regt dies unsere Neugierde an, unsere Liebe zum Lernen und unsere Bereitschaft, uns auf das Leben um uns herum einzulassen. Spontaneität verjüngt uns auch und schenkt uns die Energie, die wir brauchen, um die Anstrengungen des Lebens in der materiellen Welt bewältigen zu können, ohne am Ende ausgelaugt oder erschlagen zu sein.

Das befreiende, kreative und freudige Gefühl der Spontaneität kann auf vielfältige Art und Weise zum Ausdruck kommen. Es bedeutet, mitten im Fluss die Richtung zu wechseln, empfänglich zu sein für das momentane Geschehen und aufgeschlossen für unerwartete Gefühle und Veränderungen. Spontaneität bedeutet, sich bewusst vom Abarbeiten einer ellenlangen To-do-Liste abbringen zu lassen, um sich Zeit zum Gespräch mit jemandem zu nehmen, dem man gerade auf der Straße oder im Lebensmittelladen begegnet ist. Sie bedeutet, dem Impuls nachzugeben, etwas Neues kennenzulernen, selbst wenn dies an dem betreffenden Tag eigentlich nicht vorgesehen war, und so eine bereits existierende Struktur mit einem erfreulichen Spritzer Abwechslung zu würzen.

Ich erinnere mich, dass ich vor nicht allzu langer Zeit einen Artikel über eine Frau gelesen habe, die sich nach der Geburt ihres ersten Kindes von ihren Freunden isoliert fühlte. Immer wieder dachte sie daran, wie leicht und unbeschwert es an der Highschool und am College gewesen war, etwas mit ihnen zu unternehmen, und wie viel Spaß sie miteinander gehabt hatten. Doch wenn ihre Freunde und sie es heute, da sie offiziell „erwachsen" waren, überhaupt einrichten konnten, einander zu sehen, dann geschah dies normalerweise im Rahmen eines förmlichen Abendessens – was sehr viel Arbeit machte und nicht annähernd so entspannt und fröhlich war. Als ihr Mann einmal auf Geschäftsreise war, warf sie eines Tages als Affirmation der Spontaneität ein Bettlaken über ihren Esstisch, rief einige Freunde an und lud sie noch am selben Tag zu einem Essen ein, bei dem jeder etwas mitbrachte. Es wurde ein sagenhafter Abend.

Nur allzu oft glauben wir, spontaner Spaß sei mit hohen Geldausgaben verbunden. Das muss keineswegs so sein. Als ich Anfang zwanzig und frisch verheiratet war, war unser Budget extrem knapp. Eines Abends wollten mein Mann und ich gerne ins Kino gehen, weil wir dachten, es gälten ermäßigte Eintrittspreise. Am Kino angekommen, mussten wir jedoch feststellen, dass wir uns geirrt hatten. Daher beschlossen wir, uns Popcorn zu kaufen, uns damit auf eine Bank zu setzen und „Leute-Beobachten" zu unserem Kinoerlebnis zu machen.

Disziplin und Spontaneität miteinander ins Gleichgewicht bringen

Meine Geistführer sagen, dass sowohl Disziplin als auch Spontaneität zu entwickeln, ausschlaggebend dafür ist, dass man Freude am und Stabilität im Leben empfindet. Durch Disziplin stehen wir mit beiden Beinen auf der Erde und sind angesichts der Eigenheiten und Notwendigkeiten des Lebens in der materiellen Welt gut verankert oder geerdet. Spontaneität lässt uns auf Wolken schweben und entspricht dem weiten, großräumigen und beschwingten Gefühl, das wir anstreben, wenn wir in der Meditation das Kronen-Chakra öffnen. Zur Disziplin gehört, Verantwortung zu übernehmen, keine unnötigen Risiken einzugehen, feste Abläufe zu entwickeln, Ordnung zu halten, sich um Details zu kümmern und Beständigkeit an den Tag zu legen. Spontaneität beinhaltet, seiner Kreativität Ausdruck zu verleihen, Spaß zu haben sowie flexibel, unbeschwert und aufgeschlossen zu sein für das Unerwartete.

Es ist wichtig, dass wir beide Eigenschaften miteinander ins Gleichgewicht bringen. Disziplin ohne Spontaneität ist starr, was zu Frustration führt, da das Leben voller unerwarteter Ereignisse, Unterbrechungen und Veränderungen steckt. Spontaneität ohne Disziplin ist verantwortungslos und potenziell gefährlich. Sie kann dazu führen, dass wir uns finanziell übernehmen, körperlich überfordern oder Risiken eingehen, die nicht in unserem oder im Interesse anderer sind. Wenn Disziplin und Spontaneität gut integriert sind, bilden wir die Synthese aus Freiheit und Struktur, Schicksal und Entscheidungsfreiheit, Begrenztem und Unbegrenztem, Mensch und Geist. Wir werden stabil und zuverlässig, glücklich und gestärkt, können uns harmonisch in eine Gruppe einfügen, aber ebenso gut auch alleine sein.

Die Kraft der Vereinbarung von Disziplin und Spontaneität zeigt sich vielleicht am deutlichsten auf dem Gebiet des künstlerischen Ausdrucks. Denke etwa an eine Tänzerin oder einen Musiker, die kreativ begabt und ausdrucksstark sind, aber die Technik nicht beherrschen. Mit der Zeit kommt ein solcher Künstler vielleicht vom Kurs ab, oder er kann seine vielversprechende Begabung nicht einlösen. Echte Kunst, die das Publikum fesselt, kommt daher, dass die Struktur der Disziplin und die Kreativität der Spontaneität miteinander vereinbart werden.

Dasselbe Prinzip gilt auch für jeden anderen Aspekt des Lebens. Vor einiger Zeit las ich einen Bericht über einen Taxifahrer, der zu dem Schluss gekommen war, wenn er in seinem Beruf Erfolg haben wolle, dann müsse dieser ihm Spaß machen. Damit ihm dies gelingen konnte, machte er sich an die Umgestaltung seiner Arbeitssituation: Er kaufte eine sehr hochwertige Audioanlage und legte sich eine wunderbare Musiksammlung zu; außerdem investierte er in eine große Auswahl an Zeitschriften und Büchern, die er las, um mit seinen Fahrgästen anregende Gespräche führen zu können. Mit anderen Worten, er wandte Disziplin auf, um eine Struktur zu schaffen, die ihm – und seinen Passagieren – viel Freude und Spontaneität ermöglichte, weil die Situation ständig etwas zu bieten hatte und immer wieder neu war. Er ging sogar so weit, Visitenkarten drucken zu lassen, weil die Leute gezielt nach ihm fragten, und wurde recht bekannt und erfolgreich. Durch die Synthese aus Disziplin und Spontaneität verwandelte er also einen Beruf, der sehr leicht in Plackerei ausarten kann, in eine Vergnügungsfahrt.

Disziplin und Spontaneität in den Alltag integrieren

Meine Geistführer betonen, dass die Synthese aus Disziplin und Spontaneität nicht bedeutet, sprunghaft zwischen dem einen und dem anderen hin und her zu wechseln – also zum Beispiel ein Jahr lang ohne Pause intensiv zu arbeiten und sich dann frei zu nehmen. Stattdessen empfehlen sie, Disziplin und Spontaneität im Alltag miteinander zu verflechten. So kann man beispielsweise beim Sport Musik hören, kreativ kochen, ein Schreibprojekt so gestalten, dass neue Ideen und Kreativität einfließen können, oder eine Freundin oder einen Freund zu einer Meditationssitzung einladen und sich danach über das Erlebte austauschen. Das Leben enthält immer eine Mischung aus feststehenden Prinzipien und vielseitigen Ausdrucksmöglichkeiten dafür. Wenn wir Disziplin und Spontaneität miteinander in Harmonie bringen, können wir lernen, im Einklang mit feststehenden geistigen Prinzipien zu leben und zugleich ihre unendlich vielseitigen Ausdrucksformen zu genießen.

Die meisten Menschen, sagen meine Geistführer, vernachlässigen diesen wichtigen Bereich persönlicher Entwicklung. Sie wursteln sich in einer verschwommenen Grauzone durchs Leben und genießen weder die volle Freiheit der Spontaneität noch die Stärke und Stabilität der Disziplin. Thoreau beschreibt solche Menschen in seinem Buch *Walden*: „Die große Masse der Menschen führt ein Leben voll [stiller] Verzweiflung. ... Eine stereotype, wenn auch unbewusste Verzweiflung ist selbst unter dem versteckt, was man gewöhnlich Vergnügungen und Unterhaltungen der Menschen nennt. Spiel steckt keines darin, denn das kommt nach der Arbeit. Es ist aber ein Kennzeichen der Vernunft, dass man nichts Verzweifeltes unternimmt."*

Einige meiner Schüler machen sich Sorgen, dass sie nachlassen, wenn sie einmal zu müde sind, um Sport zu treiben, oder zu beschäftigt, um zu meditieren: „Ist das Widerstand", fragen sie sich, „oder Pragmatismus?" In diesen Fällen ermutige ich sie, das Instrumentarium anzuwenden, das sie erlernt haben – etwa Fragen und Zuhören oder das Fokussieren mit dem Dritten Auge – um Erkenntnisse über ihre jeweilige Situation zu erlangen. Allein sich die Zeit zur Anwendung dieser Techniken zu nehmen, ist ein Ausdruck von Spontaneität, ein Verlassen des für diesen Tag vorgegebenen Weges. Außerdem ist es ein kluger Umgang mit der Einstimmung auf den Geist im Alltag.

Es gibt Zeiten in meinem Leben, in denen ich aus dem einen oder anderen Grund nicht wie gewohnt morgens Sport mache. Doch statt die körperliche Disziplin am jeweiligen Tag ganz fallen zu lassen, mache ich dann vielleicht am Nachmittag einen Spaziergang oder lege Musik auf und tanze. Dies sind nur einige wenige Beispiele, wie man innerhalb der Strukturen der Disziplin seiner Spontaneität Ausdruck geben kann. Weil körperliche, mentale und spirituelle Disziplin viele Formen annehmen kann, kann die Spontaneität auf unendlich vielfältige Weise in die Disziplin einbezogen werden.

So wie dir Selbstbeobachtung helfen kann, Demut und Größe zu wahren und zu integrieren, kann sie dir auch helfen, Disziplin und Spontaneität ins richtige Gleichgewicht zu bringen. Disziplin erhält die Verbindung zum Menschlichen aufrecht, das Gefühl, im Körper „zu Hau-

* Henry David Thoreau, *Walden oder Leben in den Wäldern*, Diogenes 2004, S. 28

se“ zu sein. Spontaneität schafft die Verbindung zum Geistigen. Wenn du dich abgestumpft fühlst, brauchst du mehr Spontaneität; wenn du dich instabil fühlst, brauchst du mehr Disziplin. In vielen Fällen kann dir eine Meditation mit der Affirmation „Ich bin erfüllt von Disziplin, und ich bin erfüllt von Spontaneität“ helfen, ein Gespür für die gelungene Synthese der beiden zu entwickeln.

Disziplin und Spontaneität sind sehr starke Prinzipien, deshalb ist zu Beginn deiner Arbeit mit ihnen ein wenig Vorsicht anzuraten. In meiner langjährigen Tätigkeit habe ich bei Schülern und Klienten beobachtet, dass viele sich auf Disziplin verlegen, damit sie nicht tun müssen, was sie zwar gerne tun würden, sich aber nicht trauen. So arbeitete ich mit einer Frau, die eine verhinderte Künstlerin war. Was sie brauchte, war, sich hinzusetzen und zu malen – also genau das zu tun, das sie sich erhoffte. Stattdessen aber „wasche ich jede Menge Wäsche“, sagte sie mir. Manche sehr disziplinierte Menschen putzen sehr viel, haben dabei aber das Gefühl, dass sie sich eigentlich ans Klavier oder an den Schreibtisch setzen sollten. Oder sie meditieren, wenn sie wissen, dass sie sich eigentlich um ihren Körper kümmern sollten.

In solchen Fällen lassen sich die Betroffenen von der „Angstträgheit“ blockieren, wie ich es nenne. Um an dieser Blockade zu arbeiten, kann es hilfreich sein, eine Checkliste zu erstellen – entweder in Gedanken oder schriftlich. So kannst du herausfinden, ob du in einem oder mehreren Bereichen zu Lasten anderer überdiszipliniert bist. Wenn du aus Angstträgheit etwas vernachlässigst, was du für dich tun solltest, dann vertiefe dich in deinen Widerstand, um Erkenntnisse zu gewinnen und eine auf den Geist abgestimmte Strategie zu entwickeln, wie du zu Gleichgewicht und Ganzheit finden kannst. Oder wie ein Geistführer einmal zu mir gesagt hat: „Sei so diszipliniert wie du nur kannst und so spontan wie du nur kannst.“

KAPITEL ELF

Einstimmung, Einstimmung, Einstimmung

Einstimmung auf den Geist ist die einzige Regel.

So gleichförmig oder vorhersagbar unser Leben oberflächlich auch erscheinen mag, kein Aspekt menschlichen Erlebens ist je völlig beständig oder sicher. So schrieb der Philosoph Thomas Carlyle im 19. Jahrhundert: „Heute ist nicht gestern: Wir selbst verändern uns; wie können da unsere Werke und Gedanken, wenn sie denn stets die tauglichsten sein sollen, immer gleichbleiben?"

Bei vielen Menschen löst das Evolutionäre des Lebens Angst aus und bringt sie in Versuchung, die mit Veränderungen unausweichlich verbundene Unsicherheit zu meiden oder zu verdrängen. Die Einstimmung auf den Geist stellt einen positiven und praktischen Ansatz im Umgang mit den Herausforderungen dar, vor denen wir alle stehen; denn wenn wir unser Bewusstsein mit dem Geist in Einklang bringen, öffnen wir uns der ganzen Macht und dem vollen Potenzial dieses einzigen unveränderlichen Aspekts unseres Wesens. Ein auf den Geist eingestimmter Entwicklungszustand verschafft uns nicht nur konkrete Erkenntnisse, sondern er gibt uns auch die Flexibilität, in Gedanken, Worten und Werken am „tauglichsten" oder angemessensten auf die enorme Vielfalt an Situationen zu reagieren, die uns wahrscheinlich begegnen wird. Im Alltag reicht sie vom Persönlichen und Profanen – etwa der Entscheidung, was es zu Essen geben soll, oder unserem Umgang mit finanziellen oder gesundheitlichen Fragen – bis zu globalen Problemen von Gewalt und Klimawandel. Durch die Anwendung von Fähigkeiten wie Meditation, Fokussieren mit dem Dritten Auge, Fragen und Zuhören sowie durch die Entwicklung von Positivität – und die Einbeziehung dieser Fähigkeiten in unseren Alltag – entwickeln wir die notwendige erweiterte Wahrnehmung, um in allen Aspekten unseres Lebens gut und weise zurechtzukommen.

Die Einstimmung auf den Geist schenkt uns den Mut, über Vermeidung und Verdrängung hinauszuwachsen, und die Klarheit, den inneren Aufruhr und die Verwirrung, die die verbreiteten vorgefassten Meinungen auslösen, zu durchschauen. Wenn wir anfangen, uns von kulturellen Normen und Erwartungen – und auch von unseren eigenen, in unserem ersten Irrtum begründeten Ängsten und Einschränkungen – zu befreien, können wir immer besser bewusst aus der Integrität unseres Geistes heraus leben und Entscheidungen treffen, die unsere eigene spirituelle Entwicklung und die anderer unterstützen. So sagen meine Geistführer: „Passe dich weder an noch rebelliere; sei vielmehr die, die voll und ganz auf den Geist hört."

Einstimmung auf den Geist ist immer situationsbezogen. Sobald wir starre Gegensatzpaare wie richtig oder falsch, gut oder böse hinter uns gelassen haben, entdecken wir, dass es keine feststehenden Regeln oder vorgeschriebenen Reaktionen auf bestimmte Ereignisse oder Umstände gibt. Manchmal sind energisches Einschreiten und unverblümte Worte gefragt, andere Male wieder braucht es ein sanftes, fürsorgliches Vorgehen. Manchmal ist die schlichte Frage „Wie kann ich helfen?" die auf den Geist eingestimmte Reaktion der Wahl. So sagte ein Geistführer einmal: „Sei wie die Natur: Sanft wie ein Zephyr, mächtig wie ein Orkan. Biege dich wie eine Weide und sei beständig wie eine Eiche."

Auf den Geist eingestimmte Reaktionen können zwar unterschiedlich ausfallen, spiegeln aber immer die Bereitschaft, im Orchester des Lebens seinen Part zu spielen und seine Rolle zu erfüllen. Sie sind kein Versuch, die Bedingungen zu kontrollieren und zu manipulieren, um dadurch eigene kurzfristige Wünsche zu erfüllen. Durch die Einstimmung auf den Geist können sich Situationen meiner Erfahrung nach in einzigartiger und überraschender Art und Weise entwickeln, was auch miteinander vernetzte unerwartete Ereignisse einschließt, die mein analytischer Verstand sich niemals selbst hätte ausdenken können. Weil ein auf den Geist eingestimmter Weg oft in weiten Schwüngen verläuft – voller unerwarteter Drehungen und Wendungen und Chancen, auf Herausforderungen zu stoßen, die mit Lebenslektionen verbunden sind – ist für mich die Art und Weise, wie sich die Umstände entwickeln, oft spannender als ein Roman oder Film.

Ein bemerkenswertes Beispiel ereignete sich vor einigen Jahren, als ich in Boston Praxisräume finden musste. Als ich noch auf dem Land gelebt hatte, hatte ich zu Hause gearbeitet, was für eine Mutter mit zwei kleinen Kindern sehr angenehm ist. Meine Pendelstrecke – ein kurzer Gang durch einen Vorraum zum Arbeitszimmer – war fabelhaft. Als ich jedoch 2009 endgültig nach Boston zog, musste ich eine Praxis mieten, die von unserer Wohnung getrennt war. Wenn sie meine Kriterien erfüllen sollte, mussten es ästhetisch ansprechende Räume in Laufweite zu unserer Wohnung sein, mit Dampfheizung und geringen Mietkosten. Ich blätterte diverse Verzeichnisse durch, und dabei fiel mir eine Anzeige für eine Praxis in der Newbury Street auf. Diese elegante Durchgangsstraße im Stadtteil Back Bay war meine erste Wahl. Der Immobilienmakler, der mir die Räume zeigte, meinte, die Miete belaufe sich auf zweitausend Dollar im Monat, ein Betrag, der mein Budget bei Weitem überstieg. Die Zahl, die ich in der Meditation gehört hatte, lautete zweihundert. Als ich diese Zahl nannte, lachte der Makler nur und sagte: „Zu diesem Preis werden Sie in der Newbury Street nie etwas finden!“ Wieder zu Hause, betrachtete ich mein Erlebnis mit dem Dritten Auge, und mir wurde klar, dass mein nächster Schritt im Abwarten bestand. Meine Geistführer sagen oft: „Es liegen noch nicht alle Daten vor.“

Also mietete ich mich für zwei Tage pro Woche zur Untermiete in einer schönen Praxis in der Newbury Street ein, bis sich nähere Einzelheiten zeigen würden. Wenig später erfuhr ich, dass im selben Gebäude zwei Stockwerke tiefer eine Praxis frei würde. Statt mich an einen Makler zu wenden, nahm ich Kontakt zur Hausbesitzerin auf. Sie zeigte mir einen großen Praxisraum mit einem kleinen Nebenzimmer, das über einen separaten Eingang verfügte. Wahrscheinlich weil die Räume seit über zwei Jahren leer standen, stimmte die Besitzerin sofort zu, als ich sagte, ich sei bereit, den kleineren Raum zu mieten, wenn eine Wand eingezogen würde, die die beiden Zimmer voneinander trennte. Sie meinte, in diesem Gebäude würden alle Büroräume pro Quadratmeter vermietet, und nachdem ich gerechnet hatte, entdeckte ich, dass meine neue Miete zweihundert Dollar pro Monat betragen würde. Zu beiden Seiten eines beeindruckenden Eichenschreibtischs ließ ich Bücherregale einbauen, stellte zwei Ohrensessel auf und schmückte die Wände mit beruhigenden Drucken. Und natürlich hatte meine neue Praxis Dampfheizung!

Auf dem Laufenden bleiben

Als meine Geistführer mit dem Unterricht im Einstimmen auf den Geist begannen, wiesen sie mich an, mir jeden Abend noch einmal die Erlebnisse des Tages vor Augen zu führen und dabei auch Unangenehmes nicht zu verdrängen oder auszusparen, damit ich meine Wahrnehmung verfeinern könnte. Zugleich sollte ich in Gedanken Korrekturen vornehmen, wenn meine Gedanken, Worte und Werke unter den jeweiligen Umständen unpassend waren. Diese Korrekturen zu benennen, würde mir helfen, so erklärten sie, zwischen Reaktionen, die auf den Geist eingestimmt sind, und solchen, die nicht im Einklang mit geistigen Prinzipien stehen, zu unterscheiden. Diese allabendliche Praxis umschrieben sie mit der Wendung „auf dem Laufenden bleiben". „Bleibe auf dem Laufenden in deiner Kommunikation, bei deinen Entscheidungen und beim Verarbeiten emotionaler Lektionen", rieten sie mir.

Nachdem meine Kinder eingeschlafen waren, saß ich mit geschlossenen Augen im Bett und führte meine Rückschau durch. Dabei reflektierte ich meine inneren und äußeren Erlebnisse aus der Perspektive meines Dritten Auges. Der Prozess verlief überraschend schnell. Ich konnte ungefähr die letzten zwölf Stunden überblicken und mir anschauen, während mir zugleich deutlich ins Auge sprang, wo ich unausgeglichen war, so dass ich mich damit näher beschäftigen konnte. Wenn meine Gedanken oder Worte oder mein Verhalten reaktiv waren – wenn ich also aus dem Solarplexus heraus reagiert und dabei entweder bremsen oder etwas hatte erzwingen wollen – wurde ich angeleitet, mich zu fragen: „Wenn ich unter diesen Umständen im Dritten Auge fokussiert gewesen wäre, wie anders hätte ich dann empfunden oder gehandelt?" Anschließend malte ich mir die Korrekturen vor meinem geistigen Auge aus.

Zum Beispiel blickte ich eines Abends auf eine Einzelsitzung mit einer

Langzeit-Klientin zurück. Dabei sah ich, dass ich im Austausch mit ihr ungeduldig gewesen war und unbedingt wollte, dass sie sich aufraffte – mehr Disziplin und Ehrlichkeit mit sich selbst zu entwickeln und das Muster abzulegen, immer andere für ihre Probleme verantwortlich zu machen. Als ich beobachtete, wie ich in der Beratung mit ihr umging, fiel mir auf, dass meine negative Einstellung in meinem Tonfall zutage trat und in ihr Gefühle der Scham und der Unzulänglichkeit auslöste. Mit dem Blick durch das Dritte Auge erkannte ich, dass meine Erkenntnisse zwar zutreffend und angemessen waren, meine Vermittlung aber ganz und gar nicht. Hätte ich mir während unserer Sitzungen den Blick durch das Dritte Auge bewahrt, wäre ich nicht frustriert und so sehr darauf fixiert gewesen, dass meine Klientin ihre Lektionen schneller lernte. Selbst in der Rückschau ging mir durch diesen Perspektivenwechsel ihr gegenüber das Herz auf; ich stellte mir vor, dass ich sanfter und freundlicher mit ihr spreche. Außerdem konnte ich erkennen, dass ich auch körperlich angespannt gewesen war und in meinem Körper eher etwas hatte erzwingen wollen, anstatt auf den Geist eingestimmt zu sein. Meine Korrektur umfasste daher sowohl eine Einstellungsänderung als auch die Visualisierung einer körperlichen Anpassungsmaßnahme. Beim nächsten Termin mit ihr setzte ich meine Beobachtungen in die Tat um, und unsere Sitzung verlief wesentlich fruchtbarer.

Wenn die Einstimmung auf den Geist bedeutet, dass wir etwas Bestimmtes unternehmen oder ein offenes Gespräch suchen müssen, dann zögern wir manchmal – vielleicht aus Sorge um die Reaktion des anderen. In solchen Fällen sagen meine Geistführer: „Vielleicht musst du abwarten, bis wieder der richtige Zeitpunkt gekommen ist." Wenn du eine Gelegenheit verpasst hast, dann sieh dir die Situation mit dem Dritten Auge noch einmal genau an, so raten sie, und frage und höre zu, um festzustellen, ob die Bedingungen noch stimmen. Mit anderen Worten, wenn wir uns vor einer auf den Geist eingestimmten Reaktion gedrückt haben, dann sollten wir dies nicht durch nachträgliches Vorpreschen wieder wettmachen wollen. Einstimmung ist immer Momentsache. Nur weil wir in einer bestimmten Situation zu einer klaren Erkenntnis gelangt sind, heißt dies nicht, dass diese auch später noch umsetzbar ist.

Auf dem Laufenden zu bleiben, bedeutet letzten Endes weit mehr, als einen Fehler zuzugeben und zu hoffen, dass wir es beim nächsten Mal besser machen. Es ist integraler Bestandteil des Lernprozesses, den Tanz des Lebens zu meistern. Wenn wir in der Einstimmung auf den Geist leben, haben wir das Gefühl des Fließens, des Mitgehens mit dem Leben und seiner Entwicklung, ohne etwas erzwingen oder verhindern zu wollen. Dieser Zustand ist weder davon abhängig, was andere tun, noch durch die Verhältnisse auf der Welt bedingt. Er ist eine praktische und tiefgreifende innere Einstimmung auf die geistige Einheit.

Korrekturen im Moment

Heute halte ich nicht mehr allabendlich so detailliert Rückschau, aber diese Schulung hat mir geholfen, meine Fähigkeit zur Selbstbeobachtung zu schärfen. Außerdem hat sie mich sensibilisiert, so dass ich mir heute der Diskrepanz bewusster bin, wenn meine Einstellung oder mein Verhalten in einem bestimmten Moment nicht auf den Geist eingestimmt ist. Meist merke ich es noch so rechtzeitig, um Korrekturen vornehmen zu können, noch bevor ich zu sehr aus dem Gleichgewicht gerate. Manchmal muss ich lächeln, wenn ich an einen Vorfall vor vielen Jahren denke, als ein Geistführer sagte: „Sobald du im Gleichgewicht deines Seins lebst …" und ich ihn, noch bevor er zu Ende kommen konnte, in Gedanken energisch unterbrach: „Das wird nie passieren!" Heute weiß ich, wie sich ein dauerhaftes emotionales Gleichgewicht anfühlt, und ich betrachte den Prozess der allabendlichen Rückschau als den Schlüssel dazu, dass ich es lernen konnte.

Darüber hinaus habe ich durch diese Schulung gelernt, im Laufe des Tages sehr oft zu fragen: „Angesichts dessen, was ist – was soll ich tun?" Ständiges Fragen ist ausschlaggebend dafür, dass die Einstimmung auf den Geist aufrechterhalten werden kann, insbesondere weil scheinbar unwichtiges Tun oder Nichttun manchmal ernste, unvorhersehbare Folgen haben kann. Eine poetische englische Spruchweisheit, die auf das 14. Jahrhundert zurückgeht, beschreibt dies anschaulich:

> Weil es an einem Nagel mangelte, ward das Hufeisen verloren,
> weil es an einem Hufeisen mangelte, ward das Pferd verloren,
> weil es an einem Pferd mangelte, ward der Reiter verloren,

weil es an einem Reiter mangelte, ward die Kunde verloren,
weil es an Kunde mangelte, ward die Schlacht verloren,
weil es an der Schlacht mangelte, ward das Königreich verloren,
und all dies, weil es an einem Hufeisennagel mangelte.

Dieses kurze Gedicht fiel mir neulich wieder ein, als ich zu lange am Telefon blieb. Mein Gefährte war auf einer längeren Inlandsreise, und er rief mich an einem Samstagmorgen an, als ich gerade zu einem Kurs aufbrechen wollte. Es war schön, mit ihm zu sprechen, und er hatte Interessantes zu erzählen, aber ich ließ mir nicht genug Zeit für meine Yoga-Übungen, die mir am Morgen einfach wichtig sind, insbesondere wenn ich weiß, dass ich einen Großteil des Tages sitzen werde.

Ich hätte ihm auch ganz lieb sagen können: „Ich rufe dich an, sobald ich nach dem Kurs wieder zu Hause bin." Dann hätte ich die Zeit nicht beschnitten, die ich für die Yoga-Praxis vorgesehen hatte. Aber weil ich mich davor gedrückt hatte, ihm zu sagen, dass ich gehen musste, war ich nach unserem Telefonat angespannt und musste mich beeilen, um die verlorene Zeit wieder aufzuholen. Durch Selbstbeobachtung bemerkte ich mein Ungleichgewicht und nahm augenblicklich eine Korrektur vor, indem ich beschloss, die Yoga-Haltungen in meiner Übungsfolge nur einmal statt, wie üblich, zweimal zu machen. Diese Anpassung brachte mich wieder in Fluss, und ich war bereit für meinen Kurs.

In solchen Situationen könnten wir versucht sein zu sagen: „Na ja, das ist doch nur eine winzige Korrektur." Aber wenn wir nicht auch kleine Korrekturen vornehmen, schwellen die Dinge nur allzu leicht lawinenartig an. Was passiert mit unserem Tag, wenn wir ein bisschen zu lang telefonieren und unser Tagesablauf durcheinandergerät? In diesem Moment geraten wir aus dem Fluss, was unbeabsichtigte Folgen auslösen und zu weiteren Komplikationen führen kann.

In meinem Fall war das keine große Sache, aber er ist ein gutes Beispiel dafür, wie wir dadurch, dass wir in jedem Moment physisch wach sind und auf dem Laufenden bleiben, feststellen können, ob unsere Entscheidungen auf den Geist eingestimmt sind oder nicht. Nimm dir einen Augenblick Zeit und denke an eine Situation, als du einmal zu spät gekommen bist. Erinnerst du dich, wie du dich beeilt hast, zu dem Termin zu kommen, und es dir dabei vorkam, als ginge deine Energie deinem Körper voraus?

Oder denke an eine Situation in der Schule oder bei einer Besprechung am Arbeitsplatz, als du dich eigentlich zu Wort melden und zum Ausdruck bringen wolltest, was du denkst, dich aber von deiner Angst davon hast abhalten lassen. Beide Situationen – etwas erzwingen wollen und sich von etwas abhalten lassen – erzeugen ein Ungleichgewicht. Wenn du dich hingegen in deinem Körper gut aufgestellt und zentriert fühlst, spiegelt dies Übereinstimmung, also eine auf den Geist eingestimmte Fähigkeit zu handeln oder abzuwarten, je nachdem was die Situation erfordert.

Auf dem Laufenden zu bleiben und Korrekturen vorzunehmen, kann uns helfen, nach und nach Muster zu erkennen, die uns in einem Ungleichgewicht festhalten. In einem meiner letzten Wochenendkurse erzählte eine Frau, ihr Mann – der ebenfalls am Kurs teilnahm – habe am Freitagabend vor dem Kurs vorgeschlagen, am Samstagmorgen früh aufzustehen und noch den Müll zur nahegelegenen Deponie zu bringen, bevor sie zur Gruppe fahren wollten. Zur Erklärung, was weiter passiert ist, sagte sie: „Ich habe ‚ja' gesagt, aber ich musste immerzu daran denken, dass ich noch so viel zu tun hatte, bevor wir zum Kurs fahren wollten. Ich wusste, die Fahrt zur Deponie würde die Prioritäten, die ich bereits gesetzt hatte, durcheinanderbringen und mein Gleichgewicht über den Haufen werfen. Aber ich wusste auch, dass wir den Müll loswerden mussten. Als ich dann aufstand und mein Mann sagte: ‚Ich kümmere mich um den Müll, tue du nur, was du dir vorgenommen hast', wusste er offenbar, dass eine gemeinsame Fahrt zur Deponie für mich nicht das Richtige war."

Nach einer kurzen Denkpause fuhr sie fort: „Was er getan hat, hat mich wieder in Fluss gebracht. Er hat nicht zugelassen, dass ich den Fehler mache und etwas erzwinge. Es war eine ganz erstaunliche Korrektur, denn der Rest des Morgens verlief leicht und wie von selbst. Ich konnte erledigen, was ich zu tun hatte, und wir kamen trotzdem pünktlich zum Kurs."

Wir beschlossen, im Kurs gemeinsam herauszufinden, was sie motiviert hatte, „Ja" zu sagen, wenn die auf den Geist eingestimmte Antwort eigentlich „Nein" gewesen wäre. Im Laufe der Diskussion wurde klar, dass ihr Impuls von einer tief verwurzelten Fehlwahrnehmung über persönliche Verantwortung herrührte: „Wenn etwas getan werden muss, dann sollte *ich* es tun." Sie erkannte, dass eine solche Sicht ihrer Rolle im Leben unausgewogen und nicht aufrechtzuhalten war, doch es erhob sich eine weitere Frage: Wie konnte es kommen, dass diese irrige Vorstellung ihre Entscheidungen beherrschte?

Emotionale Lasten

Gefühle, die mit längst vergessenen Erfahrungen aus diesem Leben und früheren Inkarnationen verbunden sind, können manchmal dazu führen, dass wir in bestimmten Situationen auf bestimmte Art und Weise reagieren, ohne zu wissen warum. Wenn wir aber immer besser auf dem Laufenden bleiben können, verringern wir nicht nur unsere Tendenz zur Anhäufung ungelöster Emotionen, sondern wir heilen nach und nach auch die Verwirrung und die Angst, die in unserer Seele sitzen und die wir in dieses Leben mitgebracht haben. Wenn wir unsere Gedanken, Worte, Gefühle und Taten noch einmal mit dem Dritten Auge betrachten, entdecken wir Muster: Falsche Einstellungen und Fehlwahrnehmungen, deren Ursprung wir durch Fragen und Zuhören herausfinden können. Ist klar, woher sie kommen, können wir die geeigneten Gegenmittel anwenden. Diese können die Form eines Einstellungswandels, aktiver Schritte zur Verhaltensänderung oder einer Mischung aus beidem annehmen.

Manchmal ist uns der Ursprung einer bestimmten Angst oder negativen Einstellung zwar bewusst, aber wir haben immer noch mit ungeklärten Gefühlen zu kämpfen. Was tun? Meine bemerkenswert klugen Geistführer sagen: „Schließe Freundschaft mit den Gefühlen und beginne einen Dialog mit ihnen."

Zum Beispiel geriet mein Hund Mittens vor vielen Jahren einmal in einen Kampf mit einem Schäferhund. Als ich versuchte, die beiden zu trennen, biss mich der Schäferhund ins Bein. Es war ein schlimmer Biss, und ein paar Wochen lang konnte ich kaum gehen. Noch lange danach fing mein Bein immer an zu zittern, wenn ein fremder Hund in der Nähe war. Ich sagte mir dann, dass mich dieser Hund ganz bestimmt nicht beißen würde, aber mein Bein war offenbar anderer Meinung. Die Zellen hatten ihr eigenes Bewusstsein und reagierten selbstständig auf die Erinnerung. Nach Fragen und Zuhören wurde mir klar, dass Beruhigung angesagt war. Also nahm ich einen Dialog mit der Angst in meinem Bein auf. Immer wenn ich in Kontakt mit einem Hund kam, sagte ich meinem Bein: „Es ist in Ordnung, ich beschütze dich. Du kannst dich beruhigen." Nach ein paar Wochen hörte das Zittern auf, und heute hat mein Bein keine Angst mehr vor unbekannten Hunden.

Emotionale Lasten häufen sich oft um einen ersten Irrtum herum an. So arbeitete ich zum Beispiel vor Kurzem mit einer Kursteilnehmerin, die unter einem Gefühl der Überverantwortlichkeit leidet, das in ihrem ersten Irrtum begründet liegt und immer wieder lawinenartig zu einer schweren Last aus Schuldgefühlen anschwillt. Wenn sie eine Verpflichtung eingeht und die Umstände sich ändern, so dass es nicht mehr möglich oder angebracht ist, diese Verpflichtung einzuhalten, reagiert sie verzweifelt. Eine derartige Situation, erklärte ich ihr, erfordert normalerweise eine Korrektur in zwei Phasen. Die erste Phase, die man als „äußere Korrektur" bezeichnen könnte, beinhaltet, ruhig und klar zu vermitteln, dass sich die Umstände geändert haben und es daher nicht mehr möglich ist, eine bestimmte Verpflichtung einzuhalten. Natürlich ist es am besten, wenn man zunächst fragt und zuhört und erst dann über die Situation spricht, damit man erkennt, wie man dieses Gespräch klug führen kann.

Die zweite Phase ist eine „innere Korrektur". Hier geht es darum, herauszufinden, welche Einstellung das Problem ausgelöst hat. Meine Schülerin hielt an einer sehr starren Definition fest, was es heißt, das Richtige zu tun, die sich am besten folgendermaßen zusammenfassen lässt: „Wenn ich sage, dass ich etwas tue, dann *muss* ich es auch tun, selbst wenn die ganze Welt zusammenfällt."

Doch meine Geistführer sagen: „Im Leben ist Spontaneität am Ruder." Jeder Augenblick ist eine kreative Entwicklung, und wir können nicht alle Eventualitäten im Voraus planen. Wenn „das Richtige tun" zum Versuch wird, die spontanen, unvorhersehbaren Aspekte des Lebens auszuschalten oder zu kontrollieren, können wir mental und emotional unflexibel werden. Es ist physisch unmöglich, es allen recht zu machen, die Erwartungen anderer immer zu erfüllen und Verpflichtungen einzuhalten, wenn sich die Umstände ändern. Wir müssen uns anpassen. Zu der Transformation, die durch ständige Einstimmung auf den Geist eintritt, gehört auch, dass wir lernen, unsere Sprache zu verändern. Statt jemandem zu sagen: „Ich verspreche dir, dass ich das erledige", könnten wir sagen: „Ich kümmere mich darum." Notfalls können wir uns dann immer noch erneut an den Betreffenden wenden und sagen: „Ich habe ja geglaubt, ich könnte das machen, aber die Umstände haben sich geändert. Es hat sich etwas ergeben, um das ich mich kümmern muss. Wie wäre es für dich, wenn du mir das abnehmen könntest?"

Der Prozess, unsere Erlebnisse im Nachhinein noch einmal anzuschauen und auf dem Laufenden zu bleiben, lehrt uns, dass das Leben tatsächlich eine Schule ist und alles und jeder zu unserer Lernerfahrung dazugehört. Wenn wir unsere Korrekturen vornehmen, entdecken wir, dass sich die Dynamik in unseren Beziehungen, unsere Wahrnehmung und unsere Entscheidungen weiterentwickeln. Zugleich wird unsere Neugierde geweckt, und wir fragen uns, was wohl als Nächstes geschieht.

Mit der Angst Freundschaft schließen

Neulich las ich im Wartezimmer bei meiner Zahnärztin einen Artikel über eine Frau, die zur Linderung ihrer Angst auf Medikamente angewiesen ist. Getroffen hat mich insbesondere ihr Satz: „Alle wissen, dass ich Medikamente gegen die Angst nehme." Als ich über diese Bemerkung nachdachte, fielen mir die vielen Anzeigen in Zeitschriften und im Fernsehen ein, die Medikamente als schnell wirksames und einfaches Mittel gegen die Angst bewerben. Wieder zu Hause, bat ich in der Meditation um Erkenntnisse darüber, warum Angst in der modernen Kultur so weit verbreitet ist.

Ein Geistführer erklärte, Angst sei der innere Aufruhr, der durch Furcht ausgelöst würde. Ihre Häufigkeit rühre daher, dass in unserer Kultur Gefühle seit Langem überwiegend durch den Solarplexus gefiltert werden, was uns anfällig macht für Gefühlsschwankungen oder emotionale Überforderung, wenn die Umstände nicht unseren Bedürfnissen, Erwartungen oder Wünschen entsprechen. Statt jedoch die zugrunde liegende Furcht und Unruhe direkt anzusprechen, entschieden sich viele Menschen für Vermeidung und Ablenkung als oberflächliche Methode zum Umgang mit Problemen, für die es keine einfache Lösung zu geben scheint. Leider verschlimmert Vermeidung die Situation, weil sie ungelöste Gefühle noch tiefer in uns einbettet und diese dann auf einer unbewussten Ebene unsere Einstellungen und unser Verhalten prägen. Wenn eine ganze Kultur an der Vermeidung festhält, verschwinden die Probleme damit nicht einfach wie von Zauberhand. Vielmehr vervielfachen sie sich und erzeugen ein emotionales Umfeld, auf das die meisten Menschen reagieren.

Aus der Sicht meiner Geistführer hat Angst eine nützliche Funktion. Sie ist eine rote Lampe, ein Signal, dass etwas ungut ist und wir aufpassen müssen, weil eine Veränderung angesagt ist. Dies können Modifikationen in unserer Einstellung oder unserem Verhalten sein, eine umfassende Veränderung im Umgang mit unserem Körper oder Anpassungen bei beliebig vielen anderen Aspekten unseres Lebens. Wie ein Barometer misst Angst den Druck und sagt Veränderungen vorher. Wenn wir sie einfach mit Medikamenten behandeln, neutralisieren wir praktisch ihren Nutzen. Die auf den Geist eingestimmte Vorgehensweise besteht darin – wie im Umgang mit Schuldgefühlen, Furcht und anderen emotionalen Lasten – Freundschaft mit der Angst zu schließen, einen Dialog mit ihr aufzubauen, zu fragen und zuzuhören. Lasse zu, dass sie dir zur Lehrerin wird, dass sie dich darauf hinweist, was du zu vermeiden versuchst oder was du in deinem Leben verändern solltest.

Da Angst oft ein sehr starkes Gefühl ist, beginnst du einen solchen Dialog am besten damit, dass du dein Denken zur Ruhe bringst und dich durch Meditation deinem Geist öffnest. Nimm dir einen Augenblick Zeit und konzentriere dich auf etwas, das dich inspiriert, das das Kronen-Chakra weitet und dich auf die Meditation vorbereitet. Sobald du die Weite an der höchsten Stelle deines Kopfes spüren kannst, sprich die Affirmation: „Ich bin Geist; ich bin unendlicher Geist." Verwende diese Affirmation so oft und so lange du sie brauchst, und lasse sie los, wenn sie dir nicht mehr notwendig ist. Wenn es dir schwerfällt, das Hirngeplapper zur Ruhe zu bringen, wippe gedanklich vor und zurück und sprich die Affirmation: „Ich bin Geist; ich bin unendlicher Geist." Dann mache eine Pause und dehne diese Pause zwischen den Affirmationen nach und nach immer weiter aus.

Sobald deine Gedanken zur Ruhe gekommen sind, suche dir ein Thema aus, das deine Angst auslöst, und beginne einen Dialog. Du kannst das Gespräch auf unterschiedlichste Art und Weise in Gang bringen. Du könntest zum Beispiel einfach sagen: „Angst, ich möchte mit dir Freundschaft schließen und von dir lernen." Du kannst auch konkrete Fragen stellen: „Wie kann ich dich auflösen?" „Muss ich meine Einstellung ändern?" „Muss ich meine Situation verändern?" „Muss ich mir Hilfe holen?" Außerdem könntest du fragen: „Was möchtest du mich lehren?"

„Was soll ich konkret tun, um dich zu lindern?“ „Liegen deine Wurzeln in früheren Leben?“

Weil Angst recht dicht und schwer sein kann, hilft ein solches Gespräch, sie ein wenig leichter zu machen. Außerdem leitet es einen Prozess ein, durch den die im Solarplexus aufgehäuften Blockaden aufgelöst werden. Wenn die Dichte allmählich nachlässt, empfinden wir nicht nur ein Gefühl der Befreiung und Erleichterung – insbesondere wenn wir bisher vermieden oder verdrängt haben – sondern wir erleben auch eine vertiefte Wahrnehmung.

Dadurch, dass wir mit unserem Bewusstsein in die Angst vordringen, können wir Erkenntnisse sowohl über ihre Ursache als auch über die Möglichkeiten zu ihrer Heilung und Korrektur erhalten. Meinen Geistführern zufolge ist es wichtig, dass wir die Angst spüren, um von ihr lernen und sie transformieren zu können. Manchmal vollzieht sich die Transformation schnell – du hast an der Angst gearbeitet und gearbeitet, und plötzlich ist sie einfach weg. Andere Male wieder ist sie eher eine Lebenslektion, und die Antwort, die du erhältst, wenn du den Dialog aufnimmst, ist nur der nächste Schritt in einem längeren Lernprozess.

Zum Beispiel sagte neulich eine meiner Schülerinnen, dass sie eigentlich meistens Angst hat. „Wenn ich morgens aufwache, zittere ich am ganzen Körper“, berichtete sie im Kurs. Weiter schilderte sie, wie sie anfing, die Instrumente einzusetzen, die sie kennengelernt hatte, um ihr Gefühl zu untersuchen und mit ihm zu arbeiten. „Ich ging in das Zittern hinein und erfuhr, dass ich Angst davor habe, eine Person in einem Körper zu sein. Als ich fragte, was ich dagegen tun sollte, erhielt ich die Antwort. ‚Erkenne, dass die Angst dich klein macht; akzeptiere, dass du ein Mensch bist und lasse dein Licht leuchten. Liebe dein Leben und nimm es an.‘“

Im gemeinsamen Gespräch über die Antwort, die sie erhalten hatte, wurde uns klar, dass die Einstellungsänderung, die sie vornehmen sollte, keine schnelle Lösung war, weil ihre Angst in der aus ihrem ersten Irrtum begründeten Furcht resultierte, sie sei in der physischen Welt nicht sicher. Zum Teil bestand ihre Lektion daher darin, sich auf die Aspekte ihres Lebens zu konzentrieren, die schön waren – auf Einzelheiten zu achten und sich auch an dem zu freuen, was ihre Körpersinne ihr schenkten, indem sie zum Beispiel die Vielschichtigkeit einer Blüte bewunderte oder ein Musikstück hörte. Augenblicke einfacher Freuden in ihr Leben einzuflechten, würde ein Gefühl geistiger Erneuerung auslösen und ihr helfen, sich wieder bewusst zu werden, dass das Leben nicht nur ein Kampf, sondern auch ein Genuss ist.

Wie jede in einem ersten Irrtum begründete Angst benötigt auch eine Angst, die in der Furcht wurzelt, man sei auf der Welt nicht sicher, Zeit, um zu heilen. Die Einstellung, die es zur Korrektur und Heilung dieser Furcht braucht, ist jedoch recht einfach: Wir müssen akzeptieren, dass unser physischer Körper zwar tatsächlich verwundbar, unser Geist jedoch auf ewig sicher ist. Die Teilnahme an einer Gruppe, in der diese Sicht der Dinge gepflegt wird, kann helfen, die Angst eine Zeit lang zu verscheuchen. Die Aufrechterhaltung dieser Einstellung, die zur Auflösung von Ängsten, die auf ersten Irrtümern beruhen, notwendig ist, erfordert allerdings oft lebenslange Übung.

Andere Formen der Angst können durch Aufmerksamkeit für Details korrigiert oder zumindest gelindert werden. Ich habe mit Menschen gearbeitet, die wegen ihres Gewichts Angst hatten, aber die Waage mieden und auch den alltäglichen Erfordernissen hinsichtlich Ernährung und Bewegung aus dem Weg gingen. Wenn wir zulassen, dass wir nur vage um den Rand eines Problems herumschleichen, hält die Angst Einzug oder verstärkt sich sogar noch. Wenn wir uns andererseits ins Thema vergraben und es uns in allen Einzelheiten ansehen, dann erkennen wir: „Aha, eigentlich gibt es da gar kein Problem“ oder „Oh, es gibt da tatsächlich ein Problem, und ich muss mich darum kümmern.“

Rhythmus statt rasender Eile

Vor vielen Jahren fuhr ich durch die Stadt, in deren Nähe ich wohnte, und fühlte mich unter Druck, meine Einkäufe noch rasch zu erledigen, bevor die Geschäfte schlossen. Plötzlich kam ein Geistführer zu mir und sagte: „Du hast Zeit von jetzt bis in alle Ewigkeit.“ Sowie ich die Vorstellung, ausreichend Zeit zu haben, in mich aufnahm, entspannte ich mich und kam in Fluss. Ich entdeckte, dass Eile gar nicht nötig war, um meine Aufgaben effizient zu erledigen.

Als ich dieses Erlebnis später noch einmal mit meinen Geistführern besprach, erklärten sie, dass sie zwischen rasender Eile und Rhythmus unterscheiden. Rasen ist ein inneres Drängen, das Stress und Anspannung auslöst. Leider ist die Tendenz zu rasender Eile in der heutigen Kultur weit verbreitet, da unsere Aufmerksamkeit sehr gefordert ist, wenn wir versuchen, eine überwältigende Informationsflut zu verarbeiten und uns per Multitasking durch eine irrwitzige Bandbreite an privaten und beruflichen Bedürfnissen und Verpflichtungen zu lavieren. Rhythmus hingegen legt Wert auf Ausgeglichenheit. Wir können bei der Erfüllung einer Aufgabe schnell oder langsam vorgehen, je nachdem was gerade erforderlich ist, und doch zugleich das Gefühl wahren, im Gleichgewicht und im Fluss zu sein.

Die Einstimmung auf den Geist kann uns helfen, unser Urteilsvermögen zu schärfen, ob es angebracht ist, unseren Tag ganz normal zu bewältigen, eine bestimmte Aufgabe gelassen anzugehen oder das Tempo anzuziehen. Wenn wir den ganzen Tag über unser Drittes Auge nutzen, um unser körperliches Empfinden, unsere Gedanken und Gefühle zu überprüfen; wenn wir immer wieder innehalten, um zu fragen und zuzuhören, können wir uns bewusster werden, wie es sich anfühlt, im Fluss zu sein; denn dieses Gefühl bestätigt, ob unser Handeln und unsere Einstellungen im Einklang mit unserem Geist stehen oder nicht.

Natürlich brauchen wir manchmal etwas Abstand und müssen uns unsere Erlebnisse noch einmal in Ruhe vor Augen führen, um herauszufinden, warum wir aus dem Gleichgewicht geraten sind. So schilderte zum Beispiel kürzlich eine Kursteilnehmerin, sie sei einmal wesentlich früher aufgewacht als üblich und habe daher beschlossen, zum Zeitvertreib bis zu ihrem ersten Termin ein Buch zu lesen. Doch statt aufzuhören, als es an der Zeit war, sich auf den Tag vorzubereiten, las sie noch ein wenig weiter und dann noch ein wenig, bis sie wusste, dass sie zu spät dran war. Doch selbst dann trödelte sie noch unter der Dusche. Als sie schließlich das Haus verließ, hatte sie schlechte Laune, und das innere Ungleichgewicht hielt den ganzen Tag über an, so dass nichts mehr lief wie geplant.

Im Gespräch über ihre Situation meinte ich, dass Zuspätkommen allein kein Maßstab für ein Ungleichgewicht sei. Von einem Plan abzuweichen, kann aus unzähligen Gründen eine auf den Geist eingestimmte Entscheidung sein. Vielleicht sind bei den Menschen, mit denen wir uns treffen oder etwas besprechen wollten, Konflikte entstanden oder Verzögerungen eingetreten, oder womöglich sind wir durch unsere langsamere Gangart um einen Verkehrsstau herumgekommen. Wie meine Geistführer erklären, müssen wir die Qualität unseres inneren Erlebens betrachten, um eine zutreffende Einschätzung vornehmen zu können. Ein wenig tiefer grabend, fragte ich sie: „Als Sie das Buch gelesen haben, hatten Sie da das Gefühl, Sie seien auf den Geist eingestimmt, drückten sich vor etwas oder wollten etwas erzwingen?"

Sie dachte einen Augenblick nach und antwortete dann: „Ich verspürte allmählich Druck, weil ich zu lange sitzen blieb und las. Aber ich wollte einfach noch ein bisschen so bleiben, weil ich aus reinem Vergnügen las." Nach weiterem Nachdenken fügte sie hinzu: „Ich glaube, dieser Impuls, immer weiterzumachen, ist etwas, was sich seit der Kindheit erhalten hat. Einfach dazusitzen und ein Buch zu lesen, bis es fertig ist. Es ist eine Angewohnheit."

Dies war eine wichtige Entdeckung für sie, wie übrigens für viele meiner Schüler und Klienten, denn Gewohnheiten stellen oft beträchtliche Hindernisse für die Einstimmung auf den Geist dar. Wenn wir es gewohnt sind, etwas auf eine ganz bestimmte Art und Weise zu tun, kann dieses Muster – und die ihm zugrunde liegende Anhaftung, die dafür sorgt, dass es erhalten bleibt – unser Urteilsvermögen trüben und unser Empfinden für das, was in einer bestimmten Situation erforderlich ist, vernebeln. Ein Buch bis zur letzten Seite auszulesen, kann im Sommerurlaub am Strand ein wunderbarer morgendlicher Zeitvertreib sein, wenn du aber rechtzeitig bei der Arbeit sein musst, einen Termin mit einer Klientin oder dich auch nur mit einer Freundin zum Frühstück verabredet hast, ist es höchstwahrscheinlich nicht angebracht.

Liebe und Lieben

Meine Geistführer definieren Liebe als die Kraft, die aus dem geistigen Wesenskern strömt. Sie ist warm, sie vereint und sie macht uns froh, dass wir am Leben sind. Lieben, also den Prozess, diese Kraft zum Ausdruck zu bringen, bezeichnen sie als Handeln im Einklang mit dem Geist und seinem Wesen. Mit anderen Worten, echtes Lieben und Einstimmung auf den Geist sind eigentlich dasselbe.

Unser Bestreben, Liebe zu geben und zu empfangen, ist eine ebenso starke Kraft wie unser Verlangen, uns selbst zu verstehen. Unsere Musik, Kunst, Literatur und Filme sind alle Ausdruck dieser Sehnsucht. Doch trotz der Tiefe dieses Sehnens müssen sich selbst Menschen mit reiner Motivation durch Ängste, Verletzungen und Fehlwahrnehmungen hindurcharbeiten, um dieses erhabene Gefühl zu erlangen und aufrechtzuerhalten. Um Liebe ganz und wahrhaft erleben zu können, brauchen wir Mut, Klarheit und Entschlossenheit, denn in unserer Kultur sind die Vorstellungen von und Einstellungen zu Liebe und Lieben verworren und unsicher.

Teilweise rühren diese Schwierigkeiten von kulturellen Konditionierungen und Erwartungen an Beziehungen her. Denke nur etwa an die falsche Vorstellung, die schon eine ganze Weile die Runde macht, dass wir erst uns selbst lieben müssen, bevor wir andere lieben können. Meine Arbeit mit Schülerinnen und Klienten hat mir gezeigt, dass das einfach nicht stimmt. Ich bin einer ganzen Reihe von Menschen begegnet, denen es leichterfällt, andere zu lieben als sich selbst. Letzten Endes spielt es keine Rolle, ob sich unsere Liebe zuerst auf uns selbst oder auf andere richtet. Dadurch, dass wir einen anderen lieben, können wir Selbstliebe erzeugen; durch Liebe zu uns selbst können wir Liebe zu anderen entwickeln.

Ein weiterer verbreiteter Fehlschluss kommt in dem Vorwurf zum Ausdruck: „Wenn du mich wirklich lieben würdest, würdest du tun, was ich will." Was die Menschen *wollen*, ist jedoch nicht immer das, was sie zu ihrer Entwicklung *benötigen*. Wenn wir nicht gut darauf achten, dass wir stets Zugang zu der Klarheit und dem Selbstvertrauen des Geistes haben, indem wir auf dem Laufenden bleiben und Korrekturen an unserer Einstellung und unserem Verhalten vornehmen, können wir nur allzu leicht dem Glauben verfallen, zu lieben bedeute, den Menschen zu geben, was sie wollen – wenn die Lektionen, die sie lernen müssen, tatsächlich etwas ganz anderes erfordern.

Verwirrung über die Liebe und das Lieben rührt auch von der Angst her, die zwangsläufig in Beziehungen entsteht, welche auf dem „Tauschsystem" beruhen, wie ich es nenne: „Du erfüllst meine Bedürfnisse, und ich erfülle deine." Wenn wir uns dieses Arrangement in seiner Tiefe ansehen, können wir erkennen, dass die Partner in einer solchen Beziehung einen Handel eingehen, der in Vermeidung und Verdrängung wurzelt. „Du bewahrst mich davor, dass ich mich allzu sehr in meinen Ängsten verstricke, und ich bewahre dich davor, dass du dich allzu sehr in deinen Ängsten verstrickst."

Eine derartige Beziehung ist ganz offensichtlich nicht auf gegenseitiges Wachsen und Lernen ausgerichtet.

Eine weitere angstgeprägte Konstellation betrifft jemanden, der sagt: „Weil ich dich liebe, will ich dieses oder jenes für dich tun." So wollte mir zum Beispiel eine Freundin immer Geschenke machen. Ihre dauernde Großzügigkeit war sicher zum Teil angeregt durch Liebe, ihre primäre Motivation war jedoch die Angst, ich könnte sie ablehnen oder an meinem Leben nicht teilhaben lassen.

Ich habe einmal einen Geistführer gefragt, warum so viele Menschen die Angst hegen, nicht geliebt zu werden, obwohl doch auf einer geistigen Ebene jeder geliebt ist. Er erklärte, als Mensch könne man sehr leicht der Illusion verfallen, man sei ein völlig getrenntes Individuum, total abgekoppelt von anderen und von unserer grundlegenden geistigen Identität. Obwohl die Liebe als geistiges Prinzip immer gegenwärtig und aktiv ist, können wir sie erst wirklich erleben oder zum Ausdruck bringen, wenn wir den Geist in unserem Inneren oder die vernetzte Einheit erkennen. Im Alltag bedeutet dies: Wenn wir uns in unseren Beziehungen zur Einstimmung auf den Geist verpflichten, dann sind die Fragen: „Wie kann ich jetzt liebevoll handeln?" und „Welche Entscheidung ist die auf den Geist eingestimmte?" im Grunde dieselbe. Wenn wir uns gegenüber einem anderen liebevoll verhalten, dann unterstützen wir sein Wachstum und unser eigenes.

In meinen Kursen bitte ich die Teilnehmerinnen und Teilnehmer, Meditation und das Fokussieren mit dem Dritten Auge zu nutzen, um sich eine gegenwärtige oder frühere Beziehung anzusehen und durch Fragen und Zuhören in einer bestimmten Situation zur liebevollen Entscheidung zu finden. Diese Übung zeigt oft sehr deutlich, wie konditioniertes Denken über die Liebe und das Lieben unsere Fähigkeit, zu einer wirklich liebevollen Reaktion zu finden, kurzschließt. Konditioniertes Denken führt zu einer musterhaften Reaktion, wohingegen eine auf den Geist eingestimmte Erkenntnis haargenau zur jeweiligen Situation mit all ihren Besonderheiten passt.

Ein junger Mann entschied sich zum Beispiel dafür, seinen Umgang mit der Wut seiner Frau näher zu betrachten, die erst kürzlich wieder zum Ausbruch gekommen war, als er seine Sorgen wegen ihres Umgangs mit ihrer Kreditkarte angesprochen hatte. In dem Moment hatte er reagiert wie immer und versucht, sie zu beruhigen und zu besänftigen. Diese Taktik hatte er gelernt, als er mitbekam, wenn seine Eltern stritten. Bei einer intellektuellen Analyse seiner Reaktion kam er im Nachhinein zu dem Schluss, dass es wohl eine geeignetere liebevolle Reaktion gewesen wäre, „die Wut sozusagen einfach durch mich hindurchrauschen zu lassen und überhaupt nicht zu reagieren". Doch als er die Situation mit seinem Dritten Auge betrachtete und anschließend fragte und zuhörte, entdeckte er, dass diese Vorgehensweise nur eine andere Form derselben Konditionierung war, weil sie auf der Vorstellung beruhte, die liebevolle Entscheidung bedeute, den Konflikt zu vermeiden. Letztendlich erkannte er, dass er zwar die Wut seiner Frau nicht persönlich zu nehmen brauchte, sich aber durch ihre Feindseligkeit auch nicht davon abbringen lassen sollte, seine eigene Sicht der Dinge zum Ausdruck zu bringen: Dass Kreditkartenschulden keine gute Idee und ihre Einkäufe häufig keine kluge Wahl seien. Außerdem erkannte er, dass er die Weisheit seines Dritten Auges auch dazu nutzen konnte, einen geeigneten Zeitpunkt für ein offenes Gespräch über ihre unterschiedlichen Auffassungen zum Umgang mit Geld zu finden.

Wenn meine Schüler lernen, in den verschiedenen Situationen, die sie im Kurs untersuchen, die liebevolle Reaktion zu finden, bezweifeln viele, dass sie im Alltag über die Geistesgegenwart oder die Zeit verfügen, sich auf den Geist einzustimmen. Manche befürchten, sie neigten dazu, sich zu sehr von ihren eigenen emotionalen Reaktionen mitreißen zu lassen. Eine Frau schilderte eine solche Situation, als sie von einem Streit erzählte, den sie unlängst mit ihrem Mann gehabt hatte.

„Er wurde einfach wütend auf mich", erklärte sie, „und ich wurde wütend auf ihn, weil er sauer auf mich war. Ich ging aus dem Zimmer, und dies führte zu einem gewaltigen Streit, viel schlimmer als das, was ihn ursprünglich ausgelöst hatte. Jetzt, nachdem ich mir die Situation im Kurs angesehen habe, erkenne ich, dass es von meiner Seite in jenem Moment die liebevolle Reaktion gewesen wäre, einfach aufzuhören, als er so wütend auf mich wurde, und ihn zu fragen: ‚Was ist eigentlich mir dir los?' Das ist genau das, worum sein Geist gebeten hatte, und das hätte den Kern des Problems getroffen. Aber dies fiel mir schwer, weil ich völlig von meinen Gefühlen über alles Mögliche vereinnahmt war. Mich auf den Geist einzustimmen, wäre mir in dem Moment wirklich als Letztes eingefallen."

Wenn wir versuchen, uns aus dem Moment heraus auf den Geist einzustimmen, müssen wir oft nicht nur fragen und zuhören, sondern *vor* dem Fragen und Zuhören innehalten. Wenn wir uns die Zeit zum Innehalten nehmen, haben wir die Chance, uns zu fokussieren und uns von dem Impuls, aufgrund vorgefasster Meinungen und Bilder zu reagieren, zu lösen. Zum Beispiel erhielt ich vor ein paar Jahren einen Anruf von einer Freundin, die gesundheitlich zu kämpfen hatte. Ich hörte ihr zu und machte einen Vorschlag, den ich für hilfreich hielt. Doch nachdem ich aufgelegt hatte, beschloss ich, einen tiefergehenden Blick auf ihre Situation zu werfen. Ich unterbrach, was ich gerade tat, und hielt inne, was kaum Zeit beanspruchte. Meine tiefere Erkenntnis war eine völlig andere als meine erste Reaktion: Ich sah, dass die liebevolle Reaktion darin bestand, meine Freundin ein paar Tage zu uns einzuladen, damit sie eine heilsame Umgebung und ein wenig emotionalen Trost erfahren konnte. Als ich sie zurückrief und die Einladung aussprach, war sie erleichtert und sagte, sie hatte gehofft, ein wenig zu mir in mein friedliches Zuhause auf dem Land kommen zu dürfen.

Innere und äußere Resultate

Meine Geistführer warnen davor, die Richtigkeit einer Reaktion am Feedback oder direkten äußeren Resultaten zu ermessen. Klipp und klar wurde mir dies gemacht, als ich am Tag nach einem öffentlichen Vortrag einen Anruf von einer Frau erhielt, die ganz außer sich war vor lauter Begeisterung. Sie konnte gar nicht aufhören zu sagen, wie sehr mein Vortrag ihr geholfen hatte und was für eine Inspiration ich war. Ich dankte ihr und legte schließlich auf. Ein paar Minuten später klingelte das Telefon wieder. Dieses Mal war es ein Mann, der denselben Vortrag gehört hatte. Er war erkennbar verärgert, warf mir Unverantwortlichkeit vor und erklärte, ich hätte niemals in aller Öffentlichkeit Ideen präsentieren dürfen, die den Menschen psychisch schadeten. Ich dankte ihm für seine Rückmeldung und legte auf.

Fast unmittelbar im Anschluss sagte einer meiner Geistführer: „Siehst du nun, dass du den Wert deiner Arbeit nie an den Rückmeldungen messen solltest, die du bekommst? Jemand macht dir vielleicht Komplimente und ist verwirrt, und ein anderer beleidigt dich und ist verwirrt. Sei diejenige, die voll und ganz auf den Geist hört."

Dies ist ein wichtiger Punkt. In manchen Fällen lehnen andere unsere auf den Geist eingestimmte Entscheidung ab. In anderen Fällen zweifeln wir vielleicht selbst an uns, wenn wir keine unmittelbaren Resultate sehen, und glauben, die auf den Geist eingestimmte Entscheidung sei falsch gewesen. Wenn wir uns mit Urteilen zurückhalten und Zeit verstreichen lassen, können wir entdecken, dass unsere Einstimmung auf den Geist genau richtig war. So hat es zum Beispiel Zeiten gegeben, in denen eine Klientin nicht gut auf unsere gemeinsame Arbeit ansprach oder sich dem widersetzte, was ich zu sagen hatte. Doch Jahre später erhielt ich plötzlich eine Nachricht von ihr, in der sie mir ihren tiefen, herzlichen Dank aussprach.

Wenn wir eine auf den Geist eingestimmte oder liebevolle Reaktion nach ihren unmittelbaren Resultaten beurteilen, deutet dies oft auf einen nicht erkannten Wunsch nach Vermeidung von Konflikten und schnellen, harmonischen Ergebnissen hin. Mit dieser Einstellung kann es geschehen, dass wir das Vertrauen zur Einstimmung auf den Geist verlieren, wenn unsere Entscheidungen zunächst zu Meinungsverschiedenheiten oder Spannungen führen, und uns stattdessen auf die Resultate auf der Verhaltensebene konzentrieren. Dies kann zum Beispiel vorkommen, wenn wir ein Kind durch die Einführung klarer und angemessener Regeln, was akzeptabel ist und was nicht, disziplinieren wollen. Grenzen zu setzen, wenngleich liebevolle, kann dazu führen, dass das Kind wütend wird und auf vielfältige Weise die Mitarbeit verweigert oder stört. Bei solchen Konflikten und Missklängen kann es schwierig werden, nicht nachzugeben. Doch Grenzen zu setzen, ist eine liebevolle Entscheidung, selbst wenn sich eine Zeit lang keine positiven Resultate zeigen und die unmittelbaren Folgen negativ scheinen. Meine Geistführer sagen: „Die kurzfristigen Ergebnisse interessieren uns nicht, uns interessieren vielmehr die langfristigen Resultate."

Die Entscheidung für die Einstimmung auf den Geist – für ein bewussteres Leben mit einer erweiterten Wahrnehmung – verändert die äußeren Umstände unseres Lebens nicht immer. Doch wenn wir unser Denken, Empfinden und Verhalten mit geistigen Prinzipien in Einklang bringen, verspüren wir definitiv ein stabileres inneres Gleichgewicht sowie tieferen Frieden und Harmonie. Manchmal erfordert es Mut, das zu leben, was wir durch Einstimmung auf den Geist lernen. Wir können nicht immer vorhersagen, ob unsere auf den Geist eingestimmte Reaktion das bringt, was wir uns bewusst wünschen. Doch wenn unser Bewusstsein sich immer konsequenter auf den Geist ausrichtet, werden unsere bewussten Vorhaben und die Antworten, die wir durch Einstimmung auf den Geist erhalten, gleichbedeutend.

KAPITEL ZWÖLF

Vollkommenheit

Auch Unwissenheit ist Vollkommenheit.

Die umherziehenden Kunsthandwerker im Nahen Osten haben in ihre reich gemusterten Teppiche oft absichtlich kleine Unstimmigkeiten eingewebt. Das arabische Wort für solche Unvollkommenheiten lautet *abrasch* und stammt wahrscheinlich von einem persischen Begriff für „fleckig" oder „befleckt". Mit dieser Unregelmäßigkeit in Farbe oder Webart eines Teppichs, die zuweilen als „persischer Fehler" bezeichnet wird, soll anerkannt werden, dass nur Allah vollkommen ist, Menschen hingegen zu Fehlern neigen.

Das Beispiel des „persischen Fehlers" verwende ich oft, um zu veranschaulichen, welchen Unterschied meine Geistführer zwischen *vollkommen* und *Vollkommenheit* treffen. Den Geist, den Wesenskern unserer Natur, beschreiben sie als *vollkommen*: vollständig, ideal und makellos. *Vollkommenheit* hingegen ist ein Prozess, eine geordnete, vernetzte Entwicklung zur Entfaltung der Natur des Geistes sowohl in ätherischer als auch in physischer Gestalt. Ob wir uns dessen bewusst sind oder nicht, auf diesem Weg befinden wir uns alle. Manchmal sind die Erfahrungen, die wir unterwegs machen, schmerzlich; manchmal sind sie angenehm. Doch wie meine Mutter vor vielen Jahren gesagt hat: „Alles hat seinen Grund."

In tiefer Meditation, an einem Ort ohne Denken, kann ich spüren, wie das orchestriert ist, was meine Geistführer als „Vollkommenheit" bezeichnen. Ich gestehe, dass es mir im nach-meditativen Zustand schwerfällt, die profunde und hochkomplexe Ordnung dieser Ausdrucksform des Geistes mit meinem Verstand zu erfassen. Wollte man versuchen, den gewaltigen Rahmen, in dem sich die Vollkommenheit evolutionär entfaltet, intellektuell zu begreifen, so ist dies gerade so, als versuchte man, das Universum in all seinen mikrokosmischen und makrokosmischen Aspekten zugleich vollständig zu verstehen – ein Kunststück, das die Möglichkeiten des analytischen Verstandes übersteigt. Doch wenn wir in tiefer Meditation, und sei es nur kurz, den ewigen Augenblick der Vollkommenheit – und seine Bedeutung in unserem persönlichen Leben – erschauen, dann erkennen wir, dass kein Erlebnis irrelevant und kein Individuum ausgeschlossen ist.

Eine radikale Veränderung

In meinen Kursen gibt es auch einen Teil über die Beziehung zwischen vollkommen und Vollkommenheit. Zu Beginn lade ich die Teilnehmer ein, für sich selbst den Unterschied zwischen den Wörtern *vollkommen* und *Vollkommenheit* herauszufinden. Ich bitte sie, zu meditieren und dabei die Affirmation „Ich bin vollkommen" zu verwenden sowie anschließend über die Affirmation „Ich bin in Vollkommenheit" zu meditieren. Ich bitte sie, über beide Vorstellungen nicht nachzudenken oder sie zu analysieren, sondern vielmehr zu erleben und zu beobachten, wie sich die einzelnen Affirmationen auf sie auswirken.

Viele entdecken, dass die Affirmation „Ich bin vollkommen" ein Empfinden weckt, festgelegt oder festgenagelt zu sein. Manchen fällt sogar das Atmen schwer. Ausnahmslos alle beschreiben sie das Erleben von *vollkommen* als das Ende von Bewegung und Wachstum – eher als Ankunft denn als Weg. Veränderung oder Verbesserung sind weder notwendig noch möglich.

Aus normaler Sicht ist leicht erkennbar, wie vergeblich jedes Bestreben ist, vollkommen zu sein. So sehr wir es auch versuchen, wir können niemals voll und ganz einen Zustand erreichen, in dem wir vollendet oder vollständig sind. Allein schon auf der Zellebene ist Veränderung unvermeidlich.

Beziehungen, Arbeit, sogar einfache Aktivitäten wie der Gang von Zimmer zu Zimmer oder das Einnehmen von Mahlzeiten – alles erfordert einen gewissen Grad an Anpassung und Bewegung. Vollkommen zu sein, ist im Rahmen des Menschseins schlicht nicht möglich.

Im Gegensatz dazu weckt die Affirmation „Ich bin in Vollkommenheit" bei meinen Schülerinnen und Schülern das Gefühl, in einen Verlauf mit Veränderung und kreativer Entwicklung eingebunden zu sein. Sie verspüren ein klares und dynamisches Gefühl der Ausrichtung auf eine kosmische Kraft – ganz ähnlich jener, die Flüsse, Bäche und Nebenflüsse zum Meer treibt. Sie entdecken, dass *in Vollkommenheit* zu sein ihnen erlaubt, konditionierte Gewohnheiten oder Situationen zu manipulieren, um dadurch persönliche Ziele zu erreichen und allmählich loszulassen. Stattdessen entwickeln sie die Motivation, sich bewusst an diesem evolutionären Fluss des Lebens zu beteiligen.

Sowie sie ihre Aufmerksamkeit von dem Versuch, vollkommen zu sein, auf das Bewusstsein verlagern, in Vollkommenheit zu sein, treten in ihrer Lebenswahrnehmung und ihrem Lebensgefühl radikale Veränderungen ein. Auf menschlicher Ebene in irgendeinem Lebensaspekt vollkommen sein zu wollen, empfinden sie als stressig, denn dieser Versuch gilt einem Ziel, das man niemals erreichen kann. Außerdem fühlen sie sich dadurch zum Egoismus gedrängt, was wiederum zu emotionaler Abkoppelung und Isolation führt. Wenn sie ihr Bewusstsein darauf verlagern, dass sie in Vollkommenheit sind, lässt der körperliche und emotionale Stress nach, und sie öffnen sich der Akzeptanz und Wertschätzung, dass das ganze Leben einen Lern- und Entwicklungsprozess trägt, an dem jeder Teil hat.

Das Netz der Evolution

Ein solches Bewusstsein kannst du auch selbst erleben, und zwar in der Meditation und durch eine einfache Übung im Fragen und Zuhören, wie ich sie meinen Schülern anbiete.

Bringe deine Gedanken in der Meditation zur Ruhe, und betrachte dann ein Ereignis oder eine Situation aus der letzten Zeit. Rufe dir die Einzelheiten wieder ins Gedächtnis, auch körperliche Empfindungen, Gedanken und Gefühle, die du gehabt hast. Gönne dir dann noch einmal einen Augenblick, um deine Gedanken wieder zur Ruhe zu bringen, und frage: „Was ist die Vollkommenheit dieser Situation?" Die Antwort, die du erhältst, könnte dich überraschen.

In einem meiner Kurse entschied sich zum Beispiel eine Frau Ende fünfzig, ein aufwühlendes Gespräch mit ihrer Schwester zu betrachten, die in einer anderen Stadt lebte und sie gerade erst besucht hatte. In dem Gespräch hatte die Schwester meine Kursteilnehmerin darauf hingewiesen, sie sei zu alt, um noch eine Dissertation anzustreben. Mit Nachdruck hatte sie behauptet, die Arbeit an einem gehobenen Abschluss, der nicht einmal zu besseren Karrierechancen oder finanziellen Verbesserungen führte, sei reine Zeitverschwendung.

Die Einschätzung der Schwester war für meine Kursteilnehmerin zunächst verheerend. Doch als sie das Gespräch aus dem Blickwinkel der Vollkommenheit betrachtete, konnte sie die Liebe und Sorge hinter dem scheinbar harten Rat ihrer Schwester erkennen.

„Ich konnte spüren, dass es jetzt keine Situation mehr war, in der es eine Siegerin und einer Verliererin gab", sagte sie im Kurs, „sondern, dass ich vielmehr lernen konnte, an meiner Identität und Klarheit festzuhalten – auch wenn mein Entschluss keine Unterstützung fand – sowie die Chance hatte, zu erfahren, dass wir unser gutes Verhältnis aufrechterhalten können, auch wenn wir nicht einer Meinung sind.

Noch bemerkenswerter war, als ich die Situation aus dem Blickwinkel der Vollkommenheit betrachtet habe, dass ich sowohl sehen konnte, was ich, als auch, was meine Schwester lernen durfte. Sie hatte sich immer als die „Intelligente" betrachtet, hatte bereits in jungen Jahren promoviert, war Professorin und Expertin auf ihrem Gebiet geworden. In meiner Meditation wurde mir bewusst, dass meine Schwester ihre Situation auf mich projizierte. Dadurch, dass ich in der Lage war, mein eigenes Identitätsempfinden zu wahren, habe ich ihr zugleich Gelegenheit gegeben, mich und meine Situation zu sehen, statt zu verallgemeinern."

Wie sich herausstellte, erlangte meine Klientin die Doktorwürde und wurde als Assistenzdozentin an einer Universität in ihrer Region angestellt. Sie hatte also nicht nur bessere berufliche Möglichkeiten erreicht, wie sie es sich zum Ziel gesetzt hatte, sondern die Kombination aus der Rente, die sie aufgrund ihrer früheren Tätigkeit erhielt, und dem Gehalt aus ihrer neuen Stelle verschaffte ihr auch finanzielle Stabilität.

Doch ihre Geschichte veranschaulicht sogar ein noch wichtigeres Prinzip: Eine auf den Geist eingestimmte Wahlmöglichkeit mutig zu anzunehmen, erzeugt oft einen Welleneffekt, der sich positiv auf andere auswirkt, möglicherweise sogar auf Menschen, die wir nie kennenlernen werden. Die Nichte meiner Klientin – die Tochter ihrer Schwester – hatte vor Jahren das College abgebrochen. Doch mit Mitte vierzig ging sie, auch deshalb, weil ihre Tante sie inspirierte, wieder zur Uni und machte einen gehobenen Abschluss. Sie wurde Lehrerin und berührte im Zuge ihrer Arbeit das Leben vieler Schülerinnen und Schüler – die wiederum das Leben vieler anderer berührten.

Vollkommenheit ist ein Netz, wie meine Geistführer erklären. Unsere persönliche geistige Entwicklung trägt letzten Endes zur Evolution der gesamten Menschheit bei. Wenn wir fragen: „Was ist meine Lektion?“, dann konzentrieren wir uns auf unser individuelles Lernen in Bezug auf eine bestimmte Situation. Wenn wir fragen: „Was ist die Vollkommenheit dieser Situation?“, dann entscheiden wir uns bewusst dafür, unsere Wahrnehmung zu erweitern, so dass sie die weitreichenden Folgen unseres eigenen Lernens sowie außerdem Wachstum und Entwicklung anderer einschließt.

Wenn wir Erlebnisse aus dem Blickwinkel der Vollkommenheit betrachten, können wir diesen Welleneffekt – dieses Fließen von Veränderung und Wachstum – über alle Lektionen und Umstände hinweg immer besser erkennen. Wir sind sozusagen immer in der Hand der mitfühlenden Macht der Einheit, die uns der geistigen Entfaltung immer näherbringt.

Aus der vernetzten Perspektive entwickeln wir eine tiefere und lebendigere Neugierde. Wenn ein Ereignis eintritt – ein Austausch, eine Begegnung, ein Erlebnis – beurteilen wir es nicht mehr als gut oder schlecht, richtig oder falsch, sondern wir fangen an zu fragen: „Wohin führt das? Was löst das aus? Was leite ich deswegen in die Wege? Welchen Sinn und Zweck hat es, persönlich und kollektiv?“ Wenn wir das Leben so betrachten, wird es zum Abenteuer voller Kreativität und Teilhabe.

So lud mich zum Beispiel, als meine Tochter in der fünften Klasse war, die Leiterin ihrer Schule zum Gespräch. Im Grunde entschuldigte sie sich dafür, dass sie meine Tochter, die eine Lese-Rechtschreib-Schwäche hatte und auch auf dieser Bildungsstufe immer noch kaum lesen konnte, durchfallen lassen musste. Meine Tochter hatte zwar seit Jahren Nachhilfe und sich viele Regeln gemerkt, konnte diese aber nicht umsetzen. Diese ohnehin bereits beunruhigende Situation wurde noch dadurch verschlimmert, dass ihre Klassenkameraden sie schikanierten und als dumm bezeichneten.

Nach Jahren der vergeblichen Suche nach einer Lösung erhielt ich eines Nachmittags einen Anruf von einer Frau namens Elizabeth, die erst vor Kurzem in unsere Gegend gezogen war. „Ich habe gehört, Sie suchen Hilfe für Ihre Tochter mit LRS“, sagte sie. „Ich glaube, ich kann Ihnen helfen.“ Sie erklärte, dass sie in Boston eine Schule für Kinder mit Lernschwäche geleitet hatte, daher lud ich sie auf eine Tasse Tee zu mir ein, um zu besprechen, welche konkrete Unterstützung sie meiner Tochter anbieten konnte.

Als Elizabeth kam, sagte sie mir, sie habe eine Ausbildung in der sogenannten *Tomatis-Methode*. Alfred Tomatis war ein französischer Hals-Nasen-Ohrenarzt, der Anhaltspunkte dafür fand, dass verschiedene Lernschwierigkeiten, darunter auch LRS, von einer funktionalen Beeinträchtigung im Mittelohr herrühren, wodurch bestimmte Klangfrequenzen nicht gehört werden. Er entwickelte ein Gerät, das sogenannte *Elektronische Ohr*, das die Muskeln im Mittelohr trainiert, um den Hörer für die fehlenden Frequenzen zu sensibilisieren.

Elizabeth erklärte, nachdem sie entdeckt habe, wie effektiv die Tomatis-Methode sei, habe sie beschlossen, eine entsprechende Ausbildung zu machen. Dies habe ihre berufliche Laufbahn vollkommen verändert. Sie gab die anderen Methoden, die sie erlernt hatte, um Kindern mit Lernschwierigkeiten zu helfen, zugunsten der Tomatis-Methode auf. Ich dankte ihr dafür, dass sie gekommen war, um mit mir darüber zu sprechen, und als sie gegangen war, begab ich mich sofort in Meditation. Es dauerte nicht lange, bis ich einen meiner Geistführer sagen hörte: „Das ist genau das, worauf du die ganze Zeit gewartet hast.“

Ich nahm eine Hypothek auf mein Haus auf und stellte Elizabeth ein, damit sie meine Tochter ein ganzes Jahr lang zu Hause unterrichten konnte. Ich gestehe, ich habe nicht schlecht über die vernetzte Vollkommenheit der Ereignisse gestaunt: Vor über einem Jahrzehnt hatte ich mit einer kleinen Schar Gleichgesinnter eine Sammelklage zur Legalisierung des häuslichen Unterrichts in Massachusetts angeführt. Hätten wir nicht die auf den Geist eingestimmte Aktion unternommen, Klage zu erheben, hätte meine Tochter nun nicht vom häuslichen Unterricht profitieren können.

Die Tomatis-Methode erwies sich tatsächlich als die Lösung, die wir gesucht hatten. Nach einem Jahr gemeinsamer Arbeit mit Elizabeth hatte meine Tochter sich in ihrer Lesefähigkeit von praktisch Null bis zum Stand einer Siebtklässlerin gesteigert. Sobald ihr Mittelohr gut trainiert war, saugte sie mit ihrer angeborenen Intelligenz Wissen auf wie ein Schwamm. Doch obwohl sie riesige Fortschritte gemacht hatte, war klar, dass ihr mit einer Schule mit kleinen Klassen und viel Unterstützung besser gedient wäre als mit einer staatlichen Junior Highschool.

An dieser Stelle zeigte sich der Welleneffekt der Vollkommenheit einer auf den Geist eingestimmten Entscheidung sogar noch deutlicher. Weil die Privatschule teuer war, musste ich meine private Beratungspraxis und meine Möglichkeiten, Kurse zu geben, erweitern, damit ich genug verdiente, um das Schulgeld für meine Tochter bezahlen zu können. Dies erforderte eine erhebliche emotionale Anpassung meinerseits, weil ich nun den gewohnten Komfort, in einer abgelegenen, ländlichen Umgebung zu arbeiten, aufgeben und mir mehr Klienten und Schüler suchen musste. Trotz meiner anfänglichen Schüchternheit begann ich, mit einem breiteren Spektrum unterschiedlicher Menschen zu arbeiten, was letzten Endes meinem Wachstum als Lehrerin und Schülerin gedient hat.

Nun stellte ich mich also schon der finanziellen Herausforderung und der Aussicht, meine persönliche Verwundbarkeit zu überwinden, doch es war noch ein weiteres Problem zu berücksichtigen. In dem Tal, in dem wir wohnten, gab es zwar sehr viele Privatschulen, doch nur wenige waren Mittelschulen. Bei meinen Recherchen und Gesprächen mit Direktorinnen und Direktoren stellte sich heraus, dass nur eine einzige Schule bereit wäre, ein Mädchen mit LRS und der Vorgeschichte meiner Tochter aufzunehmen – und auch dies nur, wenn sie die Aufnahmeprüfung bestünde.

Bevor meine Tochter auch nur zur Aufnahmeprüfung zugelassen wurde, mussten wir eine Bewerbung schreiben, zu der auch ein Aufsatz gehörte. Der Aufsatz, den sie einreichte, war eine Geschichte, die sie vor einigen Monaten einer Freundin der Familie diktiert hatte, in der sie ein früheres Leben als schwarze Sklavin beschrieb. Der Direktor der Mittelschule, an der sie sich bewarb, war in Zimbabwe geboren und aufgewachsen. Als wir ein paar Wochen später mit ihm sprachen, sagte er, er habe geweint, als er die Geschichte meiner Tochter gelesen habe. Dass ein zwölfjähriges weißes Mädchen die Qualen einer schwarzen Sklavin emotional so gut verstehen konnte, bewegte ihn so sehr, dass er sie aufnahm, ohne dass sie die Aufnahmeprüfung ablegen musste. Solange meine Tochter an der Schule war, nahm er sie unter seine Fittiche und sprach ihr Mut zu, indem er ihr oft sagte, sie sei brillant. Als ich mir den gesamten Verlauf der Ereignisse in der Meditation noch einmal vor Augen führte, wurde mir klar, dass der Weg meiner Tochter die Vollkommenheit, wie meine Geistführer sie beschreiben, in bemerkenswerter Weise veranschaulicht. Während sie selbst der Entfaltung der Intelligenz, die ihrer geistigen Natur innewohnt, erkennbar näherkam, berührte ihre Entwicklung zugleich auch das Leben sehr vieler anderer – darunter ihren Tutor, den Direktor der Schule, mich sowie meine Klienten und Schüler, die ich erreichte, als ich meine Grenzen hinter mir ließ.

Selbst Unwissenheit ist in Vollkommenheit

Vollkommenheit entwickelt sich nicht immer in einem nachvollziehbaren, geordneten Verlauf. In den meisten Fällen geht sie verschlungene Wege, denn es braucht Zeit, bis wir die Lektionen, die wir lernen müssen, in uns aufgenommen haben. Meine Geistführer sagen: „Es dauert, bis alle Dominosteine aneinandergelegt sind."

Wenn wir unser Welterleben aus dem Blickwinkel der Vollkommenheit betrachten, können wir erkennen, dass sich in allem, was geschieht – so schmerzlich, rätselhaft oder düster es auch sein mag – auch etwas Gutes versteckt, ein nützlicher Sinn. Dieses Prinzip hat Erzbischof Desmond Tutu mit seiner Beobachtung von Nelson Mandela nach der Entlassung des südafrikanischen Politikers aus einer 27-jährigen Haft meisterlich auf den Punkt gebracht: „Das Gefängnis hat den Menschen gemacht", bemerkte er. „Aus einem ziemlich strammen, aggressiven, militanten jungen Mann ist ein großherziger, verständnisvoller Mensch geworden."

Meine Geistführer sagen, dass selbst die Unwissenheit in Vollkommenheit gründet, weil die Entscheidungen, die wir ohne Abwägung der Folgen treffen, eine Lawine an Ereignissen auslösen, die früher oder später zu tieferem Verständnis führen. So schilderte zum Beispiel eine meiner Kursteilnehmerinnen neulich folgende Situation: Sie hatte bei ihrer Schwester in Vermont gewohnt, doch diese beschloss aus heiterem

Himmel, ihr Haus zu verkaufen und in den Westen zu ziehen, um näher bei ihren Kindern zu sein. Schockiert von dieser abrupten Schicksalswende, fand meine Kursteilnehmerin ohne lange Suche eine Wohnung, die perfekt schien. Kaum war sie eingezogen, rief ihr Vermieter an und sagte, er habe ihr versehentlich die falsche Wohnung gegeben, was, wie sich herausgestellt habe, illegal sei, weshalb sie wieder ausziehen müsse. Am Tag darauf stellte ihr Arbeitgeber, für den sie seit sechs Jahren tätig war, unvermittelt den Geschäftsbetrieb ein. Mit einem Mal befand sie sich in einer äußerst prekären Lage: Arbeitslos, obdachlos und noch ohne jegliche Verbindungen an ihrem neuen Wohnort.

Doch statt panischer Angst nachzugeben oder sich Vorwürfe zu machen, weil sie eine übereilte Entscheidung getroffen hatte, ohne die Konsequenzen zu bedenken, beschloss sie, über die Vollkommenheit ihrer Situation zu meditieren. Als sie sich näher ansah, wie die Umstände sich entwickelt hatten, erkannte sie ihre Chance, nach New York zu ziehen, um in der Nähe ihrer Kinder zu leben. Die Entscheidung fühlte sich absolut auf den Geist eingestimmt an. Innerhalb weniger Tage fand sie eine Wohnmöglichkeit, die ihr ruhig und sicher erschien. Sie knüpfte Freundschaften mit den Menschen in ihrem neuen Umfeld und fand neue Kunden, die ihr halfen, ihre beruflichen Möglichkeiten zu erweitern.

„Die gesamte Erfahrung", so sagte sie im Kurs, „war anstrengend, aber gehaltvoll. Ich konnte die ganze Zeit über stark und fokussiert bleiben, und heute bin ich glücklich, welche Wendung die Dinge genommen haben."

Die Vollkommenheit der Unwissenheit zu erkennen und zu akzeptieren, hilft uns, Vertrauen zur größeren Ordnung des Lebens zu entwickeln. Wir sind nie verloren, auch wenn wir uns so vorkommen. Es gibt immer einen Grund, warum sich eine Situation in einer bestimmten Weise entwickelt. Wenn wir fragen: „Was ist die Vollkommenheit in dieser Situation?", dann entdecken wir, dass sogar die Entscheidungen, die wir aus Unwissenheit treffen, uns der Entfaltung unserer geistigen Natur und auch andere ihrer geistigen Weiterentwicklung näherbringen.

Die Vollkommenheit der Widrigkeiten

Selbst Umstände, die schwierig oder widrig erscheinen, sind in Vollkommenheit. Erst kürzlich wurde ich wieder daran erinnert, als ich den Dokumentarfilm von Ken Burns über die Roosevelts sah. *The Roosevelts: An Intimate History* schildert das Leben von drei Mitgliedern einer der bekanntesten Familien der amerikanischen Politikgeschichte.

Besonders getroffen war ich von dem Gegensatz in dem Bildmaterial über Franklin D. Roosevelt vor und nach seiner Polio-Erkrankung. Mir schien, dass die extremen körperlichen und emotionalen Kämpfe, die er durchstehen musste, ihn auf die Herausforderung vorbereitet haben, die Vereinigten Staaten durch eine weltweite Wirtschaftskrise und einen verheerenden Weltkrieg zu führen. Die Charakterstärke, die er im Umgang mit seinen persönlichen Widrigkeiten entwickelt hatte, half ihm, das amerikanische Volk in einer Zeit großer Härten zu tragen und ihm zur Unterstützung den notwendigen Optimismus zu vermitteln.

Nachdem ich die Doku-Reihe gesehen hatte, bat ich meine Geistführer um ihre Sicht der Dinge. Sie erklärten, Franklin D. Roosevelt sei nicht vollkommen gewesen, aber seine Erfahrung zeige beispielhaft, wie breit das Spektrum der Vollkommenheit sei, denn die Herausforderungen, die er als Einzelner bewältigen musste, hätten in einer Art und Weise Wellen geschlagen, die die Einstellung und das Handeln eines ganzen Volkes beeinflusst und sich in vieler Hinsicht über die ganze Welt verbreitet hätten. Die Empathie, die er durch seine persönliche Leidenserfahrung entwickelt hatte, lässt sich am besten in einem Satz aus seiner zweiten Antrittsrede zusammenfassen: „Unser Fortschritt wird nicht danach bemessen, ob wir die Fülle derer mehren, die viel haben, sondern ob wir denen genug geben, die zu wenig haben."

Doch trotz der Bemühungen von Menschen wie Franklin D. Roosevelt, die sich dem Dienst am anderen verschrieben haben, scheint unsere Welt auf immer noch größeres Leid und Chaos zuzusteuern. Und wie viele Menschen bin auch ich oft auf der Suche nach einem tieferen Verständnis.

Die Vollkommenheit des weltweiten Aufruhrs

Ist Umweltverschmutzung in Vollkommenheit? Sind es Obdachlosigkeit oder die Grausamkeit und das Chaos des Krieges? Wenn jede Situation in Vollkommenheit ist, dann muss die Antwort auf diese und ähnliche Fragen „Ja" lauten. Doch wenn alles in Vollkommenheit ist, warum sollten wir uns dann um die Probleme der Welt kümmern? Warum sich Gedanken machen über Umweltverschmutzung und Erderwärmung? Warum recyceln oder ein Sprit sparendes Auto fahren? Warum sich mit der Ansammlung von Giftmüll an Land oder in den Meeren, Seen und Flüssen der Welt befassen?

Durch den Vergleich mit körperlichen Erkrankungen haben meine Geistführer mir geholfen, die Vollkommenheit globaler und sozialer Probleme zu verstehen. Wenn unser Körper erkrankt, deutet die Vollkommenheit dieser Situation häufig auf Lektionen hin, die gelernt werden müssen, oder vielleicht auch auf einen Ausgleich für die Folgen von Einstellungen und Verhaltensweisen aus früheren Leben. Meine Mutter zum Beispiel hat durch ihr körperliches Leiden Mitgefühl gelernt. Doch ihr Lernen hat auch mein Lernen ausgelöst sowie das meines Vaters und meines Bruders. Ähnlich können soziale und globale Probleme im weitesten Sinne als Ausdruck einer kulturellen „Erkrankung" verstanden werden, die, im Kontext der Vollkommenheit betrachtet, im gesamtgesellschaftlichen Maßstab Chancen bietet, zu wachsen, zu lernen und ins Gleichgewicht zu kommen.

Die Eskalation der Gewalt, die zunehmende Gleichgültigkeit gegenüber Bedürftigen und die himmelschreiende Kaltschnäuzigkeit gegenüber dem Wohlergehen unserer Erde sind symptomatisch für eine kollektive Abkoppelung von unserer geistigen Natur. Die extremen Situationen, vor denen wir heute stehen, sind Warnzeichen. Wenn wir sie beachten, können sie uns dazu bringen, dass wir uns eingehender mit der Frage beschäftigen, wer wir sind und warum wir jetzt auf der Erde inkarniert sind. Leider hat es den Anschein, als müssten die Herausforderungen, vor denen wir auf globaler Ebene stehen – die verheerenden Folgen des Klimawandels, die Schrecken religiös motivierter Kriege, der Massenmord an Schulkindern und anderen Unschuldigen – erst auf ein kritisches Niveau ansteigen, bis wir sie endlich beachten. Wie Raucher, die erst aufhören, wenn bei ihnen Lungenkrebs diagnostiziert wurde, fühlen sich die meisten erst zum Handeln aufgerufen, wenn die Zustände auf unserer Welt nach Veränderung schreien.

In unserem eigenen Leben und in den Ereignissen, die sich auf der ganzen Welt abspielen, können wir erkennen, welche Folgen es hat, wenn wir weiterhin vermeiden, verdrängen oder uns von Negativität überwältigen lassen. Wenn wir aus einer Katastrophe nichts lernen, tritt eine andere ein. Und wenn wir aus der nichts lernen, folgt das nächste Desaster. Die „Krankheit" schreitet fort, bis wir uns endlich bewusst dazu entschließen zu lernen, wie wir unsere geistige Natur entfalten.

Dieser Verlauf – von Leiden über Annehmen zu Entfalten – ist wirkende Vollkommenheit im großen Maßstab, ein vernetzter Evolutionsprozess, von dem niemand ausgenommen ist. Schon vor über vierzig Jahren haben meine Geistführer mir gesagt, dass sich unsere Weltlage verschlechtern würde. Dies sei, so erklärten sie, das unvermeidliche Resultat der destruktiven Einstellungen und Taten, die sich aus den im ersten Irrtum begründeten falschen Vorstellungen ergeben. Letztendlich werden jedoch unser individueller Geist, unterstützt von den positiven Kräften in den geistigen Welten um uns, und der unendlich weise und liebevolle Geist, der die gesamte Schöpfung erfüllt, uns wachrütteln und dafür sorgen, dass wir uns unserer wahren Natur erinnern – egal ob wir uns nun bewusst auf den Weg machen, geistige Prinzipien hier auf Erden umzusetzen, oder erst nach unserer Rückkehr in die geistige Welt.

Die unendliche Sicht

Ich habe einmal einen Geistführer gefragt, ob die Lektionen, die wir dadurch lernen, dass wir die Vollkommenheit annehmen, letzten Endes dazu führen, dass wir in die Einheit zurückkehren, wodurch alle Individualität ausgelöscht und ein Zustand wiederhergestellt wird, wie er vor dem Urknall war. Er riet mir, mir keine Gedanken über Möglichkeiten zu machen, die sich in ferner Zukunft ergeben könnten. Stattdessen schlug er vor, ich solle meine Bemühungen konsequent auf die Entfaltung meiner geistigen Natur richten.

„Es gibt einen Plan auf Erden", erklärte er. „Alle Menschen haben daran teil. Du kannst dir aussuchen, ob du mit dieser Erwartung mitfließen willst oder nicht. Wenn du dich dagegen entscheidest, ist nichts verloren, denn es gibt immer die Möglichkeit, zu lernen, tiefer zu gehen und zu wachsen. Ganz egal, wofür du dich entscheidest, du kannst nicht aus der Vollkommenheit des Geistesflusses heraustreten, denn er ist überall. Durch die bewusste Entscheidung, mit ihm mitzufließen, trittst du in die Gewissheit deiner eigenen Identität und des Schwingungsstroms des Lebens. Mit diesem Schritt endet der Kampf, und es entsteht die Hingabe an die geistigen Kräfte, welche der Wesenskern des Lebens sind.

Die Schwierigkeit", so fuhr er fort, „liegt in der Vereinbarung geistiger Vorstellungen mit menschlichen Ausdrucksmöglichkeiten. Häufig scheint es, als sei das menschliche Erleben voller Widersprüche – gut und schlecht, Freude und Leid, Kampf und Leichtigkeit. Mit dem Eintritt in die geistige Einheit hört diese Gegensätzlichkeit auf. Du lernst, dass Einheit immer noch die Regel ist; denn in der Einstimmung auf die Einheit wird das Verständnis für die Manifestation dieser Vollkommenheit in der Form erkannt."

An diese bemerkenswerte Lehre musste ich denken, als ich in einem Restaurant saß und auf eine Freundin wartete, mit der ich mich zum Mittagessen verabredet hatte. Ich schaute aus dem Fenster und entdeckte zwei ungepflegte, unglücklich wirkende Menschen, die gegenüber auf einer Bank saßen. Ich erinnere mich, dass ich dachte: „Wie sollen diese Menschen eine Möglichkeit finden, ihre geistige Natur zu entfalten? Ich arbeite so sorgfältig und bewusst an diesem Prozess. Doch selbst bei all den Vorteilen, die ich habe, fällt es mir nicht leicht – und für diese beiden ist die Herausforderung doch sicher noch viel größer."

Plötzlich erschien am Himmel eine Vision von Engelwesen mit goldenen Posaunen, die die gesamte Menschheit nach oben ins Licht riefen. Die Szene erinnerte mich an bestimmte mittelalterliche Bilder, die ich in Museen gesehen hatte und die Menschenmassen in vernetzten Spiralen zeigten. Sowie einer ins Licht ging, wurden auch alle anderen nach oben gezogen, denn alle waren miteinander verflochten. Niemand konnte ausgeschlossen werden, weil keiner getrennt oder isoliert war.

In diesem Moment erkannte ich: Wenn irgendjemand seine geistige Natur entfaltet, zieht sich der Welleneffekt über die gesamte Menschheit.

Jede auf den Geist eingestimmte Entscheidung, die wir treffen, trägt zur großen Orchestrierung der geistigen Evolution bei.

Als die Vision verblasste, hörte ich einen Geistführer sagen: „Wenn du in der Einstimmung auf den Geist lebst, dann sind deine persönlichen geistigen Erfolge zugleich dein Dienst. Diene nicht dem Einzelnen. Diene nicht dir selbst. Diene vielmehr der Einheit, an der du Anteil hast."

Danksagungen

Zuerst möchte ich meinen vielen Schülerinnen und Schülern, Klientinnen und Klienten danken, die mir über all die Jahre hinweg das Laboratorium geboten haben, in dem ich die Lehren meiner Geistführer testen und veranschaulichen konnte.

Zweitens möchte ich eingestehen, dass es dieses Buch ohne die Einfühlsamkeit und die schriftstellerischen Fähigkeiten von Eric Swanson nicht gäbe.

Ein besonderer Dank geht an Carole DeSanti und Emma Sweeny, die beide Feuer und Flamme für dieses Projekt waren.

Und zuletzt ein großer Dank an meinen Verleger Joel Fotinos, meine Lektorin Sara Carder und alle bei TarcherPerigee, die dafür gesorgt haben, dass dieses Buch Wirklichkeit wurde.

Wie Heilung ohne
Heiler geschieht
Die heilende Kraft des Bewusstseins

Renée Bonanomi
Hrsg. v. Katarina Michel
Nicht der Heiler heilt, sondern die Heilung geschieht durch inneres Erwachen! Ein radikales Buch, das mit vielen Illusionen auf dem Feld des Heilens aufräumt und dem Einzelnen wieder seine Eigenverantwortung zurückgibt.
HC, 160 S., € [D]16,95/€[A]17,50
978-3-89427-636-2

Heilung geschieht im Jetzt

Renée Bonanomi
Hrsg. v. Katarina Michel
Renée Bonanomi zählt zu den Stillen im Lande. Dennoch ist sie im Laufe mehrerer Jahrzehnte zur bedeutendsten geistigen Heilerin der Schweiz geworden, was für ihre außergewöhnlichen Fähigkeiten spricht. Dieses Buch über Geistheilung ist bahnbrechend, weil niemals zuvor mit solch unbestechlicher Klarheit die ewigen GESETZE des Heilens dargelegt wurden. Kein Heiler darf gegen diese Gesetze verstoßen, andernfalls wird ihm seine Gabe genommen werden.
978-3-89427-594-5, HC, 192 S.

Die Begegnung mit einer lichten Seele und die Entschlüsselung der großen Geheimnisse des Heilens!

Peter Allmend ist noch ein Jugendlicher, als er das erste Mal jenes kleine Haus betritt, in dem eine Heilerin ihrer wunderbaren Berufung nachgeht. Er ist beeindruckt von der Wirkung, welche ihre Hände bei der Heilbehandlung in ihm auslösen. Ein Erlebnis, das er nie vergessen wird.
Über die Jahre entsteht eine enge Freundschaft mit der Heilerin, die ihn häufig in ihre Behandlungen mit einbezieht und ihm so Einblick gewährt in die tiefsten Geheimnisse von Gesundheit und Krankheit.
Allmählich erkennt er, mit welcher großen Seele er in Kontakt kommen durfte. Er beginnt, seine Erlebnisse und die umfassenden Erläuterungen, die er erhält, aufzuzeichnen.
So entsteht eine Art „Tagebuch der Geistheilung“, das seinesgleichen sucht. Ein Dokument über das Wirken geistiger Kräfte und himmlischer Wesen im Verborgenen.

Peter Allmend
Die Heilerin
Worte können Engel sein
Hardcover mit Schutzumschlag
160 Seiten
ISBN 978-3-89427-778-9

K. u. P. Michel
Spontanheilung
Warum das Unmögliche doch geschieht

Katarina und Peter Michel zeigen in ihrem Mut machenden und Hoffnung schenkenden Buch auf, dass der „Heilungskosmos" offensichtlich weitaus größer und mannigfaltiger ist, als das gegenwärtige orthodoxe medizinische Weltbild annimmt. Es geschehen die ungewöhnlichsten Heilungen auf meist völlig unerwartete Weise. In diesem Buch werden zahlreiche Fallbeispiele dokumentiert. Es scheint auch hinter den kaum fassbaren „Wunderheilungen" eine
verborgene Ordnung zu liegen. Ein ermutigendes Werk, das wieder einmal die alte Wahrheit belegt: „Wer nicht an Wunder glaubt, ist kein Realist!"
978-3-89427-673-7, HC, 192 S.

K. u. P. Michel
12 Gesetze der Heilung
Die Hintergründe von Gesundheit und Krankheit

Die „Zwölf Gesetze der Heilung" stellen keinen „How-to-do-Ratgeber" dar, sondern behandeln das Wesen von Gesundheit und Krankheit von ihrem Ursprung her. Wer diese „Zwölf Gesetze" in seinem Leben verwirklicht, wird möglicherweise zu seiner eigenen Überraschung feststellen, dass er keine äußere Behandlung mehr benötigt. Er wird unzweifelhaft erkennen: „Wahre Heilung beginnt im Inneren!"
978-3-89427-560-0, HC, 192 S.